Idee/Feltrinelli

Salvatore Veca (Roma, 1943) è professore di Filosofia della politica all'Università di Firenze e presidente della Fondazione Giangiacomo Feltrinelli di Milano. Collabora a numerosi giornali, fra cui il "Corriere della Sera". Svolge un'intensa attività di consulenza editoriale per la casa editrice Feltrinelli e dirige con Marco Mondadori la collana "Theoria" de il Saggiatore. Ha introdotto in Italia la discussione sulle teorie della giustizia sociale alla fine degli anni Settanta. Ha proposto, nell'ambito della discussione politica, alcune tesi a favore di una prospettiva riformista, basata sull'idea dei diritti di cittadinanza sociale, che hanno suscitato numerose polemiche, obiezioni e alla fine, una qualche ricezione nella sinistra italiana. Tra i suoi ultimi libri: *Una filosofia pubblica*, Feltrinelli 1986; *L'altruismo e la morale*, con F. Alberoni, Garzanti 1988; *La società giusta e altri saggi*, il Saggiatore 1988; *Progetto Ottantanove*, con A. Martinelli e M. Salvati, il Saggiatore 1989 e *Etica e politica*, Garzanti 1989.

Salvatore Veca
Cittadinanza

Riflessioni filosofiche sull'idea di emancipazione

Feltrinelli

Prima edizione in "Idee" marzo 1990

ISBN 88-07-09021-X

a Nicoletta, Andrea,
Sebastiano, Arnoldo, Giacomo e Rufus

E siccome in fatto di associazione di popoli della terra (più o meno stretta o larga che sia) si è progressivamente pervenuti a tal segno, che la violazione del diritto avvenuta in un *punto* della terra è avvertita in *tutti* i punti, così l'idea di un diritto cosmopolitico non è una rappresentazione fantastica di menti esaltate, ma il necessario coronamento del codice non scritto, così del diritto pubblico interno come del diritto internazionale e quindi per l'attuazione della pace perpetua, alla quale solo a questa condizione possiamo sperare di approssimarci continuamente.

IMMANUEL KANT

Le vent se lève!... Il faut tenter de vivre!
L'air immense ouvre et referme mon livre,
La vague en poudre ose jaillir des rocs!
Envolez-vous, pages tout éblouies!
Rompez, vagues! Rompez d'eaux réjouies
Ce toit tranquille où picoraient des focs!

PAUL VALÉRY

Premessa

Lo scopo principale di questo saggio è quello di formulare argomenti filosofici a proposito di alcune idee centrali per una prospettiva di sinistra, sullo sfondo e la scena di questa fine secolo. I tratti salienti di questa scena sono sotto gli occhi di tutti: imponenti trasformazioni, conflitti, movimenti collettivi, sfide, tensioni e dilemmi in un mondo sempre più piccolo, interdipendente e incerto. Tutto ciò sembra richiedere un esercizio di intelligenza e di fantasia morale e politica tanto arduo e difficile quanto importante e, forse, ineludibile.

Sono sicuro sia del fatto di non avere l'intelligenza e la fantasia adeguate alla difficoltà dell'impresa, sia della importanza e della salienza della sfida. Non resta che appellarmi al principio di cooperazione fra chi legge e chi scrive.

Le riflessioni filosofiche sull'idea di emancipazione abbozzate in questo saggio hanno la portata e i limiti dell'attività intellettuale che usiamo chiamare "filosofia". Per come io la intendo, la filosofia non è intrinsecamente importante, se non naturalmente per i filosofi. La sua importanza dipende dall'importanza delle questioni e dei dilemmi, dei problemi su cui l'attività filosofica si esercita con grado variabile di responsabilità, audacia e serietà. Quanto poi qualcosa sia importante dipende a sua volta da quanto chi mi legge ritiene o è disposto a riconoscere, in varie condizioni e circostanze, essere tale.

La mia idea non è quella di dettare linee per l'azione politica di riforma sociale o di fornire liste di precetti per provvedimenti o programmi, né – tanto meno – quella di consentire l'accesso alla vera o all'autentica dottrina, alla luce della interpretazione più accreditata e per gli scopi di un messaggio o discorso ideologico emancipatorio. Quanto tento di fare è più semplicemente di suggerire, sulla base di alcuni argomenti e di una più ampia teoria normativa di sfondo, su *che cosa* per la sinistra potrebbe o dovrebbe essere interessante e rilevante discutere politicamente, e *perché*.

Questo saggio è basato, da un punto di vista più impersonale, sui risultati di una ricerca ormai più che decennale in filosofia politica e è motivato, da un punto di vista più personale, da una passione "fredda" e tenace nel tempo per la politica come un insieme di *mezzi* per cercare di realizzare una società più decente e più degna di essere vissuta per uomini e donne, cittadini e cittadine, coinquilini del pianeta. Una società che, per quanto è possibile, minimizzi la sofferenza e la crudeltà e, per quanto è possibile, massimizzi il rispetto e la tutela dei diritti, la generazione di eque opportunità di vita per donne e uomini.

Alcuni tratti salienti di questa *visione* o, più semplicemente, di questo modo di guardare le cose, noi e il mondo, le istituzioni, le pratiche sociali, le questioni di vita, le *agenda* e le *non agenda* di una politica di sinistra plausibile e convincente, dipendono dalla tensione fra la teoria della cittadinanza che prescrive come il mondo dovrebbe essere, alla luce dei criteri dettati da un'idea di emancipazione, di giustizia e di diritti, e le teorie, le scienze sociali, storiche e politiche che spiegano, ricostruiscono, descrivono come il mondo è (o è divenuto) come è: la tensione fra un mondo da descrivere e un mondo *degno* di essere descritto. Una tensione che – io credo – non avrà mai fine. E è bene che sia così: che questo fatto della vita sia riconosciuto come un fatto che ha valore.

La teoria della cittadinanza si costruisce sullo sfondo di impieghi o usi di termini entro dizionari di moralità e politica ereditati dalle maggiori tradizioni dell'emancipazione della modernità, recente e incompiuta: quella liberale e quella socialista, con tutta l'eco dei più remoti cataloghi delle Scritture di ciò che è bene e ciò che è male, di ciò che è giusto e ciò che è sbagliato. I *termini* sono impiegati per *descrizioni* e le descrizioni non sono indipendenti, per la filosofia politica, dai *trattamenti* (personali e impersonali: azioni, scelte, istituzioni). *Cittadini, sudditi, schiavi*: questi sembrano essere i modi elementari, che coinvolgono congiuntamente termini, descrizioni, trattamenti (forme di vita in comune da vivere), in cui sulla gran scena del teatro del mondo gli esseri umani hanno una vita da vivere, un progetto biografico da realizzare, un destino collettivo da modellare, una varietà essenziale di ragioni e motivazioni per scegliere e agire in un certo modo o per non scegliere e non agire in alcun modo, che valga la pena.

Una filosofia politica per la sinistra a fine secolo richiede la virtù dell'integrità: che si mantenga la *lealtà* a un grappolo di valori o fini a sé, la libertà, la dignità, l'eguaglianza, la giustizia, la solidarietà, della cui più coerente e perspicua interpretazione la filosofia è responsabile. Come ha recentemente osservato Alessandro Pizzorno, termini come fini a sé designano qualcosa che è intrinsecamente non negoziabile. Questi valori ci danno ragioni e motivazioni per riconoscerci; per aderire a programmi e politiche; per prenderci per mano; per agire insieme; per contribuire a realizzare, per quanto è politicamente possibile, un mondo migliore per noi e, soprattutto, per i nostri figli e nipoti.

I valori fondamentali e non negoziabili possono generare i dizionari di *identità* collettiva. La lealtà a essi ci fornisce i termini per definire noi stessi e gli altri, le somiglianze e le differenze, le distanze, le continuità e le rotture salienti rispetto a quanto possiamo riconoscere come "nostro" passato e, insieme, le ragioni per un futuro che possiamo riconoscere come "nostro", ancora una volta in virtù di somiglianze, differenze, prossimità, distanze.

L'impresa della trasformazione di schiavi in sudditi e di sudditi in cittadini è un'impresa che non ha mai fine, nei paesi ricchi dell'Ocse come nei paesi della povertà, della carestia e della scarsità assoluta. *Ovunque*, nell'epoca della solitudine della democrazia e del collasso o della riforma, affascinanti, inquietanti, entusiasmanti, dell'*ancien régime*, comunista e non; nei tempi della "gentile rivoluzione", della guerra civile religiosa, del tirannicidio o del conflitto hobbesiano fra etnie e clan, negli anni della più intensa oscillazione fra *universalismo* e *tribalismo*, una donna o un uomo conoscano l'esperienza della sofferenza evitabile, della crudeltà fisica e morale, dell'umiliazione, della degradazione, le variegate catene rudi o gentili dell'oppressione e i molteplici volti dell'ingiustizia, *ivi* una filosofia dell'emancipazione, della giustizia e dei diritti esige l'impegno per la liberazione: di individui e di gruppi, di persone e di popoli. Più precisamente, una filosofia politica della cittadinanza può solo gettar luce sulle *ragioni* che militano a favore di ciò. Le ragioni possono convertirsi in motivazioni.

Se si accetta la tesi sull'integrità e la lealtà ai valori o ai fini a sé, la teoria normativa della cittadinanza formulata in queste pagine asserisce che sui *mezzi*, sui programmi e sui provvedimenti una sinistra plausibile e convincente (il che è in democrazia politicamente saliente) deve impegnarsi nella più rigorosa, analitica e fredda valutazione razionale. La lealtà ai valori non va in alcun modo confusa con la *conservazione* dei mezzi per perseguirli. Essa può e deve dar luogo, se è il caso, alla più drastica *innovazione* e al più audace esperimento. Un'interpretazione dei valori dell'emancipazione detta e modella una teoria normativa della politica di riforma sociale. Ma la politica richiede l'esercizio delle virtù del discernimento e della prudenza razionale.

Le idee centrali di *Cittadinanza* sono espresse nel lessico familiare della sinistra europea. Non c'è nulla di particolarmente originale nelle mie tesi: le questioni sono quelle su cui discutono gli uomini e le donne di sinistra in Germania, in Francia, in Svezia, in Inghilterra, in Spagna e ora a Praga, Budapest, Varsavia, Berlino oltre che, naturalmente, in Italia e nei dipartimenti di filosofia, politica, storia, economia e sociologia dei colleghi liberali e radicali americani nelle due, diverse, Americhe. Quanto c'è forse di originale nelle pagine che seguono è il modo in cui cerco di dare coerenza, e mettere in un certo ordine, termini del lessico della sinistra "europea". Tuttavia, sostengo in proposito, con meditata convinzione, due tesi. La prima è che questo lessico sia fatto di termini che hanno o possono avere valore universalistico (dopo tutto, li hanno usati gli studenti di piazza Tien AnMen davanti ai carri armati e, poi, nel mirabile Ottantanove, molti altri uomini e donne). La seconda è che, come ha persuasivamente sostenuto Norberto Bobbio, l'utopia cosmopolitica di una società civile dei cittadini del mondo sia oggi l'*impossibile* cui deve tendere una filosofia politica dell'emancipazione, per realizzare quanto è *possibile* nei tempi dell'"utopia capovolta". Questo, in un mondo largamente imperfetto e piuttosto inquinato, con vari gradi e intensità nella distribuzione terribilmente ineguale di diritti e risorse, dove c'è molto da fare e, soprattutto, sembra ne valga la pena.

Questo saggio è articolato in tre parti. La prima, *Teoria*, è dedicata alla formulazione della tesi centrale sulla nozione di cittadinanza, definita entro il quadro più ampio della teoria normativa della democrazia e grazie a un argomento a più stadi o a sequenza. Ciò consente di presentare l'interpretazione filosoficamente favorita di valori quali la libertà e l'eguaglianza in un modo coerente con il pluralismo come fatto e come valore. Questa parte è inevitabilmente svolta a un certo livello di astrazione e generalizzazione. Nella seconda parte, *Questioni e agenda*, discuto in alcuni brevi capitoli argomenti distinti ma non indipendenti, che mi sembrano politicamente rilevanti per la sinistra, se si accetta la tesi centrale della teoria della cittadinanza. La terza parte, *Congetture, lettere e esortazioni*, è costituita da alcuni scritti pubblicati in varie circostanze (salvo l'ultimo capitolo), che hanno carattere più prossimo alla recente vicenda politica della sinistra italiana e che, in qualche senso, mantengono l'impegno filosofico ma cercano di estendere l'uditorio possibile, mi auguro con qualche fortuna. Una delle lettere, la seconda, è stata scritta con Michele Salvati che ringrazio di cuore per aver acconsentito a che venisse pubblicata qui: tanto più che il suo contributo alla scrittura è stato certamente più importante del mio.

La prima idea di un libro di questo genere mi è stata suggerita da Sandro D'Alessandro. Sandro mi aveva proposto qualcosa come un breve *pamphlet* "Sui diritti" dei cittadini e delle cittadine. Carlo F. Feltrinelli mi ha convinto a tentare di dare al saggio un carattere filosoficamente più sistematico. L'accelerazione degli eventi del mirabile Ottantanove, la percezione della sfida per la sinistra democratica e riformista, la discussione aperta dalla proposta innovativa del segretario del Pci, la sensazione che la bizzarra situazione della sinistra italiana con un partito al governo e uno all'opposizione non dovrebbe essere considerata un destino tanto irrevocabile quanto noioso, hanno fatto il resto. Il risultato è un libro un po' troppo lungo per i miei gusti. Questo, tuttavia, dipende semplicemente dalla fretta con cui è stato scritto e riscritto.

Ho un numero così alto di debiti intellettuali che, per uno che si occupa di questioni di giustizia distributiva, è solo fonte di ansia l'idea di dimenticare qualcuno in un elenco lungo, molto lungo. Certamente, la Fondazione Feltrinelli, il suo Centro di scienza politica, il suo Seminario di Filosofia politica ormai decennale, promosso in collaborazione con il

Centro di Studi politici "Paolo Farneti" di Torino e la Scuola Normale Superiore di Pisa, i Colloqui internazionali Feltrinelli di Cortona, Politeia, il Dipartimento di Filosofia dell'Università di Firenze, il Dipartimento di Studi politici e sociali dell'Università di Pavia sono alcune delle attività di ricerca e delle istituzioni cui più devono, per quanto valgono, gli argomenti della teoria della cittadinanza e le mie osservazioni filosofiche sulla vaga e importante idea di emancipazione.

Infine, desidero esprimere la mia gratitudine più viva a Marisa De Gioia, Angela Carapelli e, soprattutto, a Nadia Buson della Fondazione Feltrinelli per aver trasformato uno strano oggetto in un dattiloscritto presentabile, per prendere sul serio e rispettare i diritti dell'editore.

Camaiore, 10 gennaio 1990 S.V.

Parte prima

Teoria

Pour soulever un poid si lourd,
Sisyphe, il faudrait ton courage.

CHARLES BAUDELAIRE

I. Cittadinanza

In questo capitolo mi propongo di presentare alcuni argomenti filosofici a proposito della nozione di cittadinanza. La salienza normativa di questa nozione è centrale. Essa definisce un fine a sé, in qualche senso prioritario, il cui perseguimento è coerente con una visione orientata dall'idea dell'emancipazione per uomini e donne.

L'ideale esigente della cittadinanza genera criteri e principi per le istituzioni, le politiche, l'azione collettiva e la riforma sociale, a esso rispondenti e con esso coerenti.

La nozione di cittadinanza è formulata in una sequenza di argomenti a più stadi, caratterizzata da un ordinamento. Questo ordinamento è essenzialmente incompleto. E è bene che sia così, se si prende sul serio una prospettiva emancipatoria. L'ordinamento si può definire anche come una sequenza di più concezioni di cittadinanza: un concetto, più concezioni. Esse hanno tutte a che fare con la generalizzazione della dignità eguale per uomini e donne, entro l'orizzonte della recente modernità.

La sequenza muove dalle versioni della nozione di cittadinanza definita entro i confini degli stati-nazione e tende alla versione normativa dettata dalla prospettiva cosmopolitica dei cittadini del mondo o dei coinquilini del pianeta. Nel contesto globale della sequenza, gli argomenti assumono il loro senso pertinente entro una più ampia teoria normativa di sfondo.

L'esposizione si svolge a un certo livello, a volte piuttosto alto, di astrazione e generalizzazione. Questi sono gli inevitabili limiti della filosofia analitica presa sul serio. Tuttavia, questo non implica necessariamente l'irrilevanza degli argomenti. Essi sono, e non possono non essere, in tensione con gli esiti della ricerca storica e sociale, della scienza politica e della teoria economica: una versione normativa di un mondo che sia *degno* di essere descritto, in tensione con più versioni esplicative di un mondo che è (divenuto) come è, sotto una qualche descrizione o classificazione, pertinente o rilevante. L'attrito fra le versioni descrittive, positive o esplicative e le nostre versioni normative, direttive o prescrittive è prezioso per una visione emancipatoria. Attività intellettuali come *valutare* e giustificare non sono indipendenti da attività come *spiegare* o descrivere. Questo non vuol dire che non vi sia differenza fra i due tipi di attività; tuttavia, non ci impegna previamente a una specificazione del modo o dei modi in cui riteniamo i due tipi di attività non indipendenti fra loro.

Una teoria normativa della cittadinanza fa parte dei nostri vocabolari di moralità e di politica. I suoi termini sono i termini di un lessico: libertà, diritti, eguaglianza, autonomia, dignità, giustizia, equità, solidarietà, benessere. Noi impieghiamo questi termini e questo lessico, i nostri vocabolari di moralità e di politica, per descrivere noi e il mondo e, nel tempo e nello spazio, per ridescrivere noi e il mondo: cittadini, sudditi, schiavi, democrazie, dittature, autocrazie, *ancien régime*, scarsità, ricchezza, fame, carestia. Noi ci impegniamo nella *descrizione* e facciamo ciò impiegando, inventando, scoprendo (più raramente) o, prevalentemente, riformulando *vocabolari*. Ciò ha luogo entro forme di vita o pratiche sociali, in diverse circostanze e condizioni, nel tempo e nello spazio.

Il punto è che il resoconto di una forma di vita che ospiti solo vocabolari e descrizioni è essenzialmente incompleto. Esso deve ospitare, per gli scopi di una teoria normativa, anche azioni, *trattamenti*, condotte, istituzioni: crudeltà, oppressione, sfruttamento, tortura, rispetto, lealtà, reciprocità, conflitto, scambio, cooperazione, voce, defezione. Le forme di vita, i modi del vivere in comune per esseri quali noi siamo, con tutta la nostra storia e la nostra biologia, sono intrinsecamente connessi al fatto e alle circostanze, ai contesti in cui noi classifichiamo, diamo nomi, descriviamo noi e il mondo, comunichiamo ciò *e* agiamo in certi modi, sulla base di una essenziale varietà di ragioni, credenze e motivazioni. La tesi sui vocabolari senza quella sulle descrizioni è fatua. La congiunzione delle due tesi è vuota se non rende conto del ruolo e dell'importanza che vocabolari e descrizioni svolgono *insieme* alle nostre azioni e transazioni nel vivere in comune con altri.[1]

Una teoria normativa della cittadinanza richiede storia: qualcosa come un'evoluzione complicata e fatta, congiuntamente, di vocabolari, descrizioni, trattamenti. La storia dei "cittadini e delle cittadine", che è pertinente nella prospettiva dell'emancipazione, è una storia recente, inaugurata nel lessico politico e morale dai vocabolari e dai termini della modernità. Questo, naturalmente, con tutta l'eco e la traccia di vocabolari, descrizioni e trattamenti più remoti nel tempo, nella catena di eventi che usiamo, per vari scopi e in vari modi e in virtù di varie circostanze e contesti e avendo di mira differenti uditorî, chiamare "storia".

Citerò, per coerenza, l'asserzione di uno storico influente e discusso, che mi sembra particolarmente felice per introdurre la sequenza dei miei argomenti sulla cittadinanza: "Siamo ben lontani dalla Rivoluzione francese e viviamo più che mai nel mondo che essa ha inaugurato. Una nuova vicinanza è nata dalla distanza."[2]

[1] La tesi della congiunzione fra vocabolari, descrizioni e trattamenti è naturalmente una tesi debitrice nei confronti di L. Wittgenstein, *Ricerche filosofiche*, Torino, Einaudi 1967. Essa non coincide con la tesi di R. Rorty, *La filosofia dopo la filosofia*, Bari, Laterza 1989, basandosi sull'idea che la tesi di Rorty sia incompleta in modo essenziale sia a proposito di questioni di verità sia a proposito di questioni di etica; vedi la penetrante *Introduzione* di A.G. Gargani. Cfr. F. Rossi-Landi, *Per un uso marxiano di Wittgenstein*, "Nuovi Argomenti", N.S., I, 1966. In ogni caso, la mia congettura è che il padre di questo modo di vedere in filosofia morale e politica sia Hume: cfr. D. Hume, *Trattato sulla natura umana*, Bari, Laterza 1982, libro III; *Ricerche sull'intelletto umano e i principi della morale*, Bari, Laterza 1957, pp. 186-257. Sono grato a Eugenio Lecaldano e a Fabrizio Mondadori per aver richiamato la mia attenzione sugli aspetti diversi della straordinaria rilevanza di Hume negli sviluppi della filosofia postanalitica in cui centrale è il ruolo di Quine, cui mi riferirò in seguito.

[2] F. Furet, *Prefazione* a Furet, M. Ozouf, a cura di, *Dizionario critico della Rivoluzione francese*, Milano, Bompiani 1988, p. XI. Per un ampio resoconto delle interpretazioni o delle versioni esplicative, descrittive e valutative della Rivoluzione francese, cfr. B. Bongiovanni, L. Guerci, a cura di, *L'albero della Rivoluzione*, Torino, Einaudi 1989. Per quanto attiene a un resoconto dello stato dell'arte della storiografia, cfr. E. Tortarolo, *Sulla storiografia della Rivoluzione francese*, relazione datt. al V Colloquio internazionale Feltrinelli di Cortona, "Libertà e cittadinanza sociale: i due '89", 27-28 ottobre 1989; vedi anche Tortarolo, *La Rivoluzione francese e la Fondazione Feltrinelli*, in *La Rivoluzione francese alla Fondazione*

1. *Contratto sociale, costituzione di libertà e obbligo politico. Una versione della cittadinanza*

"I Rappresentanti del Popolo Francese, costituiti in Assemblea Nazionale, considerando che l'ignoranza, la dimenticanza o il disprezzo dei diritti dell'uomo sono le sole cause delle sventure pubbliche e della corruzione dei governi, hanno stabilito di esporre, in una Dichiarazione solenne, i diritti naturali, inalienabili e sacri dell'uomo, affinché questa Dichiarazione, costantemente presente a tutti i membri del corpo sociale, rammenti loro continuamente i loro diritti e i loro doveri; affinché gli atti del Potere legislativo e quelli del Potere esecutivo, potendo essere in ogni momento paragonati con il fine d'ogni istituzione politica, siano più rispettati; affinché i reclami dei cittadini, fondati d'ora innanzi su principi semplici e incontestabili, si rivolgano sempre alla conservazione della Costituzione e alla felicità di tutti" (Preambolo alla *Dichiarazione dei diritti dell'uomo e del cittadino* del 26 agosto 1789).

Per gli scopi pertinenti di una filosofia dell'emancipazione, rileggiamo i primi quattro articoli della *Dichiarazione*, riformulati dalla cittadina Olympe de Gouges nel settembre 1791 nell'opuscolo *Les droits de la femme et de la Citoyenne*. Il Preambolo è scritto dalle "madri, figlie e sorelle": "art. 1. La donna nasce libera e resta eguale all'uomo nei diritti. Le distinzioni sociali possono essere fondate solo sull'utilità comune; art. 2. Lo scopo di ogni associazione politica è la conservazione dei diritti naturali e imprescrittibili della Donna e dell'Uomo: questi diritti sono la libertà, la proprietà, la sicurezza e soprattutto la resistenza all'oppressione; art. 3. Il principio di ogni sovranità risiede essenzialmente nella nazione, che è la riunione della donna e dell'uomo; nessun corpo, nessun individuo può esercitarne l'autorità che non ne sia espressamente derivata; art. 4. La libertà e la giustizia consistono nel restituire tutto quello che appartiene agli altri; così l'esercizio dei diritti naturali della donna ha come limiti solo la tirannia perpetua che l'uomo le oppone; questi limiti devono essere riformulati dalle leggi della natura e della ragione."[3]

Feltrinelli, Milano, Feltrinelli 1989. Un'utile antologia essenziale resta quella, dal titolo alla Cobban, curata da M. Terni, *Il mito della Rivoluzione francese*, Milano, il Saggiatore 1981.

[3] Cfr. A. Del Re, *Storia di Olimpia de Gouges*, "Il Bimestrale" del "Manifesto", I, gennaio 1989, dedicato a *Egalité*. Vedi, in proposito, C. Fauré, *Les déclarations des droits de l'homme de 1789*, Paris,

Assumiamo per convenzione che il primo '89 costituisca, dal punto di vista di una teoria normativa della politica, la risposta alla seguente domanda: come trasformare *sudditi* in *cittadini*? La questione si può porre nei termini di una più ampia teoria normativa di sfondo che attiene alla identificazione o alla ascrizione di diritti individuali. Il riconoscimento, comunque argomentato, di qualcosa come diritti individuali fondamentali presuppone naturalmente che si accetti la descrizione di uomini (e, poi, donne) come *individui* o persone.

La mia tesi è che questa descrizione è l'esito di una forma di vita e di una evoluzione, di una costruzione sociale, di una storia naturale molto complicata: in altri termini, presuppongo che la descrizione – e la ascrizione coerente di diritti – dipenda a sua volta da prescrizioni; e che queste, a loro volta, concernano i modi di *trattarci* da cui dipendono i nostri modi di *descriverci*, per gli scopi di una teoria normativa della politica, quali individui cui attribuire un pacchetto di diritti fondamentali. (Filosoficamente, ciò richiede l'adozione di una tesi più generale, che ha carattere di circolarità, sulla "teoria normativa naturalizzata", mutuata da una tesi epistemologica di Willard V.O. Quine.)[4]

Payot 1988; e, più in generale, *La démocratie sans les femmes*, Paris, Puf 1985.

[4] Cfr. W.V.O. Quine, *Ontological Relativity and Other Essays*, New York, Columbia University Press 1969, capp. 1-3; mi sia consentito rinviare a *Etica e politica*, Milano, Garzanti 1989, in cui una delle mie tesi centrali è basata su una teoria della *versione morale* del mondo, dovuta a N. Goodman, *Fatti, ipotesi, previsioni*, Bari, Laterza 1985 e *Vedere e costruire il mondo*, ibid. 1988; H. Putnam, *Ragione, verità e storia*, Milano, il Saggiatore 1986; e, in modo più profondo, a una fra le possibili interpretazioni di alcune parti di Wittgenstein, *Ricerche filosofiche*, cit. (Come ho accennato, sono convinto che David Hume resti, in proposito, l'autore classico più influente e penetrante.) La tesi sulla versione morale del mondo ha carattere metaetico, anche se forse in un senso lievemente diverso da quello in cui la metaetica è intesa dal suo maggiore teorico italiano, Uberto Scarpelli (cfr., in proposito, il fondamentale *L'etica senza verità*, Bologna, Il Mulino 1982, parte I); cfr. anche la distinzione fra metaetica e metamorale formulata da W. Frankena in *Etica*, Milano, Comunità 1981. In ogni caso, la mia tesi è integrata dalla tesi sulla rilevanza dei rapporti fra teorie normative, prescrittive o direttive e teorie descrittive, positive o esplicative. Per quest'ultima devo molto alla discussione e ai suggerimenti di Mario Stoppino. Cfr. ora, in proposito, quanto asserito da A. Panebianco nella sua *Introduzione* a *L'analisi della politica*, Bologna, Il Mulino 1989: in particolare, pp. 58-65.

In ogni caso, la trasformazione di sudditi in cittadini è la prima tessera per il mosaico o il primo pezzo per il *puzzle* della "cittadinanza". Essa è connessa a una sottostante teoria del valore della scelta individuale. Quest'ultima rende conto della natura e della fisionomia del problema della scelta collettiva, per come esso è concettualizzato nella teoria, vecchia e nuova, del contratto sociale.[5]

La teoria del valore della scelta individuale asserisce che è un bene per uomini e donne poter scegliere tra alternative piuttosto che no; avere un maggior numero di alternative piuttosto che uno minore; avere una sola possibilità di scelta piuttosto che nessuna. A sua volta, la teoria del contratto sociale asserisce che le istituzioni fondamentali e le procedure politiche, *in primis* quelle che toccano la titolarità e l'esercizio, l'impiego della risorsa della autorità, sono giustificate (o legittimate) se, e solo se, esse coincidono con quanto sarebbe esito di scelta da parte di individui, concettualizzati in una opportuna situazione iniziale di scelta.[6]

La teoria del contratto sociale genera le ragioni dell'obbligo politico (la risposta accettabile alla domanda ricorrente della filosofia politica: perché ubbidire?).[7] In termini più astratti (se è possibile), si può sostenere che la congiunzione della tesi sui diritti, della tesi sul valore della scelta individuale e della tesi sul contratto sociale come scelta collettiva genera una prima versione della cittadinanza, convertendo lo *status* di sudditi in *status* di cittadini (entro i confini territoriali di uno stato-nazione).

[5] Cfr. T.M. Scanlon, *The Significance of Choice*, in S. McMurrin, a cura di, *The Tanner Lectures on Human Values*, VIII, Cambridge, Cambridge University Press 1988; in una prospettiva storica, J.W. Gough, *Il contratto sociale*, Bologna, Il Mulino 1986; in una prospettiva analitica, J. Buchanan, *Libertà nel contratto costituzionale*, Milano, il Saggiatore 1990.

[6] Cfr. N. Bobbio, *Il modello giusnaturalistico*, in Bobbio, M. Bovero, *Società e stato nella filosofia politica moderna*, Milano, il Saggiatore 1979; Veca, *La società giusta e altri saggi*, Milano, il Saggiatore 1988, parte I, capp. I e IV; cfr. ora Bobbio, *Thomas Hobbes*, Torino, Einaudi 1989. La sequenza degli argomenti sulla cittadinanza e le sue versioni presuppongono la soluzione previa del dilemma di Hobbes. Un'idea di questo genere è presentata in particolare nella ricostruzione razionale del programma contrattualistico nel cap. IV de *La società giusta*, cit.

[7] Cfr. A. Passerin d'Entrèves, *La dottrina del diritto naturale*, Milano, Comunità 1980, cap. III; *Il palchetto assegnato agli statisti*, Milano, Angeli 1979, capp. 3-4. In una prospettiva di teoria politica "contestualistica", cfr. J. Dunn, *Political Obligation in Its Historical Context*, Cambridge, Cambridge University Press 1980.

La conversione è, in questo contesto, ottenuta grazie alla definizione di uno stadio costituzionale (la costituzione di libertà) che, preordinando la tutela e il presidio dei diritti morali individuali, vincola le scelte sociali alla rispondenza o alla corrispondenza (in una qualche forma) con le scelte individuali. È opportuno osservare che questa asserzione deve essere specificata in almeno due modi: i) la costituzione di libertà si basa su una particolare mappa dello spazio politico e sociale in cui ha valore la distinzione fra quanto è legittimamente oggetto di scelta collettiva e quanto deve esserle sottratto; ii) una volta tracciata la linea di confine, e solo sotto la condizione previa che essa sia tracciata, la costituzione vincola le scelte collettive *erga omnes* (le scelte pubbliche che allocano valori o disvalori attraverso l'impiego della risorsa dell'autorità) alla relazione con le scelte individuali (secondo una qualche procedura di aggregazione).

La seconda specificazione richiede una precisazione ulteriore, su cui tornerò in seguito: si assume nel modello che fra individui o cittadini e autorità legittima sussista una relazione lineare e diretta; nessuna società parziale o corpo intermedio è ammesso.[8] (La combinazione fra questi requisiti della costituzione di libertà, che risolve la questione della trasformazione di sudditi in cittadini, potrebbe essere chiamata il difficile teorema Rousseau-Constant. L'accostamento dei due venerabili autori suggerisce che una qualche tensione è già presente nella definizione della prima tessera del mosaico della cittadinanza, oltre l'*ancien régime*.)

Questa prima versione della cittadinanza ha qualcosa a che vedere con la *silhouette* normativa dello stato di diritto (*Rule of Law*) nella sua concettualizzazione liberale classica. Fine e giustificazione dell'autorità sono la protezione e la tutela di diritti (e non la soddisfazione o la sanzione o la selezione di interessi o preferenze, quali che siano). Indifferente o neutrale rispetto agli interessi, l'assetto delle istituzioni fondamentali è giustificato in quanto provvede alla fornitura del (solo) bene pubblico della protezione dei diritti (nega-

[8] Questa asserzione ha implicazioni importanti per la teoria della rappresentanza politica e le sue trasformazioni; cfr. in proposito A. Pizzorno, *Il sistema pluralistico della rappresentanza*, in S. Berger, a cura di, *L'organizzazione degli interessi nell'Europa occidentale*, Bologna, Il Mulino 1983. Per la nozione di rappresentanza in teoria politica, cfr. G. Sartori, *Elementi di teoria politica*, Bologna, Il Mulino 1987, cap. 11.

tivi). L'esito della lunga evoluzione e forma di vita collettiva, con tutta l'eco delle grandi tradizioni religiose e delle rivoluzioni liberali, l'*individuo* come centro di uno spazio morale circondato da diritti inviolabili, è il protagonista e l'attore che, simile al Coriolano di Shakespeare, è "artefice" del proprio destino.[9]

La trasformazione di sudditi in cittadini traduce in istituzioni e tecnologie politiche l'ideale dell'emancipazione liberale. Quest'ultimo è fondato su una idea possibile di autonomia individuale e su un'idea, con essa coerente, di libertà.

2. *L'ideale dell'emancipazione liberale e l'autonomia individuale*

L'ideale dell'emancipazione liberale è, fra le altre cose, l'eco del progetto illuministico. Kant ne ha tratteggiato incisivamente la fisionomia essenziale nella celebre risposta alla domanda: che cos'è Illuminismo? L'argomento a favore dell'emancipazione liberale si basa su uno degli argomenti della variegata famiglia di argomenti antipaternalistici. Il motto *sapere aude*, "pensare in proprio", l'uscita dell'essere umano dallo stato di minorità di cui egli o ella è responsabile implicano un ideale morale della fioritura e dell'autosviluppo umano che richiede la trasformazione politica e giuridica del suddito in cittadino.

Come individui, noi dobbiamo poter modellare il nostro progetto di vita, il nostro destino, dare significato alla nostra vita, sulla base delle ragioni e delle motivazioni che riconosceremmo razionalmente come "nostre"; e ciò, indipendentemente dalla coazione (più o meno gentile, rude, violenta, illuminata, paterna o materna) di chiese, guru, potenti, tribù o clan. L'emancipazione liberale poggia su una tesi filosoficamente molto ardua che attiene all'autonomia cui è giusto ogni essere umano (per Kant – in modo più esigente e

[9] Cfr. R. Dahrendorf, *Il conflitto sociale nella modernità*, Bari, Laterza 1989, p. 85. Nella filosofia politica contemporanea la tesi di Coriolano è stata sostenuta con particolare intensità da R. Nozick in *Anarchia, stato e utopia*, Firenze, Le Monnier 1981; fondamentale resta in proposito il contributo classico di F. v. Hayek, *Legge, legislazione e libertà*, Milano, il Saggiatore 1986. Per una fra le critiche pertinenti, cfr. M. Walzer, *Il liberalismo come arte della separazione*, "Biblioteca della Libertà", 1986, 92; *Sfere di giustizia*, Milano, Feltrinelli 1987 e il cap. VI di questo saggio.

elusivo al tempo stesso – ogni essere ragionevole) abbia diritto. Questo diritto spetta in modo eguale a chiunque, indipendentemente dalle sue preferenze, dai suoi interessi, dai suoi bisogni, dalla sua sorte naturale e sociale.[10]

Si osservi che la teoria normativa di sfondo dell'argomento della emancipazione liberale non implica solo, com'è ovvio, un impegno a favore della libertà (negativa), quanto anche un impegno all'eguaglianza. Il costruttivismo kantiano in etica combina, in una particolare versione, libertà e eguaglianza: nel senso che i) l'aspetto sotto cui predicare l'eguaglianza è il nostro essere responsabili della nostra definizione di vita giusta; ii) più banalmente, che la nozione di autonomia, richiedendo il riconoscimento di simmetria e permutabilità fra gli individui, ha carattere universalistico nell'applicazione.[11]

Questa osservazione è, nella mia prospettiva, importante; anzi, è molto importante, perché rende conto del fatto (di valore) che l'ideale della emancipazione liberale non è *necessariamente* circoscrivibile a un numero piuttosto ristretto (o molto ristretto) di clienti dell'etica, ammessi al club o al regno dei fini a sé o, in termini politici, della cittadinanza liberale. Questo non vuol dire che esso non sia (o sia stato) *contingentemente* ristretto. (Il che è quanto ci suggerisce l'evidenza storica e quanto la filosofia politica non può non assumere come suo dato extrateorico alla luce degli esiti delle scienze storiche, sociali e politiche. La differenza fra una correlazione *necessaria* e una *contingente* è una di quelle differenze, molto importanti, che fanno differenza.[12] Il che non implica che essa non sia controversa e che la mia tesi sia irresistibile.)

Nei tempi che ci sono contemporanei, oscillanti sulla scena planetaria fra universalismo e tribalismo, suggerisco

[10] Cfr. B. Williams, *The Idea of Equality*, in P. Lasslett, W. Runciman, a cura di, *Philosophy, Politics and Society*, Oxford, Blackwell 1962.

[11] Cfr. J. Rawls, *Kantian Constructivism in Moral Theory*, "The Journal of Philosophy", LXXVII, 1980, 9; Putnam, *The Many Faces of Realism*, La Salle, Open Court 1987; Veca, *Etica e politica*, cit., cap. IV. Nel secondo capitolo di questo saggio, presento un argomento a proposito della varietà essenziale di versioni filosofiche dell'ideale dell'autonomia.

[12] Credo si possa riformulare in questo modo la classica tesi di Bobbio sulle libertà, avanzata in *La libertà dei moderni comparata a quella dei posteri*, in Passerin d'Entrèves, a cura di, *La libertà politica*, Milano, Comunità 1974.

che la differenza sia riconoscibile come maledettamente importante, indipendentemente dalle nostre tesi filosofiche favorite; punto e basta.

3. *I due volti della cittadinanza e la sfida di Marx*

La costituzione di libertà, trasformando sudditi in cittadini e generando un assetto delle istituzioni modellato dall'ideale dell'emancipazione liberale, ha come esito una versione della cittadinanza. Questa versione è essenzialmente *incompleta*. Il punto filosoficamente interessante, per la teoria normativa e forse positiva della cittadinanza, è quello molto semplice per cui l'incompletezza è dimostrabile solo accettando come prioritaria la congiunzione delle tesi sul valore della scelta individuale, sul contratto sociale e sull'obbligo politico, enunciata nel primo paragrafo.

Karl Marx ha adottato una strategia di questo genere, nel suo commento giovanile alla *Dichiarazione dei diritti dell'uomo e del cittadino*, argomentato nel celebre scritto *Sulla questione ebraica*.[13] La mia tesi è che l'argomento di Marx sulla tensione o contraddizione fra le due città, fra i due volti della cittadinanza, quello del *citoyen* e quello del *bourgeois*, si possa riformulare nei termini di un'inferenza dagli eguali diritti di cittadinanza (nella prima versione della nostra vaga nozione). La trasformazione di sudditi in cittadini genera, come è noto, la questione *sociale* della modernità, almeno nel nostro angolo di mondo (o "del globo", come ha asserito Robespierre a proposito del carattere universalistico dei "fatti di Francia"). L'eguaglianza dei cittadini che non sono più sudditi è in tensione con una ampia e variegata famiglia di ineguaglianze nelle dotazioni sociali e naturali, nelle opportunità di vita per uomini e donne.

Ora, le ineguaglianze fra esseri umani non sono certo una novità del progetto moderno. Il punto che è proprio dell'orizzonte recente e essenzialmente incompiuto della mo-

[13] Cfr. K. Marx, *Sulla questione ebraica*, in Marx, F. Engels, *Opere*, Roma, Editori Riuniti, III, 1976; ma vedi anche la classica e penetrante *Critica alla filosofia hegeliana del diritto pubblico*, ibid.: cfr., in proposito, Dahrendorf, *op. cit.*, pp. 3-10.

dernità risiede nella particolare *natura* della rilevanza delle ineguaglianze, una volta accettata la priorità della costituzione di libertà, che genera la promessa dell'eguale cittadinanza per individui. È noto che il maggior operatore delle ineguaglianze è il mercato, almeno nell'epoca della sua insorgenza pervasiva, del nascente capitalismo manifatturiero. E Marx connette, in una sequenza intuitivamente felice anche se analiticamente fallace, rivoluzione economica e rivoluzione politica: rivoluzione nel benessere e rivoluzione nei diritti (il punto non è che non vi sia una qualche forma di connessione; è che quella causale identificata da Marx non sembra soddisfacente). Come ho sostenuto altrove, è difficile non riconoscere che la diagnosi di Marx è molto penetrante, almeno tanto quanto la sua prognosi è infelice.[14]

La diagnosi si traduce nella sfida normativa per una teoria della cittadinanza che cerchi di superare la sua essenziale incompletezza, non rinunciando all'ordinamento lessicale fra i diritti di libertà e l'equità nella tutela e nella protezione di diritti che selezionano interessi, bisogni o preferenze, dipendenti da una più ricca e meno ottusa o miope interpretazione della sorte condivisa di cittadinanza. La sfida di Marx è una di quelle destinate a accompagnare il complesso e intricato percorso della *estensione* della cittadinanza, sia dal punto di vista dell'inclusione (diritti politici) sia dal punto di vista della classificazione analitica di interessi riconosciuti come degni di essere tutelati come diritti (sociali).

Dal punto di vista normativo, la tensione fra eguaglianza di diritti nella prima versione definita e ineguaglianza nelle dotazioni economiche e sociali e nel potere di accesso alle risorse genera, nella prospettiva di Marx e nella più ampia famiglia di credenze politiche e morali della tradizione operaia e socialista, un modello di società degna di essere vissuta, basato sull'ideale dell'emancipazione socialista. (Il fatto che Marx rifiutasse accanitamente di definire come "normativo" un tale modello, mi sembra alla fin fine poco interessante per il mio argomento: si tratta di un errore di Marx, dovuto forse a una eccessiva deferenza nei confronti di un

[14] Cfr. quanto da me argomentato nell'articolo "Rivoluzione", in *Enciclopedia Einaudi*, 1981, XII e in *Questioni di giustizia*, Parma, Pratiche 1985, parte II, cap. IV. In ambito storiografico, cfr. Furet, *Marx et la Révolution française*, Paris, Flammarion 1986; Bongiovanni, *Le repliche della storia. Karl Marx fra la Rivoluzione francese e la critica della politica*, Torino, Bollati Boringhieri 1989.

maestro influente come Hegel. Del resto, "nessuno è perfetto!", soprattutto quando ti accade di avere un padre così abile, ingombrante e padrone.)[15]

4. *L'ideale dell'emancipazione socialista*

L'ideale della emancipazione socialista è l'eco del senso di ingiustizia; dell'esperienza dell'oltraggio e della collera morale; della lotta della società contro il mercato, per dirla con Karl Polanyi; dell'impressionante carico di miseria, oppressione e *sofferenza* umana che accompagna, nel cono d'ombra dei vinti e degli svantaggiati, dei deboli, la vicenda delle classi "laboriose", nell'epoca della promessa dell'eguale cittadinanza e della crescita predatoria della ricchezza delle nazioni.[16] (Come scrive Marx a Siegfried Meyer nella lettera del 30 aprile 1867, "Se si vuol essere un bue, naturalmente si può voltar la schiena ai tormenti dell'umanità e badare solo alla propria pelle.")

[15] Cfr. A.E. Buchanan, *Marx and Justice*, Totowa, Rowman and Littlefield 1982; S. Maffettone, a cura di, *Marxismo e giustizia*, Milano, il Saggiatore 1984; vedi, in particolare, S. Lukes, *Marxism and Morality*, Oxford, Oxford University Press 1987. "Il colera fermerà Hegel a Berlino nel 1831. Per dirla con un paradosso: se fosse vissuto altri quarant'anni, *Il Capitale* l'avrebbe scritto lui" (Rossi-Landi, *L'ideologia*, Milano, Isedi 1978, p. 187). Cfr., in proposito, Veca, *Nodi. Smith Ricardo Hegel*, intr. a AA.VV., *Hegel e l'economia politica*, Milano, Mazzotta 1975. Cfr. ora, soprattutto, G.W.F. Hegel, *Le filosofie del diritto*, a cura di D. Losurdo, Milano, Leonardo 1989.

[16] Cfr. K. Polanyi, *La grande trasformazione*, Torino, Einaudi 1974; B. Moore, *Le basi sociali dell'obbedienza e della rivolta*, Milano, Comunità 1983; E. Thompson, *Rivoluzione industriale e classe operaia in Inghilterra*, Milano, il Saggiatore 1969. Per la famiglia delle tradizioni socialiste, cfr. A. Salsano, a cura di, *Antologia del pensiero socialista*, Bari, Laterza, voll. I-V, 1979-1983; G. Bianco, E. Grendi, a cura di, *La tradizione socialista in Inghilterra*, Torino, Einaudi 1970. Per una lettura di Marx su questo sfondo, cfr. le penetranti osservazioni di B. De Finetti in *L'utopia come presupposto necessario per ogni impostazione significativa della scienza economica*, in De Finetti, a cura di, *Requisiti per un sistema economico accettabile in relazione alle esigenze della collettività*, Milano, Angeli 1973, pp. 73-76. Per la storiografia socialista della Rivoluzione francese, cfr. R. Pozzi, *L'interpretazione socialista della Rivoluzione francese da Buonarroti a Jaurès*, relazione datt. al V Colloquio internazionale Feltrinelli di Cortona, cit. In una prospettiva politica, cfr. l'ultimo paragrafo del Programma fondamentale della Spd (Bad Godesberg 1959).

Da un punto di vista filosofico, esso è connesso all'idea di valore della capacità degli esseri umani di essere padroni delle proprie vite, di avere – più analiticamente – capacità di controllo, autonomia e dignità nell'impresa di modellare le vite finite come le proprie, e di nessun altro, capitalista manchesteriano *in primis*.

Essere artefici del proprio destino, non nel senso della libertà come possibilità quanto piuttosto in quello della libertà come capacità. La differenza tra l'ideale dell'emancipazione liberale e quello dell'emancipazione socialista mi sembra risiedere in ciò: nel primo caso, la questione tocca i nostri diritti morali negativi, le "porte aperte", le opzioni di fronte a cui abbiamo il diritto di scegliere, indipendentemente da qualsiasi informazione morale che concerna le nostre capacità di camminare e varcare quelle porte.[17] Nel secondo caso, non è propriamente in questione la libertà, quanto il *valore* che essa ha, più o meno, eguale per noi. E ciò non può essere indipendente da una informazione morale plurale, relativa alle nostre capacità, al vettore di funzionamento di noi come persone.[18] (La nozione di "persona" ha qui naturalmente il suo significato pertinente entro un dizionario politico e morale ereditato.)

L'ideale della emancipazione socialista è *necessariamente* connesso alla importanza morale e politica delle ineguaglianze nelle dotazioni naturali e sociali che sono in tensione o in contraddizione con i nostri diritti di eguale cittadinanza. (Questo rende conto dell'argomento a favore di una estensione della cittadinanza e, quindi, di una seconda versione della nostra nozione centrale.) Tuttavia, esso è *contingentemente* connesso alla esclusione di ampie, amplissime, sezioni di popolazione dalla *polis*, alla coazione "economica" e impersonale (di mercato) alla produzione di sovrappiù, allo sfruttamento nelle forme del capitalismo puro pre-

[17] Cfr. il fondamentale contributo di I. Berlin, *Quattro saggi sulla libertà*, Milano, Feltrinelli 1989.

[18] Cfr., da un punto di vista storico, R.H. Tawney, *Eguaglianza*, in *Opere*, Torino, Utet 1975; in una prospettiva analitica, Rawls, *Una teoria della giustizia*, Milano, Feltrinelli 1982, pp. 79-92; R. Dworkin, *What is Equality?*, "Philosophy and Public Affairs", 1981, I, 3, II, 4; A.K. Sen, *Eguaglianza, di che cosa?* in *Scelta, benessere, equità*, Bologna, Il Mulino 1986; Veca, *Etica e politica*, cit., capp. XI-XII. Nel terzo capitolo di questo saggio, presento un argomento a proposito della varietà essenziale di applicazioni dell'ideale dell'eguaglianza.

datorio in stato nascente.[19] E ciò rende conto, sul piano normativo, dell'idea radicale dell'inversione dell'ordinamento lessicale fra libertà e eguaglianza (correlata all'idea della fuoriuscita dal mercato – identificato con il capitalismo – e dallo stato, di una società al di là della giustizia), almeno nella tradizione del marxismo che è una sola, anche se piuttosto rilevante in alcuni paesi europei continentali, fra le versioni della tradizione socialista.

Ancora una volta, suggerisco di porre l'accento sulla differenza tra una connessione necessaria e una contingente, nell'ambito di una teoria normativa della cittadinanza. Una teoria di questo genere fa parte della filosofia politica, non della teologia, della metafisica, della sociologia o della storia (anche se esse sono preziose – in base alla metafora dell'attrito – per l'argomento normativo).[20] Quest'ultimo, in ogni caso, non si costituisce nel vuoto pneumatico, ma entro una forma di vita e tradizione, la tradizione pluralistica del moderno, con tutta l'eco della sofferenza, dei costi umani delle modernizzazioni del diciannovesimo secolo, così come delle speranze, degli ideali, del "sogno di una cosa", di una società di liberi e eguali, al di là della scarsità e dell'economia, dell'autorità e della politica, e naturalmente del vincolo di una fra le religioni universali. (L'idea è quella, in ogni caso, di uno schema di società come cooperazione altruistica in assenza di vincoli: scarsità, istituzioni e religione sono esempi importanti, anche se diversi, di qualcosa che vincola o "lega", in modi diversi.)

[19] Cfr. Moore, *Le origini sociali della dittatura e della democrazia*, Torino, Einaudi 1969. Nella prospettiva dell'economia politica, questo rende conto della rilevanza e dell'influenza del modello classico della teoria del sovrappiù, formulato nel fondamentale contributo di P. Sraffa, *Produzione di merci a mezzo di merci*, Torino, Einaudi 1960; cfr. P. Garegnani, *Marx e gli economisti classici*, Torino, Einaudi 1981. In una prospettiva filosofica, cfr. Veca, *Saggio sul programma scientifico di Marx*, Milano, il Saggiatore 1977, la cui tesi centrale è tuttavia sostanzialmente debitrice nei confronti di M. Lippi, *Marx. Il valore come costo sociale reale*, Milano, Etas 1976, nonché di una serie di discussioni con Michele Salvati.

[20] Cfr. Rawls, *Justice as Fairness: Political not Metaphysical*, "Philosophy and Public Affairs", 1985, 14, 3.

5. *La libera arte di associarsi di Tocqueville, il pluralismo e una seconda versione della cittadinanza*

"I socialisti francesi non potevano lasciar passare il centenario della Rivoluzione borghese, senza affermare il prossimo avvento di una rivoluzione operaia che, sulle rovine della società capitalistica, proclamerà per tutte e per tutti l'eguaglianza nei confronti del lavoro come nei confronti dei mezzi di esistenza e di godimento" (Rapporto della commissione di organizzazione al Congresso internazionale operaio e socialista di Parigi, 14-21 luglio 1889).

Assumiamo ora che il secondo '89 costituisca, al tempo stesso, un esito e un presupposto per la teoria della cittadinanza, nella varietà delle sue versioni. L'esito concerne gli effetti della libera arte di associarsi di Alexis de Tocqueville, destinata nel tempo a trasformarsi nella logica o nella ferrea scienza dell'organizzazione. Del resto, il catalogo delle libertà dei moderni di Benjamin Constant includeva il diritto di associazione o coalizione.[21] Se la rappresentanza politica moderna (senza mandato imperativo) è coerente con la costituzione di libertà e, in particolare, con l'idea di una correlazione lineare tra scelte individuali e scelte collettive, la rappresentanza politica di parte o la rappresentanza non politica di interessi condivisi da ampie sezioni di popolazione (*in primis*, le classi degli svantaggiati sull'arena centrale del mercato, le classi del "lavoro") sono connesse al fatto (e, nella mia tesi, al valore) del pluralismo.

Come ha osservato acutamente Tocqueville, "dopo la libertà di agire da solo, l'idea più naturale all'uomo è quella di collegare i suoi sforzi con quelli dei suoi simili e agire in comune. Il diritto di associazione mi sembra dunque per sua natura inalienabile quasi quanto la libertà individuale".

Il principio secondo cui tutti i membri di una comunità politica hanno eguale diritto a essere pienamente rappresentati si congiunge in tal modo al principio secondo cui

[21] Cfr. A. de Tocqueville, *La democrazia in America*, Milano, Rizzoli 1982, p. 205; B. Constant, *Della libertà degli antichi paragonata a quella dei moderni*, in *Principi di politica*, Roma, Editori Riuniti 1970. Vedi, in proposito, oltre al saggio di Pizzorno, *cit.*, A. Martinelli, M. Salvati, Veca, *Progetto Ottantanove. Tre saggi su libertà, eguaglianza, fraternità*, Milano, il Saggiatore 1989: riformulo qui e nel par. 8 alcune tesi avanzate a proposito del pluralismo e dei criteri di valutazione del mercato in *Libertà e eguaglianza. Una prospettiva filosofica*, cap. I. dell'*op. cit*.

ogni gruppo di persone le quali condividono determinati interessi hanno diritto a coalizzarsi e organizzarsi in modo stabile per farli valere. Dalla congiunzione di questi due principi, cui sono connesse importanti vicende e sviluppi – nella teoria e nella pratica – a partire dalla promessa dell'89, prendono forma e corpo genuini dilemmi di valore politico e morale e si definiscono le trasformazioni di senso delle libertà e delle istituzioni modellate dal loro sistema.

La sequenza degli argomenti entro la nostra teoria normativa ha generato una prima versione della cittadinanza fondata sul valore della scelta individuale: sulla libertà dei moderni. In essa il rapporto fra autorità, istituzioni della sovranità, potere politico e cittadini, su cui legittimamente hanno effetti le decisioni collettive, è lineare e diretto. Come ho sostenuto, ciò ha a che vedere con l'idea moderna di comunità politica di cittadini liberi e eguali e è alla base della idea stessa di rappresentanza politica.

Nella formulazione del nucleo dei principi dell'Ottantanove, il riferimento alla comunità politica si avvale della idea di "nazione". Quest'ultima è l'*unica* identità collettiva che sia riconosciuta compatibile con la facoltà di scelta dei cittadini. In quanto membri di pari dignità della comunità politica che è definita territorialmente dall'appartenenza alla nazione, gli individui partecipano direttamente, o attraverso rappresentanti, alla definizione della "volontà generale". La volontà generale non è indipendente dalle scelte e dalle volizioni individuali. E questo conferma il carattere moderno della legittimità politica. Ma ciò, come abbiamo visto, richiede un modello in cui fra gli individui, i loro diritti, i loro interessi, le loro scelte e le istituzioni che esercitano autorità legittima non vi sia alcun "corpo intermedio".

Il principio di Jean-Jacques Rousseau prescrive l'eliminazione di organizzazioni o rappresentanze di interessi che non siano generali o coerenti con l'identità collettiva di cittadinanza. Nei termini di una teoria dell'identità, si può sostenere che si assume in questo modello la incompatibilità fra una varietà di principi di identificazione collettiva. Vi è un aspetto importante e saliente di una teoria della libertà dei moderni che richiede l'eliminazione delle "società parziali". Così, il modello prevede individui autonomi, dotati di eguali diritti, capaci di scegliere e in tal modo di contribuire alla definizione della volontà generale. Il distacco della rappresentanza moderna dalle sue precedenti forme, per esempio da quella medievale, non risiede soltanto, come ho detto, nella revoca del mandato imperativo, ma anche in una esclusione esplicita di identità collettive alternative a quella di cittadinanza, espressa territorialmente dal riferimento alla nazione (una idea di fraternità). La nazione è il corpo collettivo, stabile nel tempo, che definisce l'orizzonte di lungo periodo dell'interesse generale. La libertà, la facoltà di scelta dei moderni, si esercita su questo sfondo.

In altre parole, nel nucleo normativo del Progetto Ottantanove e nella sua prima interpretazione, è implicita l'idea di un rapporto *diretto* fra cittadini e autorità, fra governati e governanti. E questo è connesso a una riformulazione dell'idea di volontà generale o di interesse pubblico o collettivo dipendente da una teoria del valore della scelta individuale. Un disposto della Costituzione del 1791 prevede che "i rappresentanti nominati nelle circoscrizioni non rappresentano una particolare circoscrizione ma l'intera nazione". Questa versione della teoria della cittadinanza è parte integrante della dottrina classica della democrazia, come sosterrebbe Joseph A. Schumpeter. Essa esprime, come sappiamo, l'importante idea di valore politico della correlazione o corrispondenza fra scelte individuali e scelte collettive e costituisce un ingrediente cruciale e irrinunciabile di una teoria normativa della cittadinanza.

Ora, il pluralismo non appartiene necessariamente all'orizzonte della modernità e alla teoria della cittadinanza: vi appartiene sotto la condizione che esso sia a sua volta esito, come costellazione di istituzioni o organizzazioni o agenzie collettive, di scelta individuale; che esso sia, in altri termini, elettivo e non ascrittivo.[22] Si formula in questo modo quello che ho chiamato il dilemma Rousseau-Tocqueville e si genera qui, come ho sostenuto altrove, la tensione essen-

[22] Cfr., nell'ambito della teoria sociale, G. Germani, *Sociologia della modernizzazione*, Bari, Laterza 1971, cap. II, per la distinzione fra azione prescrittiva e azione elettiva. Sulle origini del pensiero pluralistico contemporaneo, non riducibili alla tradizione della scienza politica nordamericana – come alcuni sembrano ritenere – cfr., a proposito di una gamma molto ampia di concettualizzazioni opportunamente richiamata da Pizzorno, R. Eisfeld, *Il liberalismo fra pluralismo e socialismo*, Bologna, Il Mulino 1977, capp. IV-V e G. Teubner, *Organisationsdemokratie und Verbandsverfassung*, Tübingen, Mohr 1978. Nell'ambito storiografico, in riferimento alla Rivoluzione francese, cfr. B. Baczko, *Come uscire dal Terrore. Il Termidoro e la Rivoluzione*, Milano, Feltrinelli 1989.

ziale fra individualismo e pluralismo.[23] Una tensione che è all'origine di quello strano oggetto in cerca di teoria che sono le nostre democrazie dei contemporanei o poliarchie su vasta scala territoriale di stati-nazione, in un angolo di mondo (un mondo, in ogni caso, sempre più piccolo e interdipendente, se solo scrutiamo con entusiasmo o perplessità, a seconda dei gusti, dei valori morali e degli interessi, le trasformazioni, le liberalizzazioni o le democratizzazioni dell'*ancien régime*, comunista e non, che ci è contemporaneo).

La metafora dell'*ancien régime*, riferita principalmente alle modernizzazioni socialiste di questo secolo (argomento certamente più da Terza che da Seconda Internazionale), è naturalmente più valutativa (o connotativa) che descrittiva (o denotativa). Le modernizzazioni socialiste delle guerre contadine vittoriose di questo secolo e la costruzione di stati socialisti a opera di *élites* giacobine implicano una trasformazione della funzione stessa del "marxismo" (in una delle sue molte accezioni) come risorsa ideologica per la mobilitazione, prima, e per la legittimazione, poi, dei nuovi ordinamenti politici autocratici e monocratici. I marxismi al potere in questo secolo concernono essenzialmente lo spazio della politica "assoluta" e le massime di razionalità dei suoi attori politici (i partiti comunisti come Leviatani contemporanei, canonizzati nel ventesimo per una lunga fase, come i sovrani delle monarchie assolute del diciassettesimo in Europa) e *non* lo spazio della azione sociale o della questione sociale.

Per Marx, e per il secondo '89, le rivoluzioni "avvengono": da Lenin in avanti, le rivoluzioni si "fanno". Il libro del secolo che ci è contemporaneo di Lenin non è *Stato e rivoluzione* (che è del diciannovesimo): è *Che fare?*; punto e basta. La differenza, ancora una volta, anche se enunciata in modo un po' rudimentale, fa differenza. Questo rende conto per un verso della felice definizione di Antonio Gramsci a proposito della Rivoluzione contro *Il Capitale*, riferita all'Ottobre sovietico e, per un altro verso, della connessione fra tradizione comunista, nel secolo della seconda guerra dei trent'anni, e la politica di attori collettivi quali i partiti costruttori di stati e inevitabilmente monopolisti delle risorse di influenza e potere, protagonisti della "politica assoluta".[24]

[23] Cfr. *Premessa* a R. Dahl, *I dilemmi della democrazia pluralista*, Milano, il Saggiatore 1988 e *Etica e politica*, cit., capp. VII-X.

[24] Per un'ampia gamma di approcci esplicativi, nell'ambito della teoria politica, economica, storica e sociale, cfr. – tra gli altri – S.N. Eisenstadt, *Modernization: Protest and Change*, Englewood

Una filosofia politica dell'emancipazione è coerente con l'atteggiamento valutativo dell'"entusiasmo" morale per le democrazie in arrivo: per l'audace e innovativa *perestrojka* dell'uomo del decennio, Mikhail Gorbaciov, per la gentile rivoluzione di novembre dell'Europa dell'Est, per i martiri lontani di Tien AnMen e le vittime vicine della Securitate. L'entusiasmo morale, quali spettatori della gentile rivoluzione di Novembre nei paesi in cui i regimi comunisti sono stati modellati dal variabile avanzamento dell'Armata Rossa alla fine della seconda guerra dei trent'anni di questo secolo, ci suggerisce di identificare come saliente nei *nostri* vocabolari di moralità e politica la virtù della "voce" e della disubbidienza civile, della lotta non violenta. Nella teoria della cittadinanza e quindi, sullo sfondo delle democrazie in arrivo, la disubbidienza civile ha e deve avere i caratteri della non violenza e della pubblicità. Essa è connessa a una più ampia teoria del contratto sociale e, in particolare, ai principi di lealtà e di equità. Ci appelliamo agli altri perché essi riconoscano che non possono aspettarsi che noi accettiamo condizioni di sudditi e non di cittadini che violano i termini base della concezione di giustizia. Nella teoria democratica, l'appello alle basi morali della vita civica è coerente con l'esigente ideale, inadempiuto, della concezione della società come schema di cooperazione fra cittadini cui sono dovuti eguali rispetto e considerazione: *dignità*.

(I principi di lealtà e di equità, congiunti all'idea di valore della dignità e dell'autonomia di chiunque, sono connessi in modo affine nella dottrina completa Satyagraha di Gandhi che include un principio di massimizzazione del benessere: l'ideale del "Sarwodaya". L'*ahimsa* è il metodo della protesta non violenta, basato sull'idea che la violenza è un

Cliffs, N.J. Prentice-Hall 1966; Moore, *Le origini sociali della dittatura e della democrazia*, cit.; E. Wolf, *Guerre contadine del XX secolo*, Milano, Isedi 1971; Dunn, *Modern Revolutions: An Introduction to the Analysis of a Political Phenomenon*, Cambridge, Cambridge University Press 1972; T.R. Gurr, *Why Men Rebel*, Princeton, N.J., Princeton University Press 1970; S.P. Huntington, *Ordinamento politico e mutamento sociale*, Milano, Angeli 1975; Ch. Tilly, *From Mobilization to Revolution*, Reading, Mass., Addison-Wesley 1978; Th. Skocpol, *Stati e rivoluzioni sociali*, Bologna, Il Mulino 1981. Cfr., per la nozione di "politica assoluta", Pizzorno, *Alle origini della politica assoluta*, "Quaderni di sociologia", 1986, 6; per una ipotesi filosofica sulla "natura" della politica e dell'azione politica in rapporto alle vicende delle modernizzazioni socialiste, Veca, articolo "Rivoluzione", cit. e "Politica", in *Enciclopedia Einaudi*, X, 1980.

male. Naturalmente, vi è una clausola limitativa alle pratiche dell'*ahimsa*: essa è generata dalle circostanze di sfondo di un regime fondato sul terrore, la crudeltà, la tortura e lo sfruttamento: questo spezza il vincolo della lealtà e definisce la reciprocità impossibile. L'*ancien régime* della crudeltà e della tirannia, convertendo sudditi in schiavi, abilita all'"appello al cielo", al diritto di resistenza e all'azione collettiva che invoca il principio dello scudo e della legittima difesa per uomini e donne.)[25]

Ora, come esito dell'esercizio del diritto di coalizione, il secondo '89 pone nell'agenda della teoria normativa l'*argomento* del conflitto sociale della modernità:[26] l'estensione della cittadinanza sia nei termini dei diritti civili sia in quelli dei diritti politici sia, infine, in quelli dei diritti sociali. (È d'obbligo, come vedremo, il riferimento alla *silhouette* storico-sociologica di Theodor H. Marshall, quali che possano esserne i punti deboli e analiticamente o fattualmente controversi.)[27] È difficile sottovalutare l'importanza di questo esito nella prospettiva di una filosofia politica della cittadinanza.

Nel quadro di una teoria normativa, la sua importanza è catturata da una teoria della giustizia distributiva che non assume come problema quello della trasformazione di sudditi in cittadini né quello, connesso, dell'obbligo politico. Essa si propone piuttosto il compito di identificare razionalmente criteri o principi per l'allocazione o la distribuzione di vantaggi e svantaggi, di costi e benefici della cooperazione sociale per estendere e rendere più rispondente la versione della cittadinanza sino a tradurla "costituzionalmente" in uno *status* sotto cui descrivere uomini e donne cui ascri-

[25] Per la teoria della disubbidienza civile, cfr. Rawls, *Una teoria della giustizia*, cit., pp. 316 sgg.; il principio di equità va inteso nel senso Hart-Rawls; Bobbio, *Il terzo assente*, Torino, Sonda 1989, pp. 84-91 e pp. 148-157; per la teoria della non violenza di Gandhi, cfr. M.K. Gandhi, *Teoria e pratica della non violenza*, Torino, Einaudi 1984, curato da G. Pontara cui è dovuto un fondamentale saggio introduttivo (pp. VII-CXXXVII).

[26] Cfr. Dahrendorf, *Classi e conflitto di classe nella società industriale*, Bari, Laterza 1963. Quest'opera resta il contributo fondamentale, da un punto di vista analitico, al tema ricorrente nelle successive ricerche dell'autore.

[27] Cfr. T.H. Marshall, *Cittadinanza e classe sociale*, Torino, Utet 1976. Sull'estensione della cittadinanza, cfr. G. Zincone, *Due strade alla cittadinanza: il modello societario e il modello statalista*, "Rivista italiana di Scienza politica", 1989, 2.

vere diritto a beni di cittadinanza, a eque opportunità fondamentali (sotto la condizione previa della definizione dei doveri o dei costi, grazie a uno schema di giustizia fiscale: metà almeno degli ingredienti di qualsiasi teoria della giustizia sociale deriva dalla tradizione della scienza delle finanze).[28]

La teoria della giustizia distributiva, come complemento della teoria preordinata del contratto sociale, deve sottrarre i criteri di allocazione *via* autorità alla contingente e variabile arena dei giochi di conflitto e di negoziazione o contrattazione, in cui cruciali sono le capacità di minaccia e le risorse di potere e influenza di attori collettivi, delle organizzazioni che tutelano, promuovono, sostengono, definiscono interessi dei rappresentati, ponderati alla luce dei propri. La questione diviene quella (su cui tornerò nel prossimo paragrafo) di una selezione costituzionale di un pacchetto di diritti fondamentali di prima e seconda generazione, come dicono i giuristi, che a sua volta costituisce la versione filosoficamente favorita della cittadinanza sociale. La cittadinanza sociale implica l'esercizio dell'arte (alcuni pretendono, della scienza) di tracciare limiti e confini ai mercati e alle transazioni e conversioni di risorse economiche, politiche e di qualsivoglia altro genere che hanno effetti di tirannia sulle opportunità di vita di cittadini e cittadine (trasformandoli in sudditi).[29]

Il secondo '89 è tuttavia anche un presupposto. Qualcosa come un *terminus a quo* di una complessa vicenda che accompagna, a sua volta, l'invenzione o l'evoluzione, fatta di prove, errori, conflitti e una miriade piuttosto ampia di ef-

[28] L'opera fondamentale, in proposito, è *Una teoria della giustizia* di John Rawls, cit. L'impresa di Rawls ha generato una impressionante discussione nell'ambito della teoria economica, giuridica, sociale e politica riabilitando, entro la tradizione analitica, la filosofia politica. Per un aggiornamento della sterminata bibliografia, cfr. "Ethics", 99, 1989, 4. Per la tradizione della scienza delle finanze, il riferimento è ovviamente alla scuola svedese e alla scuola italiana. Per quanto attiene alla filosofia politica italiana, pionieristico (e per lungo tempo assolutamente ininfluente) è il contributo di E. Juvalta in *I limiti del razionalismo etico*, Torino, Einaudi 1945, su cui ho richiamato l'attenzione in *Una filosofia pubblica*, Milano, Feltrinelli 1986. Cfr., in proposito, il numero monografico della "Rivista di storia della filosofia", 1986, 3.

[29] Cfr., per un argomento sul paniere intrinsecamente pluralistico delle teorie della giustizia distributiva, *Etica e politica*, cit., cap. V.

fetti non attesi, di quanto usiamo definire "teoria democratica". La mia impressione è che una teoria democratica sia un'impresa ancora da completare nello stesso senso per cui "democrazia" è il termine con cui designiamo semplicemente ciò che stiamo cercando di fare, con un'ampia e variegata molteplicità di intenzioni, ideali, interessi, preferenze e motivazioni, da un secolo circa, in quest'angolo di mondo e ora, sembra, un po' qua e là.

Questa vicenda ha una particolare *salienza* per la filosofia politica della cittadinanza almeno sotto i seguenti aspetti, cui corrispondono ingredienti normativi e descrittivi pertinenti per quell'impresa che alcuni definiscono come la "ricostruzione" della teoria democratica e che io preferisco chiamare la "costruzione" della stessa.[30]

i) Essa prova che il pluralismo organizzato non è solo un esito quanto piuttosto una *precondizione* per l'insorgenza, più o meno stabile, di regimi e processi democratici o poliarchici, per "le democrazie in arrivo". ii) Essa suggerisce che il pluralismo, in virtù dell'azione collettiva organizzata di partiti, sindacati o altre agenzie non politiche di identificazione e tutela, promozione e rappresentanza degli interessi, genera un effetto antimonocratico (quanto alla concentrazione di risorse di dominio, potere e influenza su una più o meno ampia gamma di arene), i cui effetti collaterali, a loro volta, coincidono con la tutela delle opportunità di vita dei cittadini e delle cittadine in termini di diritti e di benessere, titoli e risorse. iii) Essa concentra la nostra attenzione e pone l'accento sulle tensioni fra la teoria del valore della scelta e, quindi, la correlazione fra scelte individuali e scelte collettive, e gli effetti dell'affollata arena delle organizzazioni con le loro inevitabili strategie collusive, soprattutto su uno sfondo di interazione e iterazione stabile nella durata. iv) Essa mina e erode le basi dell'eguaglianza politica (una

[30] Una tesi a favore della "ricostruzione" è presentata da D. Zolo in *La democrazia difficile*, Roma, Editori Riuniti 1989. Sfortunatamente ritengo che, anche se si accettasse la tesi ricostruttiva, gli argomenti dell'autore non potrebbero dare alcun contributo plausibile e, soprattutto, coerente, nella direzione auspicata (e del tutto condivisa anche da chi, come me, preferisce una tesi "costruttiva"). Cfr., in proposito, il mio *Due repliche sulla natura e la rilevanza delle teorie della giustizia*, in corso di pubblicazione su "Iride", 1990, I.

testa, un voto) e collide con il principio di aggregazione maggioritaria, comunque quest'ultimo sia normativamente connesso alla idea di eguaglianza politica. v) Essa distorce la percezione impersonale o pubblica degli interessi generali di lungo termine, correlativamente alle trasformazioni della rappresentanza politica per eccellenza, la cui funzione e il cui esercizio risultano caratterizzati dall'interesse negoziale con gli altri partner del club degli attori organizzati. vi) Essa favorisce l'ubiquità e la pervasività dell'agenzia politica e l'affollamento dell'agenda pubblica per ragioni non indipendenti da quanto accennato al punto precedente. vii) Essa, di conseguenza, indebolisce la *leadership* democratica, in presenza di inevitabile aumento di influenza e potere delle burocrazie e dei governi privati, dei potenti nell'organizzazione delle anime (che impiegano la risorsa della ideologia, del "discorso" politico o dell'informazione per il modellamento delle preferenze dei rappresentati o dei clienti al supermarket delle identità collettive) e, infine, com'è più familiare, dei potenti nell'organizzazione e nella combinazione delle risorse di vario tipo su mercati, sempre più oligopolistici sul versante interno degli stati-nazione e sempre più interdipendenti sull'arena della competizione transnazionale (o, se si preferisce, sul vasto mercato mondiale).[31]

[31] Cfr., in proposito, Bobbio, *Il futuro della democrazia*, Torino, Einaudi 1984; Dahl, *Poliarchia*, Milano, Angeli 1981; *I dilemmi della democrazia pluralista*, cit.; *Democracy and its Critics*, New York and London, Yale University Press 1989; Sartori, *Theory of Democracy Revisited*, Chatham, Chatham House 1987; C.B. Macpherson, *La vita e i tempi della democrazia liberale*, Milano, il Saggiatore 1980; *Democratic Theory. Essays in Retrieval*, Oxford, Clarendon 1977; D. Usher, *The Economic Prerequisite of Democracy*, Oxford, Blackwell 1981; Pizzorno, *Sulla razionalità della scelta democratica*, "Stato e Mercato", 1983, 7; L. Morlino, *Democrazie*, in G. Pasquino, a cura di, *Manuale di scienza politica*, Bologna, Il Mulino 1986; Stoppino, *Interdipendenza economica, stato moderno e cittadinanza*, in AA.VV., *Soggetto e principi generali del diritto*, Milano, Giuffrè 1987; A. Lijphart, *Le democrazie contemporanee*, Bologna, Il Mulino 1988; Ch. Lindblom, *Democracy and Market System*, Oslo, Universitaetsforlaget 1988; D. Held, *Modelli di democrazia*, Bologna, Il Mulino 1989; Dahrendorf, *Il conflitto sociale nella modernità*, cit. Fondamentale resta, almeno tanto quello di Kelsen, il contributo di J.A. Schumpeter, *Capitalismo, socialismo, democrazia*, Milano, Etas 1977. Vedi, inoltre, i nn. 3/1987 e 3/1988 di "Teoria politica", con articoli di N. Bobbio, M.L. Salvadori, L. Bonanate, M. Bovero, S. Maffettone, C. Cesa, R. Bodei, E. Ripepe, P. Farneti.

6. *Lo stato sociale, la cittadinanza e il "composto chimico instabile"*

L'estensione della cittadinanza presuppone la complicata vicenda del conflitto fra le classi centrali della modernità. L'invenzione della democrazia di massa, a suffragio universale, grazie alla congiunzione del principio individualistico dell'eguaglianza politica e del principio pluralistico del diritto di coalizione, sociologicamente riformulabile nel principio della mutua compatibilità fra identificazioni collettive per individui tra loro alternative, risulta connessa, in una prospettiva normativa, alla trasformazione dello stato di diritto in stato sociale. A sua volta, ciò è connesso alla estensione della agenda pubblica, a quanto è oggetto di allocazione imperativa o scelta collettiva. In altri termini, allo slittamento e alla continua ridefinizione, intrinsecamente instabile e provvisoria ma in qualche modo relativamente anelastica e comunque sempre (più?) costosa (nessun diritto, come nessun pasto, è gratis, come sanno i ministri delle finanze, del tesoro o del bilancio e, naturalmente, i governatori della banche centrali), del confine fra quanto attiene alla sfera privata e quanto attiene alla scelta pubblica.[32]

Questa trasformazione e questa estensione sono modellate, in vari modi, forme e contingenze storiche e empiriche, dal conflitto sociale della modernità e sono, per dir così, l'eco e la traccia del secondo '89. Nella sua forma più alta, dal punto di vista di una filosofia politica della cittadinanza, questa estensione del pacchetto di diritti da ascrivere allo *status* di cittadinanza esprime al meglio il *mix*, il "composto chimico instabile",[33] fra gli ideali della emancipazione liberale e quelli dell'emancipazione socialista: il che è variamente definibile come la tesi del liberalismo sociale, del

[32] Su alcune questioni dello stato sociale, cfr. P. Flora, A.J. Heidenheimer, a cura di, *Lo sviluppo del welfare state in Europa e in America*, Bologna, Il Mulino 1983; M. Ferrera, *Il welfare state in Italia*, Bologna, Il Mulino 1984; R. Tittmuss, *Saggi sul welfare state*, Roma, Edizioni Lavoro 1986; G.P. Cella, *La solidarietà possibile*, Roma, Edizioni Lavoro 1989; M. Paci, *Pubblico e privato nei moderni sistemi di welfare*, Napoli, Liguori 1989. In una prospettiva di teoria generale del diritto, cfr. Bobbio, *Dalla struttura alla funzione*, Milano, Comunità 1977.

[33] Cfr. P. Anderson, *The Affinities of Norberto Bobbio*, "New Left Review", 1988, 170. In una prospettiva storico-politica, riferita all'Italia, fondamentale resta in proposito C. Rosselli, *Socialismo liberale*, Torino, Einaudi 1979.

pacchetto del *New Deal*, del *Service State*, del *New Liberalism*, della dottrina sociale delle chiese cristiane o del compromesso socialdemocratico, a seconda delle tradizioni e dei vocabolari, localmente e parrocchialmente ereditati.

"L'eguaglianza umana fondamentale di appartenenza si è arricchita di una nuova sostanza e è stata investita di un formidabile apparato di diritti [...]. Chiamerò queste tre parti o elementi [della cittadinanza] il civile, il politico e il sociale. L'elemento *civile* è composto dei diritti necessari alla libertà individuale: libertà personale, di parola, di pensiero e di fede, il diritto di possedere cose in proprietà e di stipulare contratti validi, e il diritto di ottenere giustizia [...]. Per elemento *politico* intendo il diritto a partecipare all'esercizio del potere politico. L'elemento *sociale* è la gamma che va da un minimo di benessere e sicurezza economici fino al diritto a partecipare pienamente al retaggio sociale e a vivere la vita di persona civile secondo i canoni vigenti nella società."

"La cittadinanza è uno *status* che viene conferito a coloro che sono membri a pieno diritto di una comunità. Tutti quelli che posseggono questo *status* sono eguali rispetto ai diritti e ai doveri conferiti da tale *status* [...]. La spinta in avanti lungo il sentiero così tracciato è una spinta verso un maggior grado di eguaglianza, un arricchimento del materiale di cui è fatto lo *status* e un aumento del numero di persone cui è conferito questo *status*".[34] Vi è in questa ricostruzione qualcosa che è come un'eco delle asserzioni di Richard H. Tawney: "Il carattere di una società è determinato meno dai diritti astratti che dai poteri effettivi. Non dipende da che cosa i suoi membri hanno il *diritto* di fare, se ne sono capaci, ma da che cosa sono *capaci* di fare, se vogliono."[35]

Ora, la mia tesi è che il terzo '89, quello che ci è tuttora contemporaneo, in cui ci poniamo i dilemmi normativi generati dal remoto Progetto Ottantanove, formuli per noi un'agenda di questioni pertinenti, *se* prendiamo sul serio l'idea di valore politico e morale che questo è il *miglior* passato da cui guardare a un futuro normativo desiderabile, alla luce di un qualche criterio o insieme di criteri di giudizio

[34] Marshall, *Cittadinanza e classe sociale*, cit., p. 9 e p. 24.
[35] Tawney, *Eguaglianza*, in *Opere*, cit., p. 637.

politico e morale, per gli scopi di una filosofia politica della cittadinanza.

Questa tesi vale, naturalmente, per il nostro angolo di mondo. L'argomento sulla cittadinanza ha senso entro un sistema di coordinate o una cornice di sfondo che è la nostra. Tuttavia, come suggerirò nelle osservazioni conclusive coerenti con la tesi dell'ordinamento incompleto della sequenza, essa non è priva di interesse per i coinquilini del pianeta, sudditi non ancora cittadini, miliardi di compagni di viaggio oppressi dalla sorte naturale e da quella sociale o politica, oltre che da azioni, istituzioni e poteri dispotici, arbitrari e tirannici (cittadini, sudditi, schiavi).

L'inclusione dei grandi interessi omogenei delle classi centrali del "lavoro" nell'arena pluralistica della rappresentanza e nello *status* di cittadinanza per un verso ha generato, in società sufficientemente simili alle nostre, le classi-maggioranza di cittadini e la nuova sottoclasse di svantaggiati, poveri, marginali, devianti. (La trasformazione di sudditi in cittadini è un *compito che non è mai finito*, neppure nel cono ricco, molto ricco, dei paesi dell'Ocse.) Per un altro verso, l'estensione della cittadinanza del secondo '89 ha formulato per noi, per il terzo '89, la sfida dei "nuovi" diritti (di terza generazione) che non attengono a grandi interessi aggregati e omogenei e, in ogni caso, monodimensionali, ma che dipendono piuttosto da una sorta di *riclassificazione* analitica [36] di interessi diffusi che toccano questioni (di sorte e di tempo, quando non di significato) di vita per uomini e donne. (Le donne hanno insegnato molte cose, a questo proposito, ai filosofi politici della cittadinanza.) Basta pensare alla proliferazione di "carte" che affollano il catalogo dei nuovi diritti. Ciò avrebbe sconcertato probabilmente anche il cittadino marchese Condorcet che pure è tra coloro che

[36] Per la nozione di classi-maggioranza e nuova sottoclasse, cfr. Dahrendorf, *op. cit.*; si tratta, nella buona sostanza, dell'idea intuitiva della società dei due terzi formulata da P. Glotz in *Il manifesto per una nuova sinistra europea*, Milano, Feltrinelli 1986. Mutuo l'espressione "riclassificazione analitica degli interessi" dal saggio di Pizzorno sul sistema pluralistico di rappresentanza, *cit.* Questo consentirebbe un riferimento ai conflitti sociali e ai movimenti contestativi fra la metà e la fine degli anni '60 come a un caso "misto" di *terminus ad quem* e di *terminus a quo* per la trasformazione dell'argomento, dei luoghi, dei modi e degli attori del conflitto nelle società industriali avanzate o mature. Cfr. F. Alberoni, *Movimento e istituzione*, Bologna, Il Mulino 1977; C. Crouch, Pizzorno, a cura di, *Conflitti in Europa*, Milano, Etas 1977.

nel primo '89 "ha preservato il diritto all'interpretazione delle generazioni future", per la *Dichiarazione* del 26 agosto.

Ciò sembra a alcuni rendere evanescente e patetica o remota, quando non arcaica, la nozione stessa di cittadinanza. Il che renderebbe del tutto fatuo il mio argomento. (Alcuni intellettuali e letterati di alcuni paesi ricchi dell'Ocse parlano in proposito di "postmoderno", inflazionando un termine che lascerei volentieri agli architetti perché lo discutano seriamente, se è il caso. Io credo si tratti di favole o di argomenti di conversazione, analoghi a quelli sulle sventure epocali della società di massa dei colleghi di Oxford e di Cambridge di qualche decennio fa, quando lo stipendio non consentiva più di tenere il giardiniere oltre a due donne di servizio.)[37]

La mia tesi è inversa: la riclassificazione analitica degli interessi e le caratteristiche connesse allo *status* di cittadinanza, la mappa più variegata o, più semplicemente, multidimensionale del vantaggio e dello svantaggio naturale e sociale fra cittadini di serie a, b, c,[38] quando non dei nuovi

[37] Cfr. J.-F. Lyotard, *La condizione postmoderna*, Milano, Feltrinelli 1981. Uno dei pochi testi chiari e intelligenti che ha il vantaggio non minore di poter essere confutato (soprattutto, per la parsimonia argomentativa rispetto all'ampiezza e alla finezza descrittiva) è G. Vattimo, *La società trasparente*, Milano, Garzanti 1989. Vattimo illustra in modo persuasivo circostanze e caratteristiche salienti che rendono a noi, cittadini dei paesi dell'Ocse, riconoscibili le nostre società. La sua tesi è che accettare questa descrizione implichi accettare una idea (di valore) di emancipazione. Non ho trovato ragioni per accettare *questa* tesi (nella premessa al suo ultimo libro, *Etica dell'interpretazione*, Torino, Rosenberg e Sellier 1989, Vattimo abbozza un programma di ricerca che sembra centrato su un impegno esplicitamente normativo o etico). Condivido, in proposito, lo stile delle osservazioni e l'atteggiamento di P. Rossi in *Paragone degli ingegni moderni e postmoderni*, Bologna, Il Mulino 1989 e, nell'ambito della teoria politica (normativa?), le tesi di J. Habermas in *Il discorso filosofico della modernità*, Bari, Laterza 1987 (un testo importante ma a volte terribilmente e forse inutilmente oscuro cui preferisco *Etica del discorso*, Bari, Laterza 1985). In ambito di teoria della storiografia, cfr. L.W. Levine, *The Umpredictible Past: Reflections on Recent American Historiography*, "American Historical Review", 1989, 94, 3; F.R. Ankersmit, *Historiography and Postmodernism*, "History and Theory", 1989, 28, 2. Sono grato a Tortarolo per aver richiamato la mia attenzione su questi sviluppi della discussione.

[38] Sulla pluridimensionalità dello svantaggio, cfr. B. Ackerman, *La giustizia sociale nello stato liberale*, Bologna, Il Mulino 1984, cap. VIII; A. Besussi, *Per una definizione dello svantaggio in società avanzate*, in AA.VV., *Un'etica pubblica per la società aperta*,

sudditi, non rendono fatuo il *grand récit* della storia della cittadinanza nell'epoca della modernità. Esse, al contrario, sono concettualizzabili come sfide e dilemmi solo se siamo capaci di cogliere l'*integrità* di una storia,[39] di una vicenda, narrata nello spazio breve, molto breve, di due secoli circa a partire dalla conversione di sudditi in cittadini. È certamente una tessera nuova del nostro mosaico; un pezzo nuovo nel nostro *puzzle* della filosofia politica della cittadinanza. Tuttavia, il punto importante è accettare che si tratti di una tessera o di un pezzo dello *stesso* mosaico e dello *stesso puzzle* (nulla di inedito o inaudito o epocale, per favore!).

Accettare questa tesi dell'integrità è quanto fa differenza rispetto agli argomenti che sembrano (a tratti) abbozzati nella letteratura sul postmoderno. Non c'è proprio nulla di epocale in tutto ciò: salvo, naturalmente, che per le declamazioni di intellettuali privi di umiltà, di responsabilità scientifica e di rispetto morale per le vicende degli uomini e delle donne, e – infine – piuttosto parsimoniosi quanto al sentimento moderno della forma di vita democratica.[40]

7. *Alcuni interrogativi e un'agenda possibile. Democrazia, cittadinanza e mercati*

Il terzo '89 potrebbe porre, grosso modo, i seguenti interrogativi distinti, anche se non indipendenti fra loro, per una filosofia politica della cittadinanza: i) come ridisegnare la mappa dello stato sociale? Il che vuol dire: quali criteri ci consentono di selezionare fra interessi e preferenze di cittadini, di identificare chi ha diritto a che cosa, quando e come? ii) come tutelare le virtù del pluralismo riducendone i costi? Il che vuol dire: quali criteri per selezionare e ridurre l'arena della scelta pubblica, per la contrazione della sfera dell'impiego della risorsa dell'autorità a opera della *leadership* democratica? iii) come mantenere la promessa della correlazione fra scelte individuali e scelte collettive, su un'a-

Milano, Bibliotechne 1987 (atti del convegno di Politeia del novembre 1986).

[39] Per la nozione di integrità nella accezione qui impiegata, cfr. Dworkin, *L'impero del diritto*, Milano, il Saggiatore 1989, pp. 215-224, sulla nozione di "catena narrativa".

[40] Quest'ultimo punto, che a me sembra anche filosoficamente di una certa importanza, mi è stato suggerito in una conversazione da Judith N. Skhlar.

rena ristretta a poche, *grandi* questioni che pertengano a interessi di lungo termine? Il che vuol dire: quali regole per la competizione politica, basata sull'idea di valore che i cittadini governati abbiano "voce" e le loro preferenze siano prese sul serio e contino per selezionare la *leadership* (i cittadini governanti), vincolandola alla responsabilità e alla rispondenza?[41] iv) come modellare lo *status* di cittadinanza perché esso mantenga le caratteristiche di un processo di *abilitazione* per uomini e donne differenti e non di un processo di *livellamento*?[42]

La mia congettura è che una filosofia politica della cittadinanza debba basarsi sulla migliore interpretazione possibile di quel grappolo di valori, di quel nucleo normativo di libertà, eguaglianza, fraternità che è la traccia, *vicina*, della *remota* vicenda del primo '89. Costituzione di libertà (negativa e positiva); eguaglianza nelle opportunità fondamentali per cittadini e cittadine; solidarietà di cittadinanza con chiunque, senza sua responsabilità, è svantaggiato con handicap imputabili alla sorte nelle dotazioni sociali e naturali iniziali, quando non svantaggiato dalle *differenze* che istituzioni, inique o inefficienti, sanzionano, costitutivamente o regolativamente, come *ineguaglianze*. (Questa è ancora l'eco di Rousseau e del suo pionieristico secondo *Discorso*.)[43]

Dopo o oltre lo stato sociale modellato dalla vicenda inaugurata dal secondo '89, l'immaginazione politica, la fantasia intellettuale, la responsabilità scientifica e, infine, la serietà morale dovrebbero – credo – concentrarsi su questi temi. Senza dimenticare che la democrazia come proget-

[41] Cfr. A.O. Hirschman, *Lealtà, defezione e protesta*, Milano, Bompiani 1982; nell'ambito della teoria politica "applicata", Pasquino, *Restituire lo scettro al principe*, Bari, Laterza 1985; e ora, soprattutto, l'incisivo saggio, *Alla ricerca dello scettro perduto*, Bologna, Il Mulino 1990.

[42] Cfr. Dahrendorf, *op. cit.*, p. 187. Questo è un compito difficile e ineludibile, di fronte alla salienza di alcune differenze, quali quella sessuale e, in società multietniche, culturale e razziale.

[43] Cfr. J.-J- Rousseau, *Discorso sull'origine e i fondamenti della diseguaglianza*, in *Scritti politici*, Bari, Laterza 1971, I; cfr., in proposito, J.N. Shklar, *Jean-Jacques Rousseau and Equality*, "Daedalus", CVII, 1978, 3; M. Viroli, *Jean-Jacques Rousseau and the "Well-Ordered Society"*, Cambridge, Cambridge University Press 1988; A. Burgio, *Eguaglianza, interessi, unanimità*, Napoli, Bibliopolis 1989. Per quanto concerne le interpretazioni e le reinterpretazioni dei "principi", cfr. Ozouf, *Libertà, Eguaglianza, Fraternità*, in Furet, Ozouf, *Dizionario critico*, cit. e AA.VV., *Progetto Ottantanove*, cit.

to eminentemente inadempiuto presuppone il ricorrente esercizio dell'arte liberale della *separazione*, l'arte del costituzionalismo: la generazione di *regole*, generali nella formulazione, universali nell'applicazione, pubbliche nell'informazione, per i ruoli degli attori sociali e i confini delle arene o delle sfere della loro libertà di scelta. La cittadinanza del terzo '89 non è contro il mercato (questo è un argomento proprio e familiare per il secondo '89): essa definisce e perimetra i *limiti* del mercato.

Essa si basa sull'idea che qualcosa va sottratto al mercato perché il mercato possa generare benessere e ottenere esiti di efficienza. La cittadinanza senza mercato non sembra essere un ideale attraente: i negozi sono vuoti. Il mercato senza cittadinanza è altrettanto moralmente riprovevole: i supermarket straboccano, ma solo alcuni tiranni, più o meno presentabili e con *look* variabile e contingente, vi hanno accesso, con una impressionante varietà di carte di credito (tutto questo, omettendo riferimenti al *Casino-Capitalism* della recente arena mondiale della ricchezza "non reale").

Una teoria completa e coerente della cittadinanza *sociale* non può non misurarsi con il problema morale e politico di una valutazione del mercato. Nella discussione e nel conflitto intelligente delle idee, differenti sono le valutazioni del mercato. Queste differenti valutazioni non riguardano semplicemente l'accertamento delle capacità del mercato di pervenire a esiti di efficienza, rispetto a altre forme e modi di organizzazione di un'economia; esse toccano direttamente la questione più difficile del rapporto fra gli esiti dell'esservi mercato e le valutazioni nei termini della teoria normativa della cittadinanza.

La questione è complicata, per molte ragioni. Non ultima, quella per cui anche l'efficienza può assumere lo *status* di un valore o di un fine (anche se strumentale) nell'universo pluralistico di valori o fini politici e morali. E, come è facile presumere, questo universo di valori politici e morali non è esente da tensioni o contraddizioni essenziali. I dilemmi e le tensioni fra libertà, eguaglianza e efficienza sono questioni canoniche per la teoria politica, economica e sociale. Mi limiterò perciò a alcune osservazioni filosofiche sullo stato della discussione e sugli argomenti a favore o contro il mercato, alla luce dei principi della teoria normativa della cittadinanza. Cercherò di mostrare in che senso preciso l'esservi mercato fa problema se noi asseriamo come rilevante la nostra interpretazione favorita dell'idea di cittadinanza sociale come fine a sé.

Non mi occupo dell'importante questione dei modi concreti in cui l'istituzione mercato si realizza o può realizzarsi in contesti e società differenti; né delle forme di mercato – cui ho accennato –, descritte o spiegate dalla teoria economica nei suoi sviluppi e nella varietà dei suoi modelli e delle sue interpretazioni. La nozione di mercato è assunta in senso astratto e, soprattutto, indipendente da una particolare teoria economica dello stesso. La nozione è, in particolare, impiegata in modo non indipendente dallo sfondo della teoria politica normativa. Ciò che mi preme sottolineare è che asserire che vi è mercato significa essenzialmente asserire che vi sono istituti, metodi, processi e decisioni relative alla produzione di beni e servizi e alla distribuzione e allocazione di valori che sono (relativamente) *indipendenti* dallo schema di autorità politica.[44] Per questo è importante accennare alla distinzione e alla autonomia relativa di sfere sociali differenti, su cui tornerò nel terzo capitolo.

Esiste un'ampia serie di argomenti morali a favore del mercato che è fondata su una valutazione intrinseca della libertà, e non dell'eguaglianza, come valore fondamentale. Questi argomenti sono tutti argomenti *ex ante* a favore del mercato. Quest'ultimo risulta l'unica forma di organizzazione dell'economia coerente e compatibile con l'esistenza di diritti morali individuali. La libertà negativa, un ingrediente non esclusivo ma cruciale del sistema delle libertà dei moderni (prima versione di cittadinanza nella sequenza a stadi della teoria), trova nella logica e nell'azione di mercato una garanzia essenziale.

Il mercato appare in questa prospettiva come l'arena delle transazioni libere di diritti legittimi; nelle versioni più favorevoli e euforiche, questo implica l'esistenza di uno schema di reciprocità e mutuo vantaggio. Qualsiasi altra

[44] Michele Salvati ha identificato in modo penetrante un criterio di demarcazione fra regimi socialisti autocratici e regimi democratici che è rispondente alla estensione dell'allocazione imperativa e politica (quindi, burocratica) di valori e alla congiunzione dei domini e delle sfere della politica e dell'economia (piuttosto che alla loro disgiunzione e autonomia relativa nelle democrazie con cittadinanza e mercati); cfr. Salvati, *I principi e l'efficienza*, in AA.VV., *Progetto Ottantanove*, cit. Sono grato a Giulio Sapelli per avermi suggerito di precisare in quale senso è qui impiegata analiticamente la nozione di mercato.

forma di organizzazione dell'economia e degli scambi prevede una violazione della libertà individuale e l'oppressivo disconoscimento dei diritti negativi degli individui. Si osservi che questo non è un argomento in termini di efficienza a favore del mercato. È un argomento in termini di libertà. Per questo, non lo possiamo considerare incoerente con la nostra sequenza di argomenti e, in una prospettiva di razionalità politica intorno ai lineamenti di una società desiderabile, può variare il peso da assegnare all'argomento, rispetto a altri rivali, ma difficilmente esso può venire eroso e annullato da prospettive e opzioni di valore alternative. A meno di non rinunciare esplicitamente almeno a una tessera del mosaico complicato del *puzzle* della nostra teoria della cittadinanza.

Gli argomenti *ex ante* a favore del mercato puntano sulla sua coerenza e compatibilità con l'idea di diritti e libertà negativa, con le motivazioni individuali a agire e con l'assenza di oppressione, dispotismo o controllo centrale che erodano o consumino le basi della libertà di scelta individuale di investitori, imprenditori e consumatori. Una versione di questo genere, che ha i caratteri del libertarismo politico, ha qualcosa in comune con la versione liberale dello stato di diritto e la costituzione di libertà. L'eguaglianza distributiva è, in questa prospettiva, un disvalore: essa richiede in ogni caso la violazione dei diritti morali individuali e della piena capacità di scelta individuale.

Ora, non v'è dubbio che il mercato sia a suo modo sensibile a ciò che la gente fa o si sforza di fare, ma è un fatto che esso è del tutto insensibile rispetto a ciò che *accade* alla gente e a ciò che la gente *è*. Il mercato prevede un sistema anonimo e "privato" di premi e sanzioni che rende evanescente la promessa di eguale cittadinanza. Un argomento *ex ante* non può assumere come rilevante, per la valutazione politica o morale, che cosa accade negli stati del mondo, in virtù dell'operare del mercato. Per quanto appaia singolare, sono escluse in questo approccio considerazioni relative al benessere della gente. È solo questione di diritti e del libero gioco delle loro transazioni.

L'arbitrarietà morale delle dotazioni iniziali di diritti e la connessa arbitrarietà morale degli esiti di mercato possono dar luogo a due tipi di argomenti che costituiscono il nucleo di dottrine e approcci alternativi a quello delineato, che è *ex ante* a favore di esso.

La tradizione socialista ha impiegato, come ho sostenuto, un argomento *ex ante* contro il mercato (identificato con il "capitalismo"), ritenendolo responsabile, per il suo funzionamento e la sua struttura, delle ineguaglianze fra gli esseri umani, delle differenze che gli uomini e le donne conoscono nella capacità fondamentale di controllare la loro vita e di essere padrone del loro destino. L'arbitrarietà morale del mercato ("capitalismo") risulta così condannata in blocco: considerazioni relative alla libertà negativa cui esso è connesso sono semplicemente superate da considerazioni relative all'eguaglianza di dotazioni, diritti e risorse che esso erode e insulta sistematicamente. L'esservi mercato è incompatibile con la eguaglianza effettiva di uomini e donne. Solo un'organizzazione economica che elida il mercato e affidi la riproduzione economica e la crescita a un piano *politico* di organizzazione razionale e non moralmente arbitraria di produzione e consumo può sostenere, come esito, l'eguale condizione – sostanziale e non formale – di cittadinanza.

Ora, vi è un nesso complicato ma ineludibile fra l'esservi mercato e l'esservi libertà: questo nesso è stato spezzato nella tradizione socialista a favore della realizzazione di un'eguaglianza di risorse e di quote distributive. È facile, in proposito, ai fini di una valutazione, richiamare l'attenzione sugli aspetti di inefficienza – rispetto al mercato – propri dell'esperienza pluridecennale di economie di comando: basta pensare alle amare vie al mercato che si intersecano con le democrazie in arrivo nei regimi socialisti o ex socialisti. Dal punto di vista normativo, tuttavia, non è questo il terreno appropriato per la discussione. Non si oppone un argomento *ex post* a un argomento *ex ante*: il punto è che la condanna senza appello del mercato implica la subordinazione della libertà all'eguaglianza, punto e basta. Quale che sia il risultato in termini di efficienza.

L'argomento socialista *ex ante* contro il mercato porta con sé, come implicazioni, l'erosione delle basi non della semplice libertà negativa, ma dell'intera famiglia di diritti e libertà, inclusa l'elisione della possibilità del pluralismo. Il mercato è una tessera – e tra le più importanti – di una forma di vita collettiva e di un assetto di istituzioni e pratiche sociali modellate dal sistema delle libertà: risulta così un elemento ineludibile in una teoria normativa della cittadinanza.

È possibile sostenere le ragioni di un'eguaglianza di cittadinanza senza accettare il sacrificio delle libertà e, d'altra parte, senza arrestarsi all'eguaglianza dei diritti individuali negativi compatibile con le più vistose e arbitrarie ineguaglianze di risorse? È disponibile, in proposito, un argomento normativo per la valutazione del mercato, alla luce dei vincoli morali che derivano dall'accettazione, *insieme*, di un'interpretazione della libertà e dell'eguaglianza dei cittadini, la nostra interpretazione filosoficamente favorita della nozione di cittadinanza nella sequenza delle sue versioni?

La recente tradizione della teoria democratica incorpora un tentativo di sfuggire all'*impasse* delineata; un tentativo difficile e precario in cui sembra più razionale o ragionevole far prevalere la logica del "più o meno", rispetto a quella del "tutto o niente". L'argomento è un argomento *ex post*. Si riconosce certamente all'esservi mercato una importante proprietà compatibile con l'esservi libertà; ma, come dire, non ci si ferma qui, almeno normativamente. Il mercato può essere valutato in termini di efficienza; e, da questo punto di vista, si tratta in ogni caso di una valutazione comparativa, come spesso accade nella teoria politica. Il mercato non è tanto efficiente, punto e basta; è *più* efficiente di altre forme di organizzazione dell'economia. Sotto certe condizioni e in circostanze appropriate, esso è *molto* più efficiente. Inoltre, esso è *ex ante* coerente con la vigenza di diritti individuali e di libertà negativa. Ma esso non galleggia nel vuoto pneumatico, né esaurisce lo spazio delle sfere di azione e significato sociale. Il mercato è solo *una* fra le istituzioni fondamentali.

Il mercato è un meccanismo di allocazione più efficiente (di altri metodi) delle risorse: ma, come sappiamo, la distribuzione delle dotazioni naturali e sociali iniziali è moralmente arbitraria. Nessuno merita di nascere in uno stato, in un ceto piuttosto che in un altro; in una società postaristocratica, oltre l'*ancien régime*, sembra diventare più importante asserire che nessuno merita di nascere nella classe o nel ceto sociale in cui viene al mondo e ha un destino e una vita da vivere. L'arbitrarietà delle dotazioni iniziali pervade presumibilmente gli esiti di mercato. Inoltre, sempre restando a un ordine di considerazioni *ex post*, vi sono chiaramente cose in cui il mercato è del tutto inefficiente; nel senso elementare per cui vi sono cose che il mercato non è in grado di fare (i classici fallimenti del mercato: provvista di beni pubblici, esternalità negative ecc.). Per una buona parte, almeno, è ragionevole riconoscere che gli esiti di mercato sono gli esiti della sorte naturale e sociale di ciascuno. Essi hanno solo in parte a che vedere con ciò di cui i cittadini – uomini e donne – sono responsabili. Manca qui un ingrediente indispensabile per la *giustificazione*, dal punto di vista dell'interpretazione democratica dell'eguale cittadinanza in una prospettiva emancipatoria. Ineguaglianze immeritate e dovute alla sorte naturale e sociale generano vantaggi e svantaggi che possono erodere le basi dell'eguale rispetto e della *stima* di sé di cittadini cui la teoria democratica riconosce eguale dignità (ancora, conversioni di cittadini in sudditi, quando non in schiavi).

In questi casi, gli esiti *ex post* del funzionamento complessivo del mercato sono in tensione e in contraddizione con la promessa dell'eguale sorte di cittadinanza sociale. Qui opera l'inferenza democratica dagli eguali diritti di cittadinanza. Abbiamo eguali diritti, ma sfortunatamente (o fortunatamente, a seconda dei gusti e degli interessi) redditi e ricchezze diseguali. Alcune ineguaglianze sono naturalmente giustificabili in base a un principio di scelta e di responsabilità. Ma l'intera classe di ineguaglianze che dipendono dalla sorte, da quanto è sottratto al controllo e alla scelta dei cittadini e dal funzionamento *globale* del mercato come sistema non è giustificabile. Essa richiede una correzione degli esiti di mercato o una redistribuzione più egualitaria o meno inegualitaria delle dotazioni sociali iniziali perché lo schema delle istituzioni politiche e sociali possa essere razionalmente giustificato per cittadini e cittadine dotate di pari dignità.

Si delinea qui l'idea costituzionale del paniere di beni sociali primari o di eque opportunità fondamentali che definisce l'arena della responsabilità sociale (di chiunque per chiunque), al di là della quale soltanto vige e ha valore la facoltà di scelta e di responsabilità individuale. Come ha scritto incisivamente Theodor H. Marshall, "la libertà di scelta entra in campo non appena è stata creata la capacità di agire e di scegliere".

8. *La democrazia nei tempi della (o della credenza nella) sua solitudine normativa. I cittadini del mondo*

Una filosofia politica della cittadinanza nella prospettiva emancipatoria, nei tempi della fine secolo del terzo '89, sembra a me richiedere l'esercizio (che presuppone l'*apprendimento*) della ragionevolezza politica e morale. Questo è qualcosa come l'eco del *recente* Illuminismo.[45]

Dopo Auschwitz e i Gulag, abbiamo la responsabilità morale e politica di continuare a pensare. A pensare in proprio. I nostri non sembrano a me i tempi della fine della storia (con buona pace di Francis Fukuyama): questa è solo una banalità che si aggiunge al corteo delle banalità di cui è forse inevitabilmente piena la biblioteca o meglio (spero) l'emeroteca di esseri goffi e limitati quali noi siamo. Al contrario, c'è molto da fare in questo mondo largamente imperfetto, strano e complicato. E, soprattutto, ne vale la pena.

Sembra che ci sia accaduto di vivere, in questo scorcio di secolo ormai declinante, nei tempi della "solitudine normativa" della democrazia. Oggi, nel lessico politico e morale, "democrazia" è il nome di ciò che non possiamo avere, come si ha qualcosa di compiuto, e che tuttavia non possiamo smettere di volere, come si continua a desiderare qualcosa che è per noi, ma non è ancora compiuto.[46]

"Oggi" è un termine che i filosofi del linguaggio chiamano "indiciale", come "io", "ora" ecc. Un altro importante termine indiciale nei nostri enunciati è: "qui". Una filosofia politica della cittadinanza deve saper rispondere alla doppia sfida dell'"ora" e del "dove". La sequenza degli argomenti che ho abbozzato in questo capitolo implica il riferimento a un contesto, a una famiglia di vicende nel tempo contingenti ("ora"), in un angolo di mondo ("qui" o "dove"). La responsabilità filosofica richiede che si dia un resoconto plausibile delle possibili interpretazioni del secondo termine: *dove?* È il dilemma fra universalismo e relativismo quello cui alludo

[45] Cfr., in proposito, il monumentale F. Venturi, *Settecento riformatore*, voll. I-II, Torino, Einaudi 1969 e 1976; F. Diaz, *Filosofia e politica nel Settecento francese*, Torino, Einaudi 1962 e soprattutto, in modo direttamente connesso al mio argomento sulla cittadinanza, *Dal movimento dei Lumi al movimento dei popoli*, Bologna, Il Mulino 1986. Sulla nozione di apprendimento morale in riferimento alla forma di vita democratica, cfr., in una prospettiva sociologica, Alberoni, *Genesi*, Milano, Garzanti 1989, pp. 257-261. Il tema dell'apprendimento e dell'evoluzione dei sentimenti morali è classicamente sviluppato da Hume.

[46] Cfr. Dunn, *La teoria politica di fronte al futuro*, Milano, Feltrinelli 1983, pp. 51-52. La mia formulazione è una parafrasi piuttosto libera di un'asserzione di Dunn che conclude il suo capitolo sulla democrazia. Non mi è chiaro se Dunn sarebbe d'accordo con la riformulazione proposta.

in queste osservazioni conclusive: questo dilemma è una sfida per una teoria normativa della cittadinanza che si basa sull'idea della sequenza degli argomenti come ordinamento essenzialmente *incompleto*.

In un'epoca oscillante fra cosmopolitismo e tribalismo, fra un'etica della convergenza e una variegata domanda di appartenenza, nonché una richiesta altrettanto variegata di riconoscimento delle differenze (sesso, etnia, razza, religione, lingua ecc.), la questione sembra molto importante, almeno tanto quanto difficile. *Dove?* Nei paesi ricchi dell'Ocse e/o anche a Mosca, a Budapest, a Varsavia, a Pechino (piazza Tien AnMen), a San Paolo, Santiago, Città del Capo, Soweto, a Buenos Aires, nelle terre in attesa di un nome dei palestinesi, a Gerusalemme o a Tel Aviv: *qua e là*, per il sempre più piccolo mondo in cui ci è accaduto di avere una vita in comune con altri da vivere, come coinquilini del pianeta?

Un pianeta, la cui fredda contabilità per corpi (e anime o menti) è moralmente ripugnante tanto quanto politicamente iniqua: un miliardo circa nei paesi ricchi, tre miliardi circa nel ciclo tradizionale di scarsità e povertà, un miliardo circa di dannati della terra che non hanno speranza di essere con noi al capodanno del 1999. Un pianeta, d'altro canto, sempre più piccolo e interdipendente, in cui i coinquilini del pianeta hanno, con gradi ineguali e variabili, una responsabilità *morale* verso la natura, connessa all'impressionante aumento della loro – *ineguale* – responsabilità *causale*.

La connessione a catena delle ineguaglianze in risorse e titoli fra angoli del mondo molto, troppo, ricchi e i più vasti territori della povertà e della carestia cui allude la fredda contabilità si intreccia con la connessione globale e transnazionale della responsabilità verso le generazioni future: ancora una volta, cittadini, sudditi, schiavi. La questione ecologica implica che la crescita predatoria e lo sfruttamento delle risorse non riproducibili fanno sì che trattiamo come schiavi miliardi di contemporanei e come sudditi le generazioni future.[47] Se Schumpeter sembra essere, in questo scorcio di fine secolo, il protagonista dello sviluppo e dell'au-

[47] Cfr. G. Ruffolo, *La qualità sociale*, Bari, Laterza 1985; J. Passmore, *La nostra responsabilità per la natura*, Milano, Feltrinelli 1986; S. Bartolommei, *Etica e ambiente*, Milano, Guerini e Associati 1989; Maffettone, *Valori comuni*, Milano, il Saggiatore 1989, cap. VIII; in una prospettiva differente, H. Jonas, *Il principio responsabilità*, Torino, Einaudi 1990.

mento di risorse e opportunità nelle economie domestiche, forse dovremmo riflettere sulla filosofia sociale esposta dalla figura torreggiante nella teoria economica della metà secolo, John M. Keynes, nel capitolo XXIV della *Teoria generale*.[48] Una teoria normativa della cittadinanza in una prospettiva emancipatoria, nell'epoca del collasso degli assetti generati dalla fine della seconda guerra dei trent'anni, sembra richiedere una visione *globale*. Globalizzare la giustizia distributiva: questo è il complemento della concezione cosmopolitica e, in ogni caso, transnazionale di vite di uomini e donne come cittadini e cittadine del mondo.

Ora, se meditiamo come uomini e donne riflessivi sui processi, difficili, complicati, entusiasmanti e inquietanti delle trasformazioni di una "parete del mondo" che ci è contemporaneo nella variegata arena di regimi autocratici e monocratici, io credo che si possa sostenere una tesi filosofica (come tutte le tesi filosofiche inevitabilmente esposta a confutazioni e controversie) a favore dell'*universalismo* del lessico dei principi e dei vocabolari di moralità dell'Ottantanove.

Questa non è solo l'espressione di un sentimento, di un atteggiamento, di una *motivazione* o di una preferenza morale e politica (il che non è peraltro affatto banale, neppure dal punto di vista filosofico).[49] È qualcosa come un sobrio frammento di "filosofia della storia", di una visione emancipatoria "cosmopolitica", che si basa sul rispetto eguale, dovuto a chiunque – uomo o donna – si impegni nel ricorrente tentativo di essere artefice del proprio progetto di vita, della propria biografia individuale e del destino collettivo e condiviso con altri. La filosofia della storia non sembra godere del prestigio intellettuale di un tempo, nella comunità scientifica. Ci sono del resto buone ragioni a favore del suo discredito. (Non è affatto sicuro che impegnarsi in questa attività significhi *prendere sul serio* la storia.)[50]

[48] Cfr. J.M. Keynes, *Teoria generale dell'occupazione, dell'interesse e della moneta*, Torino, Utet 1971, pp. 517-527; vedi in proposito, per una ricostruzione storica della complessa formazione filosofica, politica, epistemologica della grande "visione" di Keynes, R. Skidelsky, *J.M. Keynes*, Torino, Bollati Boringhieri 1989, vol. I.

[49] Cfr. Williams, *L'etica e i limiti della filosofia*, Bari, Laterza 1987; Veca, *Una filosofia pubblica*, cit., cap. 8.

[50] Ho abbozzato una tesi a favore di una particolare versione (molto sobria) della filosofia della storia nella *Introduzione* alla nuova edizione italiana di Moore, *Riflessioni sulle cause sociali delle sofferenze umane*, Milano, Comunità 1989. Questo abbozzo di tesi mi è stato suggerito da una intensa discussione svoltasi nell'ambito

Tuttavia, anche un bambino (riflessivo) sa che la credenza che un progresso sia *possibile* non implica la credenza che esso sia *necessario*. In ogni caso, come ha sottolineato Norberto Bobbio, tutto ciò pone alla *democrazia*, intrinsecamente imperfetta e essenzialmente perfettibile, la massima responsabilità planetaria nell'epoca della sua "solitudine normativa": l'utopia della *società civile dei cittadini del mondo*.[51] È possibile pensare in modo non patetico o fatuo a una fraternità o solidarietà di specie? In termini di filosofia politica, è possibile – e con quali strategie e istituzioni politiche – favorire la crescita della risorsa della *fiducia*, nell'arena delle relazioni internazionali, ciclicamente oscillanti tra la storia narrata da Hobbes e quella narrata da Kant?[52] Ciò è certamente difficile. Terribilmente difficile. Ma non sembra a me particolarmente brillante, in questo come in altri casi, adottare la strategia inflattiva di tradurre le cose difficili in cose impossibili.

Come è stato scritto nei primi anni di questo secolo, il nostro che si chiude con il terzo '89 e i suoi dilemmi, "è perfettamente esatto, e confermato da tutta l'esperienza storica, che il possibile non verrebbe mai raggiunto se nel mondo non si ritentasse sempre l'impossibile".[53]

del Seminario su "Modelli di storia comparata" (S. Miniato, ottobre 1988) promosso e coordinato, nell'ambito di una ricerca Cnr, da Pietro Rossi in collaborazione con la Fondazione Feltrinelli e, in particolare, da alcuni interventi di Luciano Cafagna, Alessandro Cavalli, Giulio Sapelli e Pietro Rossi sulla relazione di A. Salamone sull'opera di Moore. Sui modi di prendere sul serio la storia, vedi il cap. IX di questo saggio.

[51] Cfr. Bobbio, *Il terzo assente*, cit., pp. 112-125; Dahrendorf, *op. cit.* Questo argomento è come l'eco dell'idea kantiana del "diritto cosmopolitico". Mario Albertini ha mostrato in che senso ciò possa connettersi a una prospettiva federalistica nell'arena delle relazioni internazionali: cfr. la sua *Introduzione* a *Il Federalismo*, Bologna, Il Mulino 1979.

[52] Per la nozione di "fiducia", cfr. D. Gambetta, a cura di, *Trust*, Oxford, Blackwell 1988. Per la storia fra Hobbes e Kant, cfr. M. Geuna, P. Giacotto, *Le relazioni fra gli stati e il problema della pace: alcuni modelli da Hobbes a Kant*, "Comunità", 1986, 187; per la teoria delle relazioni internazionali, cfr. L. Bonanate, *Dopo l'anarchia*, Milano, Angeli 1989. Sono grato a Giuliano Procacci per avermi suggerito con tenacia, nelle discussioni degli ultimi anni, la salienza normativa di una "grande" visione.

[53] M. Weber, *Il lavoro intellettuale come professione*, Torino, Einaudi 1948, pp. 120-121; cfr. il mio *Alcune osservazioni filosofiche sui tre Ottantanove*, in *La Rivoluzione francese alla Fondazione Feltrinelli*, cit.

II. Due concetti di autonomia

L'ideale della libertà fa parte, in modo saliente, dei dizionari di moralità ereditati per una filosofia politica dell'emancipazione. Esso non esaurisce il nucleo dei fini universalistici o dei valori a sé di una teoria normativa della cittadinanza. Eguaglianza e solidarietà sono per noi altrettanto riconoscibili, nella nostra versione morale e politica intrinsecamente pluralistica. Tuttavia, nel quadro di una teoria normativa della cittadinanza, l'ideale della libertà ha, in un senso peculiare, almeno due proprietà che lo caratterizzano, a sé preso, e in rapporto agli altri ideali, come i) prioritario o lessicalmente preordinato rispetto alle interpretazioni degli altri valori intrinseci e non negoziabili e ii) come essenzialmente vago, in un modo in cui non lo è, come vedremo nel prossimo capitolo, quello dell'eguaglianza.

La priorità è connessa alla conversione di sudditi in cittadini o alla più completa catena di conversioni di schiavi in sudditi in cittadini cui è a sua volta connesso un ordinamento gerarchico di diritti, normativamente cogente tanto quanto empiricamente e *contingentemente* reversibile. E questo dà ragioni per identificarsi con l'impegno alla ricorrente tensione per la conversione e la lealtà alle istituzioni e alle politiche con esso coerenti, alla *responsabilità* dell'azione collettiva per mantenere coerenza con i principi dell'emancipazione, prendendo partito contro le variegate pratiche della crudeltà e della degradazione, dello sfruttamento e dell'umiliazione, le politiche che riducono la nostra gamma di opzioni e di libertà di scegliere tra alternative, contraendo e erodendo la nostra possibilità di scegliere, alla fine, noi stessi (autonomia).

La *vaghezza* è una proprietà connessa alla essenziale varietà degli impieghi del nostro termine nei vocabolari di moralità, politica e prudenza. Questa seconda proprietà rende conto dell'aria di famiglia che contraddistingue la pluralità delle libertà e del ruolo che esse giocano nella nostra vita, delle variazioni e delle trasformazioni di quel ruolo in forme di vita.

Dal punto di vista di una filosofia politica della cittadinanza, come abbiamo visto, una forma di vita o una pratica sociale, una prassi, è una nozione teoricamente saliente non perché renda conto dei nostri modi di parlare delle libertà, dei nostri vocabolari e delle nostre transazioni linguistiche; né perché renda conto delle nostre descrizioni o ridescrizioni nel tempo di noi stessi come schiavi, sudditi e cittadini; del nostro lessico e dei nostri modi di dare nomi, di classificare "generi" naturali o culturali o sociali per descrivere noi e il mondo sociale e politico. La nozione è saliente perché rende conto della *congiunzione* della tesi sui vocabolari, della tesi sulle descrizioni *e* della tesi sui trattamenti, su ciò che ci facciamo l'un l'altro, su ciò che istituzioni e poteri fanno, producendo effetti sulle nostre vite e sulle opportunità in termini di risorse e di diritti o di titoli, nelle nostre forme di vita.

L'accento che una filosofia politica dell'emancipazione pone sui nostri impieghi e sulle nostre transazioni linguistiche è importante nella teoria politica normativa della cittadinanza se, e solo se, rende conto del fatto che una forma di vita è il contesto globalmente connesso in cui transazioni linguistiche sono impiegate in transazioni *non* linguistiche, in cui vi è circolarità fra i nostri modi di descriverci e di trattarci e equilibrio riflessivo (instabile e provvisorio) fra i nostri impegni normativi e i nostri impegni descrittivi.[1]

Se si accetta la tesi della congiunzione fra vocabolari, descrizioni e trattamenti, l'ideale della libertà genera una famiglia di interpretazioni o concezioni delle libertà: un concetto, più concezioni, secondo l'impegno al pluralismo dei valori.

[1] Per la nozione di equilibrio riflessivo, cfr. Rawls, *Una teoria della giustizia*, cit. pp. 54-60. La nozione non è indipendente dalla tesi di Goodman sulla giustificazione dell'inferenza, sostenuta in *Fatti, ipotesi e previsioni*, cit.; per una discussione di questo punto, cfr. E. Tugendhat, *Problemi di etica*, Torino, Einaudi 1987, pp. 9 sgg.

Una filosofia politica dell'emancipazione si basa sull'idea elementare per cui il significato principale della libertà coincide, per esseri quali noi siamo, con quello della libertà dalle catene (di qualsivoglia tipo), dalla prigionia, dalla schiavizzazione da parte di altri (chiunque essi siano e sotto qualsiasi descrizione pertinente). Battersi per la libertà vuol dire, per ciò che esseri come noi provano nel fare ciò, cercare di rimuovere gli ostacoli (di qualsivoglia tipo), limitare, contenere, tenere a freno, azzerare – se è possibile – l'interferenza della crudeltà fisica e morale, dello sfruttamento, dell'oppressione da parte di altri esseri come noi e i cui fini non sono i nostri, nel senso elementare per cui abbiamo ragioni per non riconoscerli come tali e per rifiutarci di farli nostri (autonomia). La libertà, in questo senso, evoca l'assenza di dominio.[2]

Tutto questo ha a che vedere con un resoconto di ciò *che si prova* a essere o non essere liberi, con il punto di vista interno, soggettivo o personale, con le ragioni e le motivazioni, le credenze delle particolari persone che siamo. L'esperienza della libertà, nella forma della lotta che si basa sull'aspirazione a essa e sulle ragioni personali o sui sentimenti morali dell'oltraggio e della collera morale, è un'esperienza in cui il termine è inevitabilmente impiegato al "singolare". Quanto rende conto del catalogo delle libertà, al plurale, è in questo caso la tendenza all'impersonalità e all'oggettività del punto di vista "esterno" della più ampia teoria normativa della cittadinanza. La tensione fra ciò che ho chiamato l'insieme delle ragioni personali e ciò che ho chiamato l'insieme delle ragioni impersonali è una tensione essenziale per una filosofia politica dell'emancipazione.[3]

Come teoria normativa, essa richiede storia. E la storia è quella del ricorrente e variegato tentativo di uomini e donne di liberarsi dalle variegate catene (di qualsivoglia tipo) per progettare se stesse e il proprio ideale di fioritura e autosviluppo (autonomia) e per far sì che ciò sia, in quanto tale, riconosciuto (dignità). La storia è una di quelle che ha vari gradi di intensità: essa sembra andare dall'aspirazione alla libertà dalla crudeltà fisica e morale (abbiamo diritti, se li abbiamo, perché essi ci proteggono dalla paura della crudeltà)[4] all'aspirazione a disporre di libertà e opzioni che abbia-

[2] Cfr. Berlin, *Quattro saggi sulla libertà*, cit. p. 53.

[3] Per la tensione fra oggettivo e soggettivo, cfr. T. Nagel, *Questioni mortali*, Milano, il Saggiatore 1986, cap. 4 e, in generale, *Uno sguardo da nessun luogo*, Milano, il Saggiatore 1988.

[4] Cfr. Shklar, *Vizi comuni*, Bologna, Il Mulino 1986, p. 279.

no per noi, che le abbiamo (ottenute, conquistate o semplicemente ereditate), un senso saliente e un'importanza nelle nostre vite.

La teoria normativa della cittadinanza, basata sulla sequenza delle conversioni di schiavi in sudditi in cittadini (istituzioni e trattamenti) e delle ridescrizioni e dei vocabolari di moralità con essa coerenti, è una teoria che, in tensione con le ragioni e le motivazioni personali, formula un argomento coerente e plausibile dal punto di vista oggettivo (intersoggettivo) e impersonale. Quest'ultimo genera i principi e i criteri che devono modellare le istituzioni, le politiche, le pratiche della libertà. Tali criteri sono una bussola per la riforma sociale, basata sull'idea di valore della grammatica delle libertà: una famiglia intrinsecamente pluralistica.[5]

Questa famiglia è a sua volta, come ho accennato, connessa all'impiego di termini quali "dignità" e "autonomia". La dignità non ha prezzo e l'autonomia è una proprietà globale di vite biografiche individuali e di destini collettivi, modellati e progettati alla luce della priorità dell'ideale della libertà e grazie alla sua vaghezza essenziale. Quest'ultima, adottando una sorta di metafora topologica che sembra valere per più di uno dei valori universalistici della recente modernità, sembra mantenere (e consentire di reidentificare) alcune caratteristiche invarianti (e per noi salienti e riconoscibili) al variare delle interpretazioni e degli usi, degli impieghi nel tempo e nello spazio, fra i noi passati e i noi futuri. La caratteristica topologica è quanto ci consente di prendere sul serio la *storia* delle versioni della libertà, dell'autonomia e della dignità, nella catena di eventi, azioni, scelte, condizioni, circostanze, generazioni che così chiamiamo.[6]

1. *Le libertà che cambiano e l'idea di autonomia individuale*

Ho suggerito alcune delle ragioni del semplice fatto per cui in filosofia politica e morale è familiare l'idea che la no-

[5] Cfr. Veca, *Etica e politica*, cit. cap. XI.

[6] Cfr., per la metafora topologica, H. Lüthy, *Tugend und Menschenrechte*, Zürich, Benziger 1989, p. 10. Sono grato a Tomás Maldonado per aver richiamato la mia attenzione su questa idea di una "topologia del sistema concettuale politico". Carlo A. Viano mi suggerì, qualche anno fa, di riflettere sul fatto che termini come "libertà" e affini hanno un'impressionante storia di usi "distorti": questa idea è connessa alla proprietà della vaghezza.

zione di libertà sia una di quelle inesorabilmente vaghe e altrettanto familiare è l'idea che la vaghezza della nozione non ne riduca l'importanza. Uno dei modi per evitare l'imbarazzo genuinamente filosofico che deriva dal dover riconoscere molto importante una nozione molto vaga è quello di impegnarsi, nel senso indicato, a un resoconto pluralistico delle libertà. Nel suo pionieristico contributo del 1958, Isaiah Berlin ha tratteggiato le linee essenziali di una varietà di concetti di libertà. La dicotomia fra libertà negativa e libertà positiva è divenuta canonica, ma non esaurisce il resoconto pluralistico di Berlin. Vi è almeno un terzo modo di intendere la libertà, come ricerca di *status*, che ricorre nell'argomento politico.

L'importanza del lavoro di Berlin è difficilmente sottovalutabile, anche se questo non vuol dire che i suoi argomenti siano irresistibili e conclusivi: *Due concetti di libertà* ha infatti dato luogo a una discussione e a una controversia filosofica ormai classica. Quello che resta in ogni caso è l'idea che, quando discutiamo di libertà, spesso intendiamo cose differenti, al massimo apparentate e, per dir così, caratterizzate da un'aria di famiglia. Tuttavia, si tratta di una famiglia essenzialmente litigiosa, e quello che è filosoficamente interessante è render conto delle tensioni e delle collisioni fra i differenti concetti di libertà, fra le libertà al plurale. Le trasformazioni delle libertà investono differenti libertà e spesso dipendono, almeno in parte, dalla collisione fra differenti libertà.

Quale che sia la nostra interpretazione filosoficamente favorita delle libertà, essa presuppone la teoria del valore della scelta per uomini e donne. Si sostiene che una libertà ha valore e importanza per noi, per il fatto che è preferibile per noi, per il tipo di esseri quali noi siamo, poter scegliere fra alternative piuttosto che no; poter scegliere fra più alternative piuttosto che fra meno alternative; poter scegliere almeno fra una alternativa piuttosto che non poter scegliere del tutto. In questo modo piano e naturale, l'argomento sulle libertà introduce un'altra familiare nozione, altrettanto vaga e importante, quella di *autonomia individuale*.

Vorrei suggerire che la nozione di autonomia è filosoficamente una di quelle relativamente intrattabili e comunque molto difficili.[7] Distinguerò fra due tipi di autonomia, con-

[7] Non mi occupo qui del difficile e, forse, insolubile problema metafisico dell'autonomia o della capacità di agire. Per quanto un argomento filosofico irresistibile a favore della nozione di autonomia come proprietà di azioni e ragioni per agire non sembri dispo-

nessi in qualche senso ai due concetti di libertà. L'idea è i) che le trasformazioni delle libertà non tocchino solo il ruolo che esse hanno nelle nostre vite, ma anche le nostre credenze su che cosa voglia dire essere agenti liberi, in quanto caratterizzati dalla proprietà dell'autonomia; ii) che un argomento filosofico su (almeno) due concetti di autonomia individuale può servire a orientarci nei mutamenti e nelle trasformazioni di senso e di importanza delle libertà per noi; iii) che quanto è saliente nella prospettiva di una teoria normativa della cittadinanza è che l'assetto delle istituzioni, le politiche e i provvedimenti, le pratiche sociali modellate dai suoi principi siano rispondenti alla tensione essenziale fra le due versioni di autonomia per uomini e donne, con tutta la loro complessità motivazionale, le loro ragioni e i loro desideri, ideali e aspirazioni, le loro preferenze personali e impersonali.

2. *Una versione dell'autonomia. I suoi presupposti e le sue implicazioni normative*

La libertà negativa è la libertà di desiderare o preferire ciò che desideriamo e preferiamo, indipendentemente da vincoli e interferenze da parte di alcuno, *in primis* l'autorità politica. Questa concezione della libertà, integrata con la clausola di John S. Mill sul danno agli altri, che sono liberi

nibile, assumo la nozione nel senso che essa ha nei nostri vocabolari di moralità e politica. Non credo vi sia un buon argomento *teorico* contro il determinismo. L'obiezione è piuttosto quella per cui, se noi accettiamo il determinismo, siamo tenuti a elidere una parte molto cospicua (troppo cospicua) dei nostri vocabolari di moralità. Questa mi sembra essere la strategia di Berlin (cfr. *op. cit.*, *Introduzione*). Si può anche sostenere che la tesi che elide teoricamente l'autonomia e la nostra capacità di agire non è razionalmente accettabile da un punto di vista *pratico*. È inutile convincere lo scettico: è meglio non invitarlo a cena; questa mi sembra la soluzione scettica dell'obiezione scettica di Hume (cfr. *Ricerche*, cit., p. 188). La soluzione implica che i dilemmi della ragione pratica non si risolvano o affrontino nello stesso modo in cui riteniamo ciò accada con quelli della ragione pura: questa è la tesi di Williams (cfr. *Sorte morale*, Milano, il Saggiatore 1987). Nagel rende conto del perché si generi, per noi, come un genuino problema filosofico, il problema dell'autonomia in *Uno sguardo da nessun luogo*, cit., cap. VII. Nozick avanza una tesi filosofica molto audace in *Spiegazioni filosofiche*, Milano, il Saggiatore 1987, p. 608, p. 616, accettando che l'obiezione deterministica possa non essere superabile.

come noi di avere i desideri e le preferenze che accade loro di avere, implica una nozione di autonomia.[8] Grosso modo, si può dire che essa implichi la nozione di autonomia della preferenza. Nella prospettiva della teoria della cittadinanza e entro la tradizione del pensiero politico, l'idea di autonomia della preferenza dipende da una versione dell'argomento antipaternalistico: come si usa dire, nessuno è migliore giudice dei propri gusti e dei propri valori, dei propri desideri e delle proprie preferenze che colui o colei che le detiene.

Ogni violazione di desideri o preferenze individuali (che non ledano la clausola di Mill) è moralmente sbagliata e politicamente ingiusta. Io credo che buona parte della forza dell'utilitarismo, come filosofia politica e morale, risieda nell'accento che esso ha posto, sin dalle prime formulazioni del suo programma in Jeremy Bentham, su questa idea di sovranità delle preferenze individuali. Naturalmente, nelle sue riformulazioni più sofisticate, l'idea stessa di preferenza è sottoposta a un trattamento sensibile alle obiezioni e alle confutazioni cui la formulazione primitiva si espone. Potremo parlare di preferenze vere e manifeste, di preferenze più o meno prudenti, di preferenze ponderate alla luce della migliore informazione disponibile, di preferenze che hanno superato un test di terapia cognitiva. In ogni caso, si tratta alla fin fine di preferenze che l'individuo riconoscerebbe come proprie o, in qualche modo, come le proprie preferenze, prese al meglio.[9]

Come è stato osservato, il principio di autonomia connesso all'idea di libertà negativa non verte precisamente su una proprietà degli individui o delle persone, quanto piuttosto su una proprietà delle loro preferenze, dei loro scopi, dei loro desideri, dei loro interessi e dei loro ideali. Sarebbe quindi più pertinente parlare di autonomia della preferenza individuale, piuttosto che di autonomia individuale relati-

[8] Cfr. J.S. Mill, *Saggio sulla libertà*, Milano, il Saggiatore 1981.

[9] Cfr. J. Bentham, *An Introduction to the Principles of Morals and Legislation*, London, Methuen 1982; J. Harsanyi, *L'utilitarismo*, Milano, il Saggiatore 1988; Pontara, *Filosofia pratica*, Milano, il Saggiatore 1988; R.H. Hare, *Il pensiero morale*, Bologna, Il Mulino 1989. Il mio riferimento all'utilitarismo va qui inteso come un riferimento all'utilitarismo "filosofico", nel senso metamorale proposto da Scanlon in *Contrattualismo e utilitarismo*, in Sen, Williams, a cura di, *Utilitarismo e oltre*, Milano, il Saggiatore 1984. L'utilitarismo filosofico è una teoria della moralità che ci dice che cosa faccia di una moralità una moralità.

vamente alle preferenze che gli individui hanno.[10] (Si tratta di una differenza importante fra i due tipi di autonomia, su cui tornerò più avanti.)

Gli individui sembrano essere essenzialmente concettualizzati come localizzazioni di desideri, scopi o preferenze. Essi sono come i luoghi, gli spazi di stati del mondo in cui accade si diano preferenze. La concezione della libertà negativa richiede che questi luoghi o stati del mondo siano protetti e tutelati perché il fatto che si rivelino preferenze o desideri è un fatto di valore e noi siamo tenuti normativamente a modellare istituzioni politiche, economiche e sociali che sono giustificate se e solo se consentono alle preferenze individuali di vedere garantita la loro autonomia. Le preferenze hanno diritto a essere tutelate. Disponiamo in tal modo di un criterio normativo per demarcare fra istituzioni che prendono sul serio il diritto all'autonomia della preferenza e istituzioni che lo violano e lo calpestano (nonché azioni che hanno questo esito moralmente e politicamente riprovevole).

Si osservi che questa concezione della libertà e la connessa versione dell'autonomia individuale come autonomia della preferenza ha importanti implicazioni, così come ha importanti presupposti. Le implicazioni concernono sostanzialmente la tutela e il presidio istituzionale di una linea di confine, nella mappa dello spazio sociale, per quanto è dovuto e richiesto dal rispetto delle preferenze e dei desideri individuali la cui autonomia genera un diritto o un insieme di diritti alla non interferenza. I presupposti si basano sull'idea che l'esservi preferenze, desideri, scopi e interessi individuali – quali che siano – sia un fatto di valore.

Perché l'esservi preferenze è un fatto di valore o un fatto che ha valore? Sono possibili diversi tipi di argomento filosofico per la giustificazione, la spiegazione o la dimostrazione in proposito. Come tutti gli argomenti filosofici, nessuno di essi sembra essere propriamente irresistibile. Possiamo ricorrere al più debole fra essi, cui lo stesso Berlin sembra ricorrere nel suo celebre saggio: riconoscere come un fatto di valore l'autonomia della preferenza e del desiderio e, quindi, impegnarsi a tutelare da violazioni e interferenze il suo spazio e la sua localizzazione in individui intesi come epicentri di interessi vuol dire semplicemente riconoscere

[10] Cfr. Sen, Williams, *Introduzione* a *Utilitarismo e oltre*, cit.

una proprietà moralmente importante di quanto riconosciamo essere un essere umano (o, in ogni caso, un essere senziente).

In altri termini, la caratteristica moralmente rilevante che genera la prima nozione di autonomia è quella di essere (riconosciuti come) esseri che hanno o cui accade di avere interessi e desideri. Solo per un essere che abbia desideri, è importante e prezioso avere la possibilità di soddisfarli. Questa possibilità può essere più o meno ampia e estesa: una maggiore possibilità di scelta o di opzione è preferibile a una minore; una possibilità di scelta minima è preferibile all'assenza di possibilità di scelta. Quante più porte sono aperte, per dirla con Berlin, tanto maggiore è la nostra possibilità di perseguire i nostri scopi. E dato che perseguire i nostri scopi o soddisfare le nostre preferenze è, in almeno un senso, poter essere chi si sceglie o si desidera o si preferisce essere, la cosa è molto importante per esseri la cui proprietà moralmente rilevante è quella di avere preferenze.

Il senso in cui poter soddisfare preferenze o desideri è poter scegliere chi essere è più precisamente il seguente: poter soddisfare preferenze equivale a poter essere gli esseri che hanno *quelle* preferenze, quali che siano. (Qui c'è una seconda differenza importante con un altro senso di "scegliere di essere qualcuno" o "scegliere se stessi", su cui tornerò presentando la seconda versione dell'idea di autonomia individuale.)

Chiunque tenti o riesca a impedirmi di fare ciò che desidero fare, viola il presupposto della teoria del valore morale della scelta. Naturalmente, eccetto che nei casi di un dispotismo ottuso o caligoliano, la violazione e l'interferenza saranno accompagnate dal consueto corteo di ragioni e giustificazioni o, meglio, razionalizzazioni: che noi non siamo i migliori interpreti dei nostri, veri, interessi, che c'è qualcuno – più saggio, prudente o informato di noi – che sa che cosa è meglio per noi desiderare. In altri termini, le ragioni e le giustificazioni o, meglio, le razionalizzazioni addotte fanno parte del familiare e ricorrente argomento paternalistico, sia esso riproposto da chiese, partiti, guru, *élites* teocratiche o tecnocratiche, militari o, più semplicemente, agguerrite compagnie di ventura pubblicitarie, programmi televisivi più le sacre letture della mattina del borghese, per dirla con Hegel.

Naturalmente, può darsi benissimo il caso in cui noi ci

"sbagliamo" o siamo irrazionali e incoerenti nell'avere le preferenze che abbiamo. Dopo tutto, nessuno è perfetto, come dichiara il miliardario innamorato a Jack Lemmon nel finale di "A qualcuno piace caldo". Il punto non è, in questa prospettiva sull'autonomia, che le nostre preferenze siano razionali, giuste o prudenti e non siano esiti di processi "irrazionali", semplicemente adattive o frutto di autoinganno.[11] Il punto è che, quali che siano, sono le nostre preferenze a contare, le nostre preferenze *date*, punto e basta. (La riformulazione in termini di preferenze ponderate non evita che si arrivi a un termine e non implica un regresso all'infinito: alla fin fine, i nostri desideri sono quelli che siamo disposti a riconoscere come nostri; e essi sono *dati* su cui non è concesso alcun ulteriore giudizio di despota, caligoliano o illuminato che sia.) La libertà di perseguire i nostri desideri non implica d'altra parte l'esito felice per cui noi li conseguiamo. È semplicemente quello che è: la possibilità di disporre di opzioni per riuscire (o fallire) nel perseguimento dei nostri scopi individuali, di quanto è per noi importante, quale che sia e quali che siano le ragioni o i motivi o le credenze per cui esso è per me o per te importante.

Questa osservazione suggerisce che la prima versione dell'autonomia, connessa al concetto di libertà negativa, è in qualche modo indifferente alla *storia* o alla genesi delle preferenze, oltre che essere rispondente esclusivamente al fatto dell'esservi preferenze nel mondo, piuttosto che al fatto che c'è qualcuno che le ha, a un tempo dato. Infine, essa non prende sul serio, per ragioni di coerenza piuttosto cogenti, che cosa sia oggetto di preferenza, ciò su cui vertono i desideri che ci accade di avere. Noi *siamo* i nostri desideri. Non li abbiamo, propriamente. In altri termini, questo modo di intendere l'autonomia non prende sul serio l'identità delle persone che hanno preferenze, né la possibilità che si possa – almeno filosoficamente – distinguere fra un'identità personale nel tempo e la catena connessa delle preferenze contigue che accade siano localizzate temporalmente in uno spazio del mondo che siamo abituati, entro la nostra forma di vita e tradizione, a chiamare "individuo".

Questa idea di autonomia genera un argomento morale e politico a favore della tutela e della protezione dello spazio degli interessi, quali che siano, di chiunque siano, comun-

[11] Cfr. J. Elster, *Uva acerba*, Milano, Feltrinelli 1989.

que essi siano stati generati e modellati. Il fatto che vi siano cose nel mondo come desideri e preferenze è un fatto di valore, come ho detto. E questo basta per produrre un insieme di ragioni a favore del diritto a avere opzioni per perseguire la soddisfazione dei nostri desideri. Vi è un argomento filosofico per sostenere questa pretesa fondamentale che è avanzata dalla prima nozione di autonomia: frustrare o inibire le opportunità di soddisfare i desideri individuali è sbagliato perché tale frustrazione è, in ogni caso, un *male*. Questo ha a che vedere con la politica della crudeltà "messa al primo posto" e, correlativamente, con descrizioni pertinenti di uomini e donne "schiave" nei nostri vocabolari di moralità e di politica.[12]

Come ho accennato, questa versione dell'autonomia è alla base di importanti esiti normativi nell'ambito della teoria politica e sociale. Per quanto io l'abbia presentata in un modo che è largamente influenzato da una prospettiva filosofica centrata sulla nozione di utilità, essa è riformulabile nei termini di una teoria dei diritti morali negativi.[13] (In questo secondo caso, i diritti degli individui possono essere intesi come vincoli collaterali alle azioni; il riferimento alle preferenze può essere o, secondo alcuni, deve essere escluso dall'argomento dei diritti. Tuttavia, dato che le azioni che, secondo la teoria, siamo negativamente liberi di intraprendere, sono riconoscibili come eventi se accettiamo che chi le compie ha scopi o interessi, fini o ideali, non è difficile cogliere l'aria di famiglia fra queste versioni dell'autonomia, siano esse formulate in termini di diritti o in termini di utilità, nel linguaggio di Locke e di Payne o in quello di Bentham e di Sidgwick.)

Nella teoria normativa della cittadinanza e, più precisamente, per quanto tocca i principi di giustificazione delle maggiori istituzioni politiche, una qualche idea di questo tipo è presente nel nucleo normativo delle costituzioni libe-

[12] Cfr. Shklar, *op. cit.*, cap. I: "È raro che i filosofi parlino della crudeltà" (p. 13). Credo che questo sia un errore dei filosofi, che non mettono la crudeltà al primo posto. Essi non accettano il suggerimento di Michel de Montaigne: cfr. *Saggi*, Milano, Adelphi 1966, I, pp. 543-563. La tesi della sequenza della teoria della cittadinanza accetta il suggerimento di Montaigne, prende sul serio la crudeltà e la mette al primo posto (crudeltà fisica e morale): schiavi, sudditi, cittadini.

[13] Cfr. Nozick, *Anarchia, stato e utopia*, cit.

rali e nelle dichiarazioni dei diritti fondamentali e, almeno in parte, nel principio democratico della simmetria e dell'eguaglianza politica (una testa – o un interesse? –, un voto). Questo ha a che vedere con la conversione di sudditi in cittadini e con la prima versione della nozione di cittadinanza. Per quanto concerne i principi di giustificazione delle istituzioni economiche, essa fornisce una classe di ragioni (anche se non l'unica, come abbiamo visto) a favore del mercato. Nella teoria sociale, essa è alla base dell'ideale di una forma di vita collettiva in cui, per dirla con Ralf Dahrendorf, le nostre opzioni tendono a 1, mentre le legature tendono a 0. Nella formulazione intuitivamente felice anche se piuttosto vaga dal punto di vista analitico di Dahrendorf, le nostre opportunità di vita dipenderebbero da un *mix* adeguato di opzioni e legature. Le opzioni designano l'ampiezza dello spazio di scelta. Le legature (istituzioni, agenzie collettive, lealtà ecc.) danno un senso e un'importanza a ciò fra cui siamo liberi di scegliere.[14] Nella prospettiva della prima versione dell'autonomia, l'accento cade inevitabilmente sulla preminenza delle opzioni. (Questo, come accennerò, tende a erodere il senso, l'importanza e il valore del nostro essere liberi di scegliere, dei nostri usi della libertà e ha a che vedere, io credo, con le trasformazioni delle libertà, per noi, che ne disponiamo e le abbiamo ottenute, conquistate o ereditate.)

Ora, sono convinto che questa versione dell'autonomia individuale non catturi e esaurisca la gamma dei nostri impieghi del termine, nell'argomento politico e morale. Essa sembra a me essenzialmente incompleta, come mostrerò presentandone una seconda versione. Tuttavia, essa costituisce una tessera importante, molto importante – e non marginale – dei nostri modi di concettualizzare e difendere una concezione almeno della libertà, tanto saliente quanto incompleta. Una tessera di un mosaico che illustra la famiglia delle libertà che cambiano entro la cornice di sfondo di una filosofia della cittadinanza orientata dall'idea di valore dell'emancipazione. L'argomento sulle versioni del nostro essere autonomi o autonome è così connesso alla sequenza a stadi della teoria normativa della cittadinanza.

[14] Cfr. Dahrendorf, *La libertà che cambia*, Bari, Laterza 1981.

3. *Una versione alternativa dell'autonomia. I suoi presupposti e le sue implicazioni normative*

Uno dei modi per definire la libertà positiva è quello di sostenere che essa implica che noi siamo liberi in quanto possiamo desiderare o preferire ciò che *dovremmo* desiderare o preferire, alla luce di un qualche criterio che fa parte di una più ampia teoria normativa di sfondo, una teoria della giustizia. In questo modo, la classica dicotomia di Berlin si può riformulare per gli scopi del mio argomento sull'autonomia individuale. Nella versione di Rousseau e di Kant (o di Kelsen), l'idea di autonomia è connessa alla familiare condizione per cui siamo noi, e nessun altro (*in primis* l'autorità politica), a dare leggi a noi stessi. Naturalmente, anche l'argomento filosofico a favore di questa seconda nozione di autonomia fa parte della famiglia degli argomenti antipaternalistici. Tuttavia, esso differisce dal caso precedente dell'autonomia della preferenza (siamo liberi di desiderare ciò che ci accade di desiderare) per più di un aspetto essenziale.

In primo luogo, differente è quanto è definito oggetto di rispetto, tutela e considerazione: non si tratta delle preferenze, quanto degli individui concettualizzati come agenti morali razionali, come persone che hanno un punto di vista sul mondo, avendo scopi, ideali, desideri e preferenze. Per quanto sia disperatamente difficile trovare un buon argomento filosofico che spieghi o dimostri che cosa fa di una persona una persona, possiamo evitare impegni metafisici troppo onerosi e assumere il termine come parte essenziale della nostra grammatica, del nostro lessico, del nostro dizionario o vocabolario politico e morale (che è, in quest'angolo di mondo, il vocabolario virtualmente universalistico e tuttavia essenzialmente inadempiuto di quanto chiamiamo "democrazia": *persona* vuol dire *cittadino*, non suddito, né schiavo). Il punto centrale resta, in questa versione dell'autonomia, l'idea che il rispetto sia dovuto non alle preferenze che accade si localizzino in veicoli o contenitori individuali, quanto alle persone o ai sé che hanno preferenze. Noi non siamo le nostre preferenze: noi *abbiamo* preferenze.[15] La differenza è importante, anche se controversa. In ogni caso, è una differenza che fa differenza.

[15] Ho cercato di presentare un argomento in proposito in *Questioni di giustizia*, cit., cap. V.

In secondo luogo, la proprietà moralmente importante di quanto riconosciamo essere un essere umano non è tanto il fatto che gli/le accada di avere preferenze e scopi, quanto il fatto che egli/ella sia capace di scegliere fra scopi e preferenze alternative (questo è il senso dell'espressione da cui sono partito: essere liberi è essere liberi di desiderare o preferire ciò che dovremmo desiderare o preferire).

In terzo luogo, se la proprietà moralmente importante è quella della capacità di scegliere fra preferenze e scopi, si delinea con sufficiente chiarezza la differenza fra la possibilità di "scegliere chi essere" nel primo e nel secondo tipo di autonomia. Nel primo caso, l'individuo resta, per dir così, ancorato ai desideri che gli/le accade di avere (*è* i suoi desideri); nel secondo, l'individuo è capace, per dir così, di fare "un passo indietro" rispetto ai propri desideri e può avere ragioni per scegliere di avere quei desideri o non averli. In parole povere si assume che, nella seconda versione dell'autonomia, la persona sia *responsabile* delle proprie preferenze e dei propri fini.

Certamente, il tentativo più eroico di dare un resoconto filosofico coerente di questa idea di autonomia è quello dovuto tradizionalmente a Kant (il che spiega forse le ragioni del *revival* kantiano antiutilitaristico di buona parte della recente filosofia politica e morale). L'idea di Kant è che esseri autonomi siano agenti morali in grado di vincolare le proprie scelte e le proprie azioni e condotte alla luce di criteri o principi, che accetterebbero o non rifiuterebbero razionalmente. Com'è noto, Kant fa coincidere l'autonomia con l'autonomia *morale*. Definisce in tal modo la responsabilità dell'agente morale e sottrae a favore della ragione pratica tutto il terreno possibile al dominio dei desideri, dei moventi, degli scopi o delle preferenze che non superino il test dell'accettabilità razionale.

Come è stato osservato in modo penetrante da Bernard Williams in un classico articolo sull'idea di eguaglianza, vi è una importante connessione fra l'idea kantiana di autonomia e di dovere (ciò che *dovremmo* desiderare) e quella di mutuo rispetto fra enti ragionevoli nella comunità o nel regno dei fini.[16] In altri termini, l'autonomia richiede la validità delle ragioni per agire, che sono in linea di principio indi-

[16] Cfr. Williams, *The Idea of Equality*, cit.; ho discusso la tesi centrale di Williams nella prima parte del cap. XII di *Etica e politica*, cit.

pendenti da preferenze, desideri o moventi che ci può accadere di avere. Le ragioni sono essenzialmente ragioni *impersonali*, ragioni per chiunque. Esse valgono per la comunità dei clienti dell'etica, per qualsiasi agente morale razionale che faccia parte della comunità o della cittadinanza del regno dei fini a sé. L'autonomia, nel primo senso in cui l'ho definita, è per Kant genuina eteronomia e, in termini più semplici, esprime la nostra dipendenza dai nostri desideri e dai nostri scopi contingenti. L'autonomia nel secondo senso richiede, per Kant, l'elisione dal campo di quanto siamo liberi di (e responsabili nel) fare di tutto ciò che non coincida con ragioni impersonali e neutrali rispetto all'agente. A sua volta, questa mossa teorica introduce la nozione di comunità degli agenti autonomi i quali, alla Rousseau, danno leggi a se stessi.

Si osservi che in questo modo Kant definisce la nozione di simmetria e, quindi, di eguale rispetto dovuto a ciascun ente, in quanto esso soddisfi le condizioni e goda della proprietà dell'autonomia morale. Williams ha sostenuto che la pretesa di Kant è coerente e eroica, ma non è plausibile. Egli ha proposto una versione più debole dell'idea di eguale rispetto che mantiene qualcosa della forza della originaria pretesa kantiana. Credo che qualcosa del genere sia possibile a proposito della idea centrale di autonomia. Possiamo indebolire la pretesa di Kant e vedere se la sua venerabile idea mantiene un qualche senso e quale, per rendere conto della seconda versione di "autonomia individuale".

In una versione più empirica, e che in ogni caso non pretende che autonomia equivalga necessariamente a autonomia morale, possiamo sostenere che un requisito implicito nei nostri modi di impiegare il termine "autonomia", applicato a scelte, azioni, desideri o scopi, è quello della possibilità per l'agente di "fare un passo indietro", rispetto alle preferenze che gli/le accade di avere, cui ho accennato a proposito del terzo aspetto della differenza fra il primo e il secondo tipo di autonomia. Questa capacità di "sdoppiarsi", come direbbe Thomas Nagel, presuppone che noi distinguiamo analiticamente fra livelli, ordini o gradi di preferenze: introduce, in altri termini, una componente *riflessiva* nel mondo delle nostre scelte e dei nostri desideri.[17] Alludo, com'è chiaro, all'idea ormai canonica della differenza fra

[17] Cfr. Nagel, *Uno sguardo da nessun luogo*, cit., pp. 140-149.

metapreferenze e preferenze o fra desideri di primo e secondo ordine o grado.[18] Se accettiamo l'idea di valutazioni di secondo ordine dei desideri che ci accade di avere, possiamo anche sostenere che sia questa la proprietà o una delle proprietà che contraddistingue lo *status* di agenti o persone morali eguali.[19]

Un resoconto della capacità di valutazioni di secondo grado come una delle proprietà delle persone non è indipendente dal resoconto del significato o del valore della libertà per persone, così definite nei nostri vocabolari di moralità e politica: cittadini e cittadine. Si potrebbe sostenere che l'autonomia è connessa in modo significativo alla capacità di secondo ordine di persone che riflettono criticamente sulle loro preferenze, desideri e voleri di primo ordine e alla capacità di accettarli, rifiutarli, emendarli o correggerli alla luce delle metapreferenze. (Qui si annida naturalmente la possibilità di un regresso all'infinito che non ha luogo nel primo tipo di autonomia.) Si potrebbe anche affermare che, esercitando questa capacità, le persone definiscono la loro natura, scelgono chi essere, dando significato e coerenza alle loro vite e assumendo responsabilità per il tipo di persone che sono (o sono divenute).[20]

In questa prospettiva, è facile vedere che la *storia* e la genesi delle preferenze non restano nel cono d'ombra della teoria come nel caso del primo tipo di autonomia (per il quale le preferenze sono *date*), ma costituiscono un ingrediente essenziale per una plausibile definizione dell'autonomia. Jon Elster ha suggerito che l'autonomia potrebbe anche essere considerata come un "residuo", come quello che resta dopo che abbiamo eliminato i desideri e le preferenze che sono state determinate da uno dei molteplici meccanismi del variegato catalogo della formazione di preferenze irrazionali. (Questo vale per la razionalità individuale ma ha una connessione non banale con la nozione politica di razionalità collettiva, cui accennerò nelle osservazioni conclusive.)[21]

In ogni caso sembra che, per un resoconto empirico del-

[18] Cfr. l'articolo di H.F. Frankfurt, *Freedom of the Will and the Concept of a Person*, "The Journal of Philosophy", 1971, 68.

[19] Cfr. Rawls, *Kantian Constructivism in Moral Theory*, cit.

[20] Cfr. G. Dworkin, *The Theory and Practice of Autonomy*, New York, Cambridge University Press 1988.

[21] Cfr. Elster, *op. cit.*, cap. I.

la venerabile idea kantiana di "autonomia", la storia delle (e la discussione pubblica sulle) preferenze sia un punto piuttosto importante. D'altro canto, se agire in modo riflessivo così da non dover rivedere, correggere o emendare le ragioni che abbiamo (avuto) per agire è un modo per abbozzare una descrizione di un tipo di agire autonomo, la componente temporale sembra svolgere un ruolo essenziale nel nostro resoconto dell'idea di autonomia individuale.

L'autonomia individuale, nel nostro secondo senso, sembra essere così connessa a una sorta di test intertemporale e intrapersonale, analogo al test del rammarico (il test di Edith Piaf): l'idea è che il riconoscimento dell'autonomia della scelta e dell'azione richiede la reidentificabilità nel tempo delle ragioni e l'accertamento del sussistere nel tempo della coincidenza fra metapreferenze e preferenze. Qualora le due condizioni non siano soddisfatte, il test fallisce e la scelta e l'azione non risultano autonome. Questo abbozzo di argomento potrebbe essere integrato specificando in che senso la reidentificabilità intertemporale e intrapersonale delle ragioni implichi qualcosa a proposito dell'identità personale nel tempo. (Ma questo è un problema metafisico molto difficile di cui non posso occuparmi ora.)[22] Mi basta sottolineare che il test dell'autonomia per uomini e donne mette in luce il carattere *globale* e non *locale* della nozione stessa di autonomia, in quanto la proprietà di essere agenti autonomi implica essenzialmente il riferimento riflessivo a piani o prospetti di vita, o all'integrità e al carattere delle persone nel tempo.

Quanto resta dell'idea esigente e austera dell'autonomia morale di Kant in questo abbozzo di argomento? Io penso che resti l'idea delle persone morali (cittadini e cittadine, uomini e donne emancipate) come intrinsecamente responsabili dei propri scopi e dei propri interessi, in virtù della capacità di ordine superiore di vincolare le proprie preferenze alla luce di principi o criteri che esse accetterebbero come agenti razionali. Ora, quali implicazioni ha questa seconda versione dell'autonomia individuale entro il più ampio quadro della nostra teoria normativa della cittadinanza?

[22] Cfr. D. Parfit, *Ragioni e persone*, Milano, il Saggiatore 1989; il libro ha suscitato un'ampia discussione delle tesi "correttive", humeane e buddhiste, avanzate dall'autore a proposito della nozione di identità personale.

Per quanto concerne l'argomento politico, una qualche idea di questo tipo è presente nel nucleo normativo della teoria della democrazia: le istituzioni principali devono essere modellate in modi che siano razionalmente accettabili per cittadini e cittadine responsabili dei propri fini. Questa non è altro che una possibile interpretazione della tradizione del contratto sociale in quanto, come ha mostrato Rawls in *Una teoria della giustizia*, i principi di giustizia politica sono oggetto di scelta razionale, sotto opportune condizioni di simmetria e impersonalità, da parte di persone morali eguali, libere e autonome. Per quanto attiene ai principi di giustificazione delle istituzioni economiche, l'argomento suggerisce che qualcosa sia sottratto al mercato come *base* per chiunque abbia eguale diritto, grazie alla proprietà dell'autonomia, a eguale considerazione e rispetto (quale che sia il suo sesso, la sua razza, le sue risorse, le sue dotazioni naturali e sociali). Nella teoria sociale, infine, questa versione dell'autonomia sposta l'accento dalle opzioni alle legature: nel senso che cittadini e cittadine responsabili dei loro fini scelgono quei vincoli (istituzioni, lealtà, impegni ecc.) e quelle legature che danno senso e importanza *intersoggettivamente* riconoscibile alle loro opzioni e alle loro scelte individuali, cui devono essere rispondenti le scelte collettive.[23]

[23] Vincoli, lealtà, legature e pratiche condivise sono elementi che assumono una salienza particolare nelle teorie "comunitarie": cfr. A. MacIntyre, *Dopo la virtù*, Milano, Feltrinelli 1988. Le tesi dei comunitari sono tesi interessanti e penetranti ma incoerenti, come tesi di teoria *politica* normativa, con la mia teoria della cittadinanza. Esse non possono dettare principi per istituzioni politiche giuste e per la democrazia come progetto inadempiuto perché escluderebbero il pluralismo come un valore e la virtù della giustizia, basata su ragioni impersonali e neutrali, come la prima virtù delle istituzioni. Accetto le tesi comunitarie come tesi *non* politiche. Il che implica che la politica i) non sia "assoluta"; ii) che i suoi fini o valori non siano "onnicomprensivi"; iii) che l'assetto delle istituzioni modellato dai valori di moralità pubblica sia rispondente al pluralismo *delle* comunità. La differenza fra giusto e bene è importante; in proposito, cfr. Maffettone, *Valori comuni*, cit., cap. X. La teoria normativa della cittadinanza è basata sulla tesi della priorità del giusto. Il che non equivale a dire che, da un punto di vista empirico, non si diano dilemmi e si profilino sfide importanti per l'instabilità dei confini fra giusto e bene, fra quanto slitta sulla linea mobile dei confini: questa è esattamente una delle tesi centrali che soggiace all'idea delle versioni dell'autonomia, argomentata in questo capitolo; cfr., in proposito, le tre tesi centrali avanzate da Ch.E. Larmore in *Le strutture della complessità morale*, Milano, Feltrinelli 1990; vedi anche, a proposito del *revival* neoaristotelico dei comunitari, M. Vegetti, *L'etica degli antichi*, Bari, Laterza 1989.

Il rapporto fra opzioni e legature è naturalmente un composto chimico instabile; e le trasformazioni delle libertà, della loro rilevanza e del loro senso nelle nostre vite sono essenzialmente caratterizzate da questa condizione di instabilità o, secondo alcuni, di oscillazione ciclica. Quanto la seconda versione dell'autonomia individuale suggerisce in proposito è la rilevanza di un'etica pubblica del mutuo rispetto e del reciproco riconoscimento della pari dignità di cittadini e cittadine, fondati sulla loro proprietà moralmente preziosa di agenti responsabili dei propri fini e non meramente localizzazioni di desideri. (Questa è forse ancora una traccia, debole e politicamente impervia come ideale, della nozione kantiana di regno dei fini.)[24]

Come la libertà negativa può entrare in tensione e conflitto con la libertà positiva (dove tracciare la linea di confine?), così istituzioni e forme di vita collettiva modellate dalla seconda idea di autonomia possono basarsi su criteri in conflitto con quelli che governano istituzioni e forme di vita modellate dalla prima idea di autonomia. La tensione fra quanto siamo liberi di desiderare e quanto scegliamo responsabilmente di desiderare è una di quelle ineludibili. La sua elisione è moralmente riprovevole e politicamente incoerente con l'ideale della libertà come fine a sé, nella prospettiva dell'emancipazione.

Il confine fra le due sfere della mappa sociale in cui abbiamo una vita (una *sola*, la stessa vita) da vivere è intrinsecamente instabile e provvisorio. Tuttavia, questo è proprio del resoconto pluralistico non solo delle idee di libertà e di autonomia, ma di qualsiasi altra idea importante nel nostro lessico politico e morale. Accettare il pluralismo vuol dire semplicemente accettare di convivere con le tensioni e i conflitti fra i nostri valori più importanti, senza rinunciare alla lealtà, nel tempo, a quel grappolo di valori che sono alla base della promessa universalistica della *dignità* di cittadinanza.

4. *Le tensioni fra le versioni dell'autonomia e le sfide per una filosofia dell'emancipazione*

Nella sua forma più alta, politica è la discussione pubblica sulle nostre preferenze, valori, gusti e interessi. Questo

[24] Cfr. Rawls, *Una teoria della giustizia*, cit., pp. 215-220; Dworkin, *I diritti presi sul serio*, Bologna, Il Mulino 1982, p. 284.

presuppone che si abbandoni il tabù delle preferenze date, che si prenda sul serio la storia delle preferenze, vincolando in ogni caso le scelte collettive e le *agenda* pubbliche alla rispondenza alle preferenze individuali che siano *esito*, e non presupposto, del processo, della discussione o del "dialogo" politico.

Nel dominio dei valori che abbiamo ereditato entro la nostra *versione morale* del mondo non trovano posto solo i due concetti di libertà e le due versioni di autonomia individuale che ho cercato di tratteggiare. Anche solo restando alla famiglia delle libertà, le sue trasformazioni toccano e investono i) l'idea della libertà come aspirazione allo *status* o come richiesta di riconoscimento di identità, prevalentemente di identità collettive (etniche, religiose, razziali, culturali, sessuali ecc.), almeno tanto quanto ii) l'idea di libertà-potere, l'idea connessa non tanto all'esservi libertà quanto più precisamente all'eguale o diseguale valore dell'eguale sistema di libertà per uomini e donne (un punto centrale, come ho sostenuto, per la tradizione dell'emancipazione socialista).

Per quanto concerne i), la richiesta di riconoscimento di identità è connessa allo scopo, intrinsecamente non negoziabile, di emanciparsi da descrizioni, vocabolari e trattamenti personali di altri esseri umani o trattamenti impersonali di istituzioni che non sono rispondenti alle descrizioni, ai vocabolari e ai trattamenti che saremmo disposti a accettare se fossimo liberi o libere di accettarli o rifiutarli. Spesso, questa richiesta coincide con la richiesta del riconoscimento di una *differenza*, quella che fa sì che noi possiamo riconoscerci come "noi". Essa presuppone la costruzione, l'insorgenza e l'invenzione di una identità collettiva che non è, in quanto tale, ospitata nel catalogo o nella mappa delle identità collettive socialmente e politicamente, giuridicamente e culturalmente sanzionata in una società, a un tempo dato. Questa identità implica una ridescrizione di chi avanza la richiesta di riconoscimento che è in primo luogo una autodescrizione; richiede l'adozione di un vocabolario che è essenzialmente il "proprio", *autonomo*, vocabolario (esso sarà fatto di parole nuove o di parole vecchie combinate in modo nuovo).

Nella prospettiva della teoria politica, richieste di "autonomia" in questo senso implicano che si definiscano nuovi *argomenti* per il conflitto. Nella nostra teoria della cittadinanza, il conflitto può investire il primo stadio della sequenza della conversione di sudditi in cittadini o il secondo stadio che attiene all'argomento della lotta di classe o dei grandi interessi omogenei nell'arena centrale delle relazioni industriali o, infine, nel terzo stadio, la brulicante arena dei conflitti cui corrisponde la riclassificazione analitica degli interessi di cittadini e cittadine. In quest'ambito, la terza nozione di autonomia ha la sua esemplificazione più saliente, per una filosofia dell'emancipazione, nella richiesta del riconoscimento della differenza sessuale (accennerò a alcuni aspetti normativi di questa, che è tra le questioni filosoficamente più ardue, nella discussione sulla grammatica dell'eguaglianza nel prossimo capitolo).[25]

[25] La particolare difficoltà filosofica della questione della differenza sessuale ha a che fare con la metafisica e con la filosofia del linguaggio: con la nozione di forma di vita. Essa si può anche catturare come un genuino e arduo problema filosofico in quanto derivante dalla tensione fra un punto di vista oggettivo e un punto di vista soggettivo: interno e esterno, personale e impersonale. I due aspetti non sono indipendenti. Nel primo caso, la questione è quella dell'attribuzione di sensazioni a altri. Noi attribuiamo sensazioni a altri perché li descriviamo come "esseri umani" o "esseri animati, viventi" e questo dipende a sua volta dal fatto che, come direbbe Hume, non siamo *indifferenti* al loro dolore e al loro piacere o, come sostiene Wittgenstein, perché proviamo compassione per loro: vocabolari, descrizioni, trattamenti. Ora, immaginiamo che qualcuno (un essere per *alcuni* aspetti salienti sufficientemente simile a noi) capisca perfettamente in quali circostanze vada attribuito dolore agli altri. Egli reagisce al dolore degli altri nel modo appropriato e *tuttavia* (noi sappiamo che) è incapace di immaginare o provare dolore *lui* stesso. "Se costui dice di qualcun altro che prova dolore, intende la *stessa cosa* che intendiamo noi?": cfr. S. Kripke, *Wittgenstein su regole e linguaggio privato*, Torino, Boringhieri 1984, p. 115. Ora, che cosa si prova a essere donne? che effetto fa? assumiamo naturalmente che la domanda sia rivolta a uomini. La questione non è biologica, punto e basta. Essa tocca le circostanze in cui cooperano biologia e cultura, oltre che naturalmente vocabolari, descrizioni e trattamenti in forme di vita condivise (cfr. M.L. Dalla Chiara, G. Toraldo di Francia, *La scimmia allo specchio*, Bari, Laterza 1988, cap. XVI). La mia idea è che gli uomini possono dare una risposta essenzialmente incompleta alla domanda: il che non equivale a dire che non possono dare *alcuna* risposta. E vale l'inverso. Che la risposta sia incompleta vuol dire semplicemente che, oltre l'*identità* di quanto possiamo riconoscere – uomini e donne – di condividere, sembra resti uno scarto, una *differenza* che è saliente per i nostri vocabolari di moralità, per le nostre descrizioni, per i nostri trattamenti. "Che cosa si prova a...?" è la domanda che ci consente di passare al secondo aspetto per cui la questione della differenza sessuale genera un difficile problema filosofico:

Naturalmente, nella visione cosmopolitica la richiesta del riconoscimento della differenza e delle identità collettive non è solo pertinente per i vocabolari o il lessico della sequenza degli argomenti sulla cittadinanza. Essa ha a che vedere con lo stato di natura di Hobbes e con la demarcazione fra amico e nemico sull'arena delle relazioni internazionali: in un'epoca oscillante fra universalismo e tribalismo, storie di aspirazione allo *status* e all'autonomia, di riconoscimento di identità collettive e di differenze possono essere raccontate da uomini e donne negli anni dell'Intifada o dei conflitti

quello che deriva dalla tensione fra soggettivo e oggettivo, personale e impersonale, interno e esterno (ho tentato di congiungere i due argomenti filosofici nei capp. 8 e 9 di *Una filosofia pubblica*, cit.). Una descrizione che tenda all'oggettività e all'impersonalità è inevitabile se prendiamo sul serio l'etica (senza biologia) e, in particolare, un'etica per la teoria politica della cittadinanza. D'altro canto, essa aspira alla *completezza*. Questa richiesta non può essere accettata, se prendiamo sul serio la richiesta conflittuale, avanzata dal punto di vista soggettivo o personale (di persone che sono uomini o donne). Un resoconto soggettivo che, a sua volta, pretendesse alla completezza, è altrettanto inaccettabile. La questione filosofica della differenza sessuale è investita dalla tensione fra l'impossibilità di una prospettiva naturalmente unificata per esseri umani (uomini e donne) e l'inevitabilità della pretesa alla completezza di entrambi i punti di vista su noi e sul mondo. È plausibile ritenere che questa tensione sia non solo (divenuta, grazie alle donne) un fatto, quanto che essa sia approvabile come un valore (da uomini e donne, questa volta). L'idea è quella di un principio nella cooperazione, nella comunicazione o nella conversazione morale che ho avanzato nel cap. 3 di *Etica e politica*, che consenta un'evoluzione, un approfondimento e uno sviluppo delle capacità di tradurre vocabolari di moralità differenti, di estendere – per quanto è possibile – la competenza della "simpatia". Questo, naturalmente, apre un ulteriore problema filosofico particolarmente arduo, che è quello della indeterminatezza della traduzione. Tuttavia, perché dovremmo concludere dal fatto che non è possibile (né, forse, auspicabile) una traduzione *perfetta*, che *nessuna* traduzione è possibile? Queste osservazioni hanno a che vedere con alcune difficoltà filosofiche che sono lì, di fronte a noi, uomini e donne, se prendiamo sul serio la salienza teorica della differenza sessuale. Esse, come sosterrò nel prossimo capitolo, non fanno parte di una teoria normativa della cittadinanza: una teoria politica, non metafisica. Una prospettiva emancipatoria, in politica, non deve affidare alle istituzioni, ai provvedimenti e alle scelte collettive fini onnicomprensivi. Per questo, accettare la sequenza a stadi degli argomenti sulla cittadinanza e la tensione fra le versioni dell'autonomia non implica necessariamente la "diffidenza" verso l'emancipazione. La diffidenza potrebbe semplicemente essere l'alibi per il cinismo o l'opportunismo delle regole. Naturalmente, è del tutto comprensibile e spiegabile in una prospettiva di razionalità, intelligibilità e prudenza che interetnici, in cui identità statuali o nazionali sono in contraddizione con identità collettive etniche, religiose o linguistiche.

Nell'epoca della solitudine normativa della democrazia come progetto inadempiuto acquista una particolare salienza, in una prospettiva emancipatoria, quella mutua compatibilità fra differenti identità collettive cui ho accennato nel primo capitolo: in altri termini, la libertà per uomini e donne di identificarsi in "noi" alternativi e di riconoscere – in modo mutuamente non esclusivo – vocabolari differenti di moralità e la possibilità di descriverci in modi che non ledano la dignità. Noi non vogliamo solo essere riconosciuti o riconosciute, punto e basta. Noi vogliamo essere riconosciuti o riconosciute come *egualmente degni* di essere riconosciuti o riconosciute. (Ciò richiede un argomento difficile sulle differenti ragioni, prudenziali o morali, a favore della virtù

le donne adottino la strategia della diffidenza, se prendiamo sul serio la storia dell'oppressione e della sudditanza, quando non della schiavitù "sessuata" (vocabolari, descrizioni e, soprattutto, trattamenti): un libro che, fra i tanti, fa molto riflettere in proposito è E. Shorter, *Storia del corpo femminile*, Milano, Feltrinelli 1984. Ma il mio punto è quanto ciò è giustificabile nella prospettiva di un'etica pubblica della cittadinanza? Accettare la teoria normativa della cittadinanza vuol dire semplicemente accettare di poter avanzare richieste, come donne, per un insieme di politiche dell'eguaglianza rispondenti *congiuntamente* ai principi di giustizia e al fatto (di valore) della *differenza*. Cfr. B. Beccalli, *La divisione sessuale del lavoro*, "Il Bimestrale" del "Manifesto", cit., di cui condivido le tesi a proposito di A. Cavarero, *L'emancipazione diffidente*, "Reti", 1988, 2. Vedi anche L. Irigaray, *Etica della differenza sessuale*, Milano, Feltrinelli 1985, un testo molto denso ma, per quanto ho capito, quasi speculare al vocabolario maschile, semplicemente invertito. Più interessanti, nella prospettiva della teoria della cittadinanza, C. Gilligan, *Con voce di donna*, Milano, Feltrinelli 1987; V. Russo, *Genealogia e soggettività. Note sul pensiero della differenza sessuale*, "Iride", 1989, 2. In una prospettiva storico-documentaria, cfr. il "Quaderno" in corso di pubblicazione (1990), a cura del Centro di Studi storici sul movimento di liberazione della donna in Italia, *Italiane. Testi sulle donne nella Biblioteca della Fondazione Feltrinelli (Repertorio-Catalogo)*. Sono grato a Chiara Valentini per avermi suggerito la rilevanza della questione della differenza sessuale nella discussione politica orientata da una prospettiva emancipatoria. Mia moglie Nicoletta mi ha dato un aiuto prezioso in proposito: non essendo mai riuscita a ritenere particolarmente importante la filosofia, mi ha suggerito di imparare a guardare in un modo diverso le cose o almeno di provarci. Vivere è più difficile che filosofare: vivere con Nicoletta rende, per *me*, meno difficili entrambe le attività, accettando la gerarchia tra le due.

della tolleranza.) In ogni caso, essere riconosciute come *degne* di essere riconosciute è qualcosa che vale, in primo luogo, per la differenza sessuale; in secondo luogo, per la differenza razziale, etnica e, in una sequenza sul *continuum* delle identità, per una gamma più o meno estesa di "noi" che avanziamo richieste: libertà interpretabili come aspirazione allo *status*. E questa differenza è, ancora una volta, una differenza che fa differenza, nella prospettiva dell'emancipazione. In ogni caso, la terza versione di autonomia implica congiuntamente, nella nostra teoria normativa della cittadinanza, una tesi sulla *dignità* e una tesi sulla *differenza*. Questi temi sono a loro volta connessi con ii) l'idea di libertà-potere e l'eguale o diseguale valore dell'eguale sistema di libertà: essi saranno discussi nel prossimo capitolo.

In questo modo, il nostro resoconto pluralistico dovrebbe coerentemente indurci a prendere sul serio l'idea che il campo delle ragioni che abbiamo per agire e dei valori o dei fini che ci proponiamo politicamente di perseguire ospita non solo differenti concetti di libertà e di autonomia ma anche, allo stesso titolo, interpretazioni divergenti dell'eguaglianza, della felicità, della vita buona, della solidarietà, dell'equità e, in certi casi, del significato ultimo che esseri umani si impegnano ricorrentemente a dare alle loro vite finite. (Per orientarci nei mutamenti e nelle trasformazioni di senso delle libertà, suggerisco che non sia sufficiente riferirsi *solo* ai differenti sensi delle libertà. L'argomento sarà applicato, nel prossimo capitolo, al fine a sé dell'eguaglianza e alla grammatica plurale dei suoi impieghi, dei provvedimenti e delle politiche per perseguire la sua migliore esemplificazione realizzata.)

Non credo che la filosofia sia in grado, a sé presa, di risolvere i dilemmi e le sfide che, a pochi anni dalla fine di un secolo ormai declinante, sono di fronte a noi e ai nostri figli e nipoti. Il massimo che la filosofia possa fare è di gettar luce sulla natura di questi dilemmi e di queste sfide, fornendoci *ragioni* che possono tradursi in *motivazioni* per scegliere e agire. Ora, le due (o tre?) versioni di autonomia individuale possono servire a orientarci nel rintracciare almeno un senso, se ve n'è uno, nelle trasformazioni delle libertà dei contemporanei, coerente con la prospettiva di una filosofia della cittadinanza.

Questo, con tutta l'eco dell'agorà e di Socrate, di Locke, Mill e Constant, di Rousseau e di Kant, di Olympe de Gouges e di Mary Wollstonecraft, ma soprattutto con l'impegno al rispetto per i ricorrenti tentativi degli esseri umani nel tempo a trasformare le loro società e le loro forme di vita collettiva in una società decente e migliore, che si avvicini indefinitamente all'ideale regolativo di una società giusta, più giusta o meno ingiusta; che minimizzi la crudeltà, la sofferenza evitabile e la frustrazione dei desideri e degli scopi individuali e massimizzi, per quanto è possibile, le opportunità di autorealizzazione e autosviluppo responsabile; che sia, nel tempo, riconoscibile dai suoi membri come l'impresa cooperativa di *soci* che abbiano pari dignità di cittadini; non sudditi; né schiavi. Non più suddite; né più schiave.

III. Una grammatica dell'eguaglianza

L'ideale dell'eguaglianza fa parte dei dizionari di moralità ereditati per una filosofia politica dell'emancipazione. Esso coincide con uno dei fini universalistici o dei valori a sé, tali che il perseguirli diventa, a sua volta, fine a se stesso. Se si accetta questa tesi, e la differenza cruciale fra fini o valori intrinseci e mezzi o provvedimenti o politiche per approssimarsi in modo plausibile e convincente alla realizzazione – intrinsecamente asintotica – di tali fini è congiuntamente accettata, la questione della varietà di usi, significati o concetti che costituiscono la nostra *grammatica* dell'eguaglianza si formula in modo pertinente.[1]

Essa assume il suo senso appropriato come una famiglia di argomenti a favore di differenti mezzi o strumenti o provvedimenti o linee di azione politica entro il più ampio quadro di una teoria normativa della cittadinanza. L'idea è che una filosofia politica dell'emancipazione, in quanto prende sul serio l'ideale dell'eguaglianza come fine a sé, insieme agli altri valori della libertà, della dignità e della solidarietà per cittadini (e non per sudditi), deve prendere sul serio la discussione razionale sui mezzi. Questi ultimi possono (e de-

[1] Cfr. D. Rae, *Equalities*, Cambridge, Cambridge University Press 1981 (la traduzione italiana del libro è in corso di pubblicazione presso Feltrinelli). L'articolazione degli argomenti in questo capitolo è largamente debitrice nei confronti della magistrale ricerca di Rae, di cui ho sintetizzato le linee principali nella seconda parte del cap. XII di *Etica e politica*, cit. La tesi di Rae sulla "grammatica" dell'eguaglianza è tuttavia leggermente riformulata nel quadro della teoria normativa della cittadinanza proposta in questo saggio. Questo è l'unico aspetto originale, di cui sono – nel bene e, ahimè!, nel male – responsabile.

vono) essere negoziati, criticati, variati, revocati se e solo se i primi, i fini a sé, sono sottratti alla negoziazione e restano, nell'integrità delle interpretazioni nel tempo, il nucleo normativo della democrazia come progetto inadempiuto.[2]

Sono due le questioni che possiamo porci preliminarmente. Si tratta di due domande elementari. La grammatica dell'eguaglianza, che attiene ai metodi e alle politiche, agli strumenti, è la risposta alle due domande: i) è l'eguaglianza il termine con cui possiamo designare un singolo provvedimento o un singolo e coerente insieme di provvedimenti o non è piuttosto il termine con cui designiamo una famiglia di politiche connesse a una essenziale varietà di richieste e domande mutuamente in tensione e collisione?; ii) se accettiamo che l'ideale dell'eguaglianza è, nella buona sostanza, basato sulla più semplice e astratta fra le nostre nozioni di valore politico e morale, e insieme riconosciamo che il mondo in cui hanno luogo politiche dettate da principi è inesorabilmente complicato, come può ragionevolmente e plausibilmente l'idea *semplice* governare politiche e provvedimenti altrettanto inesorabilmente (e fortunatamente) *complicati*?[3]

Per rispondere alle nostre due domande, è opportuno precisare che una filosofia politica della cittadinanza le assume come domande pertinenti in questo senso; quanto fa propriamente problema è, a questo stadio dell'argomento normativo, il modo in cui noi possiamo "passare" dalla teoria alla pratica, dall'ideale alla realtà. Le due domande si possono allora riformulare nel modo seguente: che cosa finisce *letteralmente* per significare l'eguaglianza, una volta tradotta dalla teoria in una pratica o una famiglia di pratiche? L'argomento normativo è ancora una volta in tensione con le versioni descrittive, positive o esplicative del mondo politico e sociale.

[2] Cfr., per il rapporto eguaglianza (libertà) e democrazia, Dahl, *La democrazia economica*, Bologna, Il Mulino 1989: in particolare, capp. III-IV; Lindblom, *Democracy and Market System*, cit., pp. 95-99.

[3] L'idea di eguaglianza sembra avere un inevitabile carattere astratto e richiedere l'adozione di un punto di vista logico e formale: Marco Santambrogio mi ha più volte suggerito l'importanza di riconoscere ciò. Essa non ha la vaghezza propria dell'idea di libertà. Un resoconto pluralistico verte quindi propriamente sulle applicazioni, in un senso differente dal resoconto pluralistico delle libertà. Per una tesi sulla vaghezza nei nostri impieghi del termine "eguaglianza", vedi il fondamentale articolo di Williams, *The Idea of Equality*, cit.

Ora, se la complessità che ci interessa non deriva dall'interno dell'idea di eguaglianza, ma dal suo confrontarsi con il mondo, sembra plausibile cercare di identificare quali siano le *circostanze* oggettive e soggettive che rendano conto della complessità dell'applicazione dell'idea di eguaglianza al mondo, per come esso è riconoscibile per esseri quali noi siamo (cittadini, non sudditi, nel nostro dizionario di moralità politica). Possiamo procedere sulla base dell'argomento di David Hume sulle circostanze di giustizia.[4] Immaginiamo un mondo possibile controfattuale in cui l'idea di eguaglianza non conoscerebbe nella sua applicazione in politiche e provvedimenti il destino della varietà di significati che essa incontra nel nostro mondo reale: un mondo in cui essa manterrebbe, passando dalla teoria alla pratica, un singolo e univoco significato diretto.

Come ha mostrato Hume a proposito della virtù sociale della giustizia, questo esperimento mentale ci consente di rendere conto delle ragioni per cui la virtù sociale dell'eguaglianza è per noi riconoscibile e approvabile solo se ne connettiamo gli impieghi a una varietà di condotte, scelte e politiche che richiedono l'adozione di una grammatica dell'eguaglianza: che implicano che siamo disposti a riconoscere che più che di "eguaglianza", al singolare, nell'ambito della discussione sui mezzi o sui valori non intrinseci, siamo tenuti a parlare di "eguaglianze", al plurale.

1. *L'eguaglianza nella società Babeuf*

Chiameremo la nostra società possibile, società Babeuf.[5] Babeuf prevede almeno cinque circostanze, tre oggettive e due soggettive. i) *Classificazione sociale unitaria*: in Babeuf

[4] Cfr. Hume, *Trattato sulla natura umana*, cit., III, parte II; *Ricerche*, cit., pp. 203-227.

[5] "Tra gli uomini non vi sia più altra differenza che quella data dall'età e dal sesso. Giacché tutti hanno medesimi bisogni e le medesime facoltà, non ci sia dunque per essi che una sola educazione, un solo nutrimento; tutti si accontentano di un unico sole e di una sola aria: perché le stesse qualità e quantità di alimenti non dovrebbero bastare a ciascuno di essi?", *Manifesto degli eguali*, in G.M. Bravo, a cura di, *Il socialismo prima di Marx*, Roma, Editori Riuniti 1970, p. 58. In ogni caso, è opportuno riconoscere che Babeuf cattura una delle interpretazioni forti e inevitabilmente paradossali dell'idea di eguaglianza. Questo è vero, se accettiamo la tesi di Williams sull'oscillazione dell'idea fra paradosso e banalità.

abbiamo una sola classe di membri non suddivisa o comunque non suddivisibile in modo rilevante per gli scopi di una politica allocativa. ii) *Allocazione singola e istantanea*: tutti i valori in Babeuf sono allocati una sola volta per tutte nel tempo, a opera di una singola agenzia. iii) *Divisibilità perfetta*: tutti i valori in Babeuf possono essere divisi in quote identiche senza alterare il valore totale dell'ammontare iniziale. iv) *Uniformità motivazionale*: la gente (individui, persone, cittadini, uomini, donne) è del tutto simile quanto a gusti, desideri, bisogni, talenti personali. Se una quota di risorse *n* ha il valore *x* per una persona, allora deve avere lo stesso valore per qualsiasi altra persona. Ciascuno ha la stessa funzione di utilità e il tasso di conversione di risorse in capacità è identico per un assioma di simmetria e permutabilità fra gli individui. v) *Pensiero dicotomico*: gli abitanti di Babeuf classificano e valutano stati del mondo e, nel nostro caso, allocazioni o distribuzioni, con la logica del "sì o no", del "tutto o niente" e in alcun modo del "più o meno". Tutti gli enunciati sono egualmente veri o falsi, a sé presi.

Nella società Babeuf – e solo in essa –, possiamo concludere, le circostanze oggettive e soggettive consentono che l'idea di eguaglianza si traduca direttamente in una singola politica, mantenendo inalterato il suo significato univoco. Eguaglianza in Babeuf vuol dire: creare *n* identiche quote di ciascun valore e assegnare una quota di ciascun valore a ciascun membro della società. Questa politica distributiva, e nessun'altra, può contare come *eguale*. Data l'uniformità motivazionale, questo assicura che trattare *egualmente* chiunque equivale a trattarlo *come* eguale; dato il pensiero dicotomico, qualsiasi altra politica è definita come *egualmente* ineguale. Per la società Babeuf, questo è *tutto ciò* che "eguaglianza" può significare.

2. *Descrizioni di società per noi riconoscibili*

Consideriamo ora, secondo il suggerimento di Hume, e, naturalmente, di Douglas Rae, le circostanze oggettive e soggettive del mondo, per come esso è riconoscibile e descrivibile nei nostri vocabolari, per esseri quali noi siamo, con tutta la nostra storia *e* la nostra biologia.

i) *Classificazione sociale*: le nostre società, a differenza della società Babeuf, sono divise lungo linee differenti, rilevanti per gli scopi di una famiglia di pratiche o provvedimenti a favore della virtù dell'eguaglianza: uomini e donne, malati e sani, bianchi e neri, credenti e non credenti, ricchi e poveri, avvantaggiati e svantaggiati per handicap naturali e sociali. Babeuf prevede un solo soggetto per l'eguaglianza. Il nostro mondo ne ha *molti*. E questo, come abbiamo visto, fa parte della complicata vicenda della generalizzazione della dignità di cittadinanza.

ii) *Allocazione*: nella nostra società molti beni differenti sono o devono essere allocati in tempi differenti, a opera di agenzie differenti, con effetti attesi differenti; siamo quindi in presenza di molte soluzioni allocative differenti, ciascuna delle quali va ponderata alla luce delle altre. Inoltre, mentre in Babeuf abbiamo un solo *dominio* di allocazione e di richiesta ("che cosa eguale", da allocare rispetto alla richiesta di allocazione eguale), la seconda circostanza oggettiva suggerisce che noi abbiamo una *varietà* di domini di allocazione e di richiesta.

iii) *Divisibilità*: nelle società reali, molti beni sono indivisibili. Inoltre, vi sono beni contingentemente o strutturalmente posizionali. Infine, vi sono casi familiari per i cittadini e le cittadine che abitano nel nostro mondo, e non per le loro controparti in Babeuf, in cui la divisione eguale fa collassare il valore delle quote. È il caso del bambino di Salomone, per suggerire un esempio piuttosto incisivo e remoto.

iv) *Differenze motivazionali*: per quanto sia difficile trovare un buon argomento filosofico a favore di questa tesi, si può avanzare la congettura che la differenza che ha la maggiore *salienza* fra Babeuf e le nostre società sembra risiedere nella (preziosa) varietà degli esseri umani, nella differenza delle loro identità e biografie, gusti e valori, disegni, aspirazioni e desideri, lealtà e impegni. L'idea di eguaglianza è qui alle prese con la sua traduzione in politiche rispondenti al fatto (di valore) della *differenza* e della separazione fra le persone. Queste differenze alterano in modo saliente qualsiasi preferenza (personale e impersonale) o giudizio di valore sulle politiche dettate da principi quali l'ideale dell'eguaglianza.

v) *Modi di pensiero*: in Babeuf, una distribuzione "80-20" è *egualmente* ineguale quanto una distribuzione "60-40". Il corredo cognitivo e linguistico o categoriale degli abitanti di Babeuf non consente loro di cogliere relazioni del tipo "più o meno di", "maggiore di", "minore di". Nella nostra società, sembra che noi disponiamo di un vocabolario o che abbiamo appreso a padroneggiare un linguaggio o a adottare una logica per cui una differenza salariale del 5% per una categoria di lavoratori rispetto a un'altra è più vicina all'eguaglianza di una differenza del 15%.

3. *Eguaglianze*

La lista delle circostanze oggettive e soggettive per le politiche, i provvedimenti e le pratiche dettate dall'ideale dell'eguaglianza coincide con una lista di differenti dilemmi o problemi, tra loro non indipendenti, cui corrisponde o deve essere rispondente l'adozione di una grammatica dell'eguaglianza. Essa implica che accettiamo di prendere sul serio l'idea di un resoconto pluralistico delle *eguaglianze*. Quest'ultimo concerne i mezzi e i provvedimenti o le politiche e ha senso solo sotto la condizione previa del riconoscimento dell'ideale o della virtù pubblica dell'eguaglianza come fine a se stessa.

I conflitti e le tensioni, quanto è oggetto di discussione razionale nella prospettiva di una filosofia dell'emancipazione, non vertono sull'ideale dell'eguaglianza. Esse toccano argomenti e ragioni a favore o contro mezzi o tecnologie, politiche per realizzare l'ideale e essere rispondenti al nostro impegno normativo. Le distinzioni grammaticali rappresentano le risposte alle circostanze oggettive e soggettive, ai "fatti della vita" collettiva, concettualizzati o più semplicemente descritti come ostacoli obbligati fra la teoria e la pratica dell'eguaglianza. In questo modo, possiamo abbozzare uno schema di risposta filosofica alla nostra questione fondamentale: che cosa vuol dire "eguaglianza" nel quadro di una filosofia politica della cittadinanza, basata su un'interpretazione plausibile e convincente dell'idea di emancipazione per uomini e donne (cittadini, non più sudditi, né schiavi)?

Lo schema di risposta, fondato sull'idea di una grammatica dell'eguaglianza, implica la formulazione di una serie di dilemmi per politiche che toccano le opportunità di vita di cittadini, sia sotto il profilo dei loro diritti o titoli, sia sotto quello del loro benessere e delle loro risorse. La grammatica dell'eguaglianza è coerente con la catena delle interpretazioni della nozione di cittadinanza, a partire dalla conversione di sudditi in cittadini, sino alle questioni di giustizia distributiva (locale e globale) e all'agenda della riforma sociale nella prospettiva dell'emancipazione, con tutta l'eredità e l'eco della tensione fra la sua versione liberale e socialista.

4. *I soggetti dell'eguaglianza*

La circostanza i) tocca i problemi generati, entro la nostra cornice di sfondo, dalle risposte in termini di politiche alla domanda: qual è il soggetto dell'eguaglianza? Il che vuol dire: eguaglianza per chi? O, in altri termini, *chi* deve essere eguale a *chi*? In Babeuf, la risposta è naturalmente semplice e univoca: ciascuno deve essere eguale a ciascun altro, sotto tutti gli aspetti (il che evoca il "timore religioso" di Tocqueville o il ricorrente incubo di un mondo di livellamento, uniformità e replicanti, cloni con biografie identiche). Entro il quadro di una teoria normativa della cittadinanza, sotto la condizione previa della costituzione di libertà, noi abbiamo almeno tre modi per designare il soggetto dell'eguaglianza.

Possiamo (o meglio, non possiamo non) riferirci a individui, secondo l'idea di valore dell'eguale dignità di ciascuno di noi, quale cittadino e non suddito. È il caso dei diritti civili e politici. Qui la questione è, in termini di politiche, quella della maggiore o minore inclusione: in ogni caso, il problema è quello di tracciare i confini di una classe di eguali (conversione di sudditi in cittadini). Tuttavia, alla luce dell'interpretazione favorita della sorte condivisa di cittadinanza, siamo tenuti non solo a tracciare i confini intorno a una classe di eguali (la promessa dell'eguale cittadinanza è una di quelle esigenti, come abbiamo mostrato nel primo capitolo). Siamo tenuti a tracciare linee *entro* la classe degli eguali, quanto ai diritti civili e politici.

"Cittadini italiani: maschi e femmine; occupati e non occupati; credenti e non credenti; sani e malati; eterosessuali e omosessuali; avvantaggiati e svantaggiati sulle varie dimensioni della sorte naturale e sociale ecc." Oppure, pensiamo all'idea di segnare confini fra i membri di un'impresa: "manager, proprietari, operai, quadri, impiegati ecc." Ora, siamo di fronte a due alternative: possiamo dividere una classe in due o più sottoclassi (p.e., maschi e femmine).

La nostra politica può mirare a ottenere eguaglianza *entro* una sottoclasse o a ottenere eguaglianza *fra* le sottoclassi. Variano, in entrambi i casi, i soggetti dell'eguaglianza. Tuttavia, essi variano in un modo essenzialmente diverso. Nel primo caso, la politica genera una struttura a soggetto segmentale: i soggetti della eguaglianza sono divisi in due o più sottoclassi reciprocamente esclusive e l'eguaglianza è richiesta per gli individui *entro* le sottoclassi ma non *fra* le sottoclassi (soggetti segmentali: basta pensare a qualsiasi sistema organizzato gerarchicamente, l'impresa o la burocrazia). In società a elevata divisione del lavoro e a forte differenziazione, l'eguaglianza segmentale sorge per sistematizzare l'asimmetria, in tensione con la prima politica relativa a individui. Buoni esempi sono costituiti da criteri di imposizione fiscale o, dal lato dei benefici, dalla provvista di molti beni o servizi pubblici (ciò tocca l'interpretazione della cittadinanza sociale).

D'altro canto, se la politica mira a conseguire eguaglianza *fra* le sottoclassi, i soggetti dell'eguaglianza non sono più segmenti, quanto blocchi. L'eguaglianza è ora richiesta fra le sottoclassi (i blocchi) e non entro esse. È il caso dell'azione positiva, della discriminazione alla rovescia o della politica della preferenza: maschi e femmine, bianchi e esseri umani (cittadini) con differente colore della pelle ecc. La politica dell'eguaglianza fra blocchi non implica esiti egualitari entro i blocchi e è in tensione con la politica dell'eguaglianza relativa a individui.[6]

5. *Gli oggetti dell'eguaglianza*

La circostanza ii) genera una lista di questioni che toccano le *agenda* e le *non agenda* delle agenzie che, in una democrazia, allocano risorse, costi e benefici, grazie all'impiego dell'autorità. In Babeuf, la risposta alla domanda: "che cosa eguale", "qual è l'*oggetto* dell'eguaglianza?" è naturalmente e coerentemente elementare: *qualsiasi* cosa.

Nella teoria normativa della cittadinanza, le cose sono più complicate. E è bene che sia così. La domanda si riferi-

[6] Cfr., sui dilemmi dell'azione positiva, della discriminazione alla rovescia o della politica della preferenza, Nagel, *Questioni mortali*, cit., cap. VII e, più in generale, il cap. VIII; Dworkin, *I diritti presi sul serio*, cit., pp. 293-314.

sce infatti a una mappa delle risorse e dei beni, dei valori sociali caratterizzata da una varietà di sfere o domini.[7]

I dilemmi per le politiche dell'eguaglianza si presentano secondo un ordine di questo genere.

a) Quanto deve essere ampio l'insieme dei domini di allocazione (classi di risorse che una data agenzia controlla per scopi allocativi o classi di risorse con cui una data agenzia può rispondere a una *richiesta* di eguaglianza)? La questione è per noi familiare: essa fa parte dell'idea di estensione della cittadinanza sociale, dei suoi diritti e della generalizzazione della dignità di cittadini. In parole povere, se *questo* (risorse come i diritti civili, p.e.) deve essere diviso egualmente, *perché* solo questo e non *anche* quest'altro (diritti politici e sociali, p.e.)?[8] Se i voti devono essere eguali, perché altri elementi salienti del funzionamento delle nostre democrazie per cittadini non dovrebbero essere modellati dallo stesso criterio di eguaglianza allocativa? *Quando, perché* e *dove* dovrebbe arrestarsi la distribuzione solo di alcune risorse in modo eguale?

(Chi si ferma al primo passo della conversione di sudditi in cittadini argomenta a favore della restrizione del dominio di allocazione e di richiesta in termini di tutela della libertà negativa; ma si potrebbe riformulare la questione nei termini dell'ideale dell'eguaglianza: chi si ferma lì, è ristrettamente egualitario.[9] La sfida di Marx consiste, in questo caso, nell'estensione dei domini di allocazione. Il punto è che se l'estensione è *completa*, è inevitabile che il mondo possibile di Babeuf si converta nel mondo reale. Il che è semplicemente incoerente con l'idea della grammatica dell'eguaglianza e rende forse conto del perché l'inversione lessicale fra libertà e eguaglianza ci costringa a abbandonare una parte troppo preziosa dei nostri vocabolari di moralità politica, punto e basta.)

b) Se accettiamo un argomento a favore di politiche di estensione dei domini di allocazione che sia coerente con un

[7] Cfr. Walzer, *Sfere di giustizia*, cit.

[8] Cfr. A. Okun, *Economics for Policymaking*, Cambridge, Mass., MIT Press 1983, pp. 608 sgg. Vedi, più in generale per l'argomento complessivo di questo capitolo, *Eguaglianza e efficienza*, Napoli, Liguori 1990 e l'impegnativa *Introduzione* di F. Forte.

[9] Cfr. Lukes, *Equality and Liberty: Must They Conflict?*, datt. 1989, in cui si avanza la tesi per cui solo chi prende sul serio l'eguaglianza prende sul serio congiuntamente la questione dei rapporti fra libertà e eguaglianza.

certo *grado* di disgiunzione dei domini (questo è connesso all'arte della separazione e contrasta con la richiesta di Marx della congiunzione completa o sovrapposizione "monistica" e organicistica dei domini: una società al di là della giustizia distributiva), si formula la seguente lista di questioni. Se assumiamo che a fronte del dominio di allocazione si dia un dominio di richiesta (esso coincide con la classe di risorse su cui attori sociali avanzano la richiesta della distribuzione eguale), possiamo prevedere, in modo inevitabilmente astratto, tre casi. Il primo è quello in cui il dominio di allocazione e il dominio di richiesta coincidono. In questo caso fortunato, il riformatore egualitario si trova nella condizione di poter applicare un criterio di eguaglianza distributiva diretta (è come una versione Babeuf su un *solo* dominio, fra altri). Naturalmente, il mondo è strano e complicato e è più probabile che la sovrapposizione completa dei domini non sia una condizione soddisfatta. Abbiamo allora due alternative, divergenti ma entrambe dettate dal principio dell'eguaglianza.

c) Il riformatore può perseguire l'eguaglianza *marginale*: il dominio di allocazione è distribuito egualitariamente, lasciando la distribuzione iniziale ineguale nel *residuo* del dominio di richiesta che ecceda il dominio di allocazione.

d) Il riformatore può perseguire l'eguaglianza *globale*, tendendo a una distribuzione eguale del dominio di richiesta grazie a una distribuzione ineguale nel dominio di allocazione. (Naturalmente, la differenza fra eguaglianza marginale e eguaglianza globale collassa se le dotazioni iniziali sono eguali; ma questa è una congettura controfattuale che getta luce sulla differenza: la teoria normativa della cittadinanza prevede la priorità delle libertà e un particolare argomento a favore dei mercati. Il che dovrebbe intuitivamente render conto di buona parte delle ragioni di dotazioni iniziali ineguali. Il problema è, come sappiamo, quello della *soglia* e della salienza delle ineguaglianze. Vi tornerò più avanti, a proposito delle implicazioni dell'ultima circostanza per le politiche dell'eguaglianza.)

e) Se perseguiamo la strategia dell'eguaglianza globale, possiamo ancora una volta argomentare a favore di due metodi: il primo è quello della ineguaglianza compensatoria. Il secondo è quello della redistribuzione dei domini. Il primo consiste nell'idea di una politica pubblica che divida inegualmente il dominio di allocazione con lo scopo di azzerare o ridurre ineguaglianze che hanno luogo fuori di quel dominio ma entro il più ampio dominio di richiesta. Si tratta di tradurre in pratica l'idea intuitiva del risarcimento o della compensazione, redistribuendo risorse *al di fuori* del dominio di richiesta, distribuendo inegualmente risorse *entro* il dominio di allocazione. Questa linea di provvedimento politico è connessa ai casi discussi prima di politica della preferenza o di discriminazione alla rovescia. (Essa risulta plausibile in presenza di grandi e pervasive ineguaglianze nelle dotazioni iniziali, la cui permanenza – collidendo con la promessa dell'eguale cittadinanza – trasforma cittadini in sudditi.)

Il secondo metodo dell'eguaglianza globale, quello della redistribuzione dei domini, richiede i) che i domini di allocazione siano estesi per coincidere con i domini di richiesta a condizione che ii) questi ultimi siano ridotti sino a coincidere con i primi. È intuitivo che l'effetto cui mirano i due metodi del globalismo è quello di approssimare la condizione del criterio di distribuzione diretta (quello reso possibile, nell'applicazione, dalla sovrapposizione completa dei domini di allocazione e di richiesta).

È altrettanto intuitivo che qui è all'opera la tensione essenziale fra l'idea liberale (classica) di riduzione del dominio di richiesta e l'idea socialista (classica) di estensione del dominio di allocazione.

Più in generale, quanto emerge dalla tensione essenziale ereditata è, nella prospettiva di una filosofia politica della cittadinanza, la *salienza* normativa della connessione causale a catena dei domini differenti di allocazione. Non solo, come hanno mostrato le teorie classiche dell'economia politica, vi è qualcosa come una struttura di catene causali molto intricate che connettono in modo sistematico gli esiti distributivi; vi è anche qualcosa come l'esito globale della connessione fra i domini o le sfere delle differenti risorse (economiche, politiche, ideologiche, culturali ecc.) che non rende certamente fatuo l'impegno normativo all'ideale dell'eguaglianza come fine a sé ma chiede a una riflessione filosofica sull'idea di emancipazione di essere plausibile e rispondente al "fatto" della connessione causale dei domini.[10]

È opportuno riconoscere che una famiglia di dilemmi

[10] Per un argomento intuitivo, esposto con grande chiarezza, sulla connessione causale a catena, Nagel, *Una brevissima introduzione alla filosofia*, Milano, il Saggiatore 1989, cap. IX.

per le politiche dell'eguaglianza ha una particolare salienza in virtù del riconoscimento di *questa* versione del nostro mondo politico, economico e sociale. (Questa osservazione suggerisce una congettura per una teoria democratica dello sfruttamento, basata sulla varietà dei domini o delle sfere e sugli effetti di dominanza su svantaggi multidimensionali per uomini e donne che hanno diritto a eguale considerazione e rispetto quali cittadini: *dignità*. A sua volta, questa idea è connessa all'idea dell'eguaglianza complessa, che è un argomento centrale nella concezione pluralistica basata sull'arte e la virtù della separazione o della "disgiunzione" relativa – e non assoluta – dei domini: un'arte, una virtù e un esercizio che hanno come scopo il compito mai finito della conversione di sudditi in cittadini.)

6. *L'eguaglianza delle opportunità e i dilemmi della differenza*

Se congiungiamo l'ultima circostanza oggettiva iii), concernente le caratteristiche di non divisibilità o di posizionalità di beni sociali, connesse al collasso di valore generato dalle distribuzioni, alla prima circostanza soggettiva iv), che tocca la caratteristica forse più saliente della varietà o della differenza motivazionale, la discussione sui metodi e sulle politiche dettate dall'ideale dell'eguaglianza si concentra, in modo piano e naturale, su due nozioni centrali per la teoria normativa della cittadinanza.

La prima è quella della equa eguaglianza di opportunità fondamentali.[11] La seconda è quella della conversione dei beni o delle risorse cui i cittadini hanno diritto (sociale) in capacità di funzionamento come persone autonome, nel secondo senso della nozione di autonomia individuale discusso nel capitolo precedente.[12]

Si osservi che in Babeuf la questione semplicemente non

[11] Cfr. Rawls, *Una teoria della giustizia*, cit., cap. II. L'equa eguaglianza di opportunità è interpretabile come "eguaglianza democratica" solo se è congiunta con il principio di differenza, su cui tornerò più avanti. Un'acuta discussione sulla difficoltà di un argomento univoco sull'idea di eguaglianza di opportunità è in Williams, *op. cit.*; cfr. il mio commento in *Libertà e eguaglianza. Una prospettiva filosofica*, in AA.VV., *Progetto Ottantanove*, cit., pp. 44-54.

[12] Cfr. Sen, *Eguaglianza, di che cosa?*, cit.; *Well-being, Agency and Freedom*, "The Journal of Philosophy", 1985, 4.

si pone nel senso che a) si assume la divisibilità perfetta delle risorse e b) l'uniformità o l'identità delle funzioni di utilità è tale per cui il tasso di conversione fra beni e capacità non varia al variare delle persone.

La circostanza iii) genera, nel nostro mondo politico e sociale, la questione di identificare regole più complesse per decidere quali politiche consentano l'allocazione egualitaria di beni o risorse indivisibili. L'eguaglianza di opportunità è il termine con cui possiamo designare una famiglia di politiche aventi questo scopo. Tuttavia, è opportuno chiarire che questa vaga e preziosa espressione, irrinunciabile nella prospettiva di una teoria democratica dell'emancipazione, può avere due significati differenti e, sotto opportune condizioni, confliggenti. Le condizioni sono quelle più ricorrenti e familiari nelle società in cui abbiamo una vita da vivere, come cittadini e non come sudditi: nel nostro dizionario e nella versione morale e politica pertinente per il nostro argomento, stati sociali con fini di giustizia distributiva.

Possiamo interpretare l'eguaglianza di opportunità a) in termini di *prospetti* o b) in termini di *mezzi*. Nel primo caso, il riformatore egualitario asserisce che la sua politica ha come scopo il fatto che due o più persone abbiano la stessa probabilità di ottenere x e questo equivale a dire che esse hanno eguali opportunità per x. Nel secondo caso, si asserisce che due o più persone hanno gli stessi mezzi o strumenti per ottenere x e questo equivale a dire che esse hanno eguali opportunità per x.

Nel primo caso nulla che concerna le persone (talenti, dotazioni sociali iniziali) determina in un qualche modo l'esito. Nel secondo caso, ciascuno ha eguali mezzi o regole (universali nell'applicazione e generali nella formulazione) per rivelare talenti che a loro volta, data la circostanza iv), genereranno ineguali prospetti di successo negli esiti. Si osservi che l'eguaglianza dei mezzi evoca, nel nostro vocabolario, l'egualitarismo delle carriere aperte ai talenti, contro il privilegio e la dominanza del bene della nascita: un passo oltre l'*ancien régime*.[13]

Naturalmente, entrambe le interpretazioni dell'eguaglianza di opportunità si basano su un argomento intuitivo sull'*arbitrarietà* morale delle dotazioni iniziali, sociali e naturali, essenzialmente connesso alla interpretazione dell'e-

[13] Cfr. Walzer, *op. cit.*, pp. 26-28.

guale sorte di cittadinanza.[14] Tuttavia, la tensione fra le due linee o corsi di azione politica è difficilmente eludibile. Dati talenti fortemente ineguali, qualsiasi politica di eguaglianza dei mezzi viola l'eguaglianza dei prospetti, e vale l'inverso. Siamo di fronte, ancora una volta, alla pionieristica diagnosi di Rousseau sulla connessione istituzionale fra differenze e ineguaglianze e alla sfida di Marx sulla contraddizione fra i due volti della cittadinanza.

Una teoria della giustizia distributiva deve prendere sul serio la tensione che è all'opera nelle differenti interpretazioni della centrale nozione di eguaglianza delle opportunità, incorporata in un paniere di politiche alternative. (In questo senso, come suggerirò nella discussione delle implicazioni della quinta circostanza, il tentativo più eroico di uscire dall'*impasse* resta quello proposto da Rawls, basato sulla congiunzione del principio di differenza o *maximin* con la nozione di equa eguaglianza di opportunità come mezzi. L'idea intuitiva è connessa al nucleo normativo dello stato sociale e alla corrispondente idea di eguaglianza democratica. Il tentativo è eroico ma non ha la forza che Rawls pretende abbia. Per questo, dobbiamo assumere il suo esito come un *terminus a quo* e non come un *terminus ad quem* per la nostra ricerca, almeno nell'angolo ricco del mondo.)

Un'ultima osservazione filosofica, prima di passare alla discussione della conversione dei beni in capacità che, grazie alla circostanza iv), ci consente di riformulare, a questo stadio ulteriore, la questione "oltre lo stato sociale" entro la nostra più ampia teoria normativa della cittadinanza. La differenza o l'ineguaglianza dei talenti non è solo un fatto naturale. Essa assume una salienza normativa per la nostra teoria della cittadinanza in quanto viene concettualizzata come un fatto naturale *socialmente* interpretato.

Se la distribuzione naturale di talenti e capacità umane genera una essenziale *varietà* motivazionale, la selezione di alcune capacità e alcuni talenti e abilità come rilevanti e importanti o più importanti di altri, è generata da criteri di selezione o classificazione sociale. Per dir così, natura, biologia e cultura cooperano nel produrre etichette, ruoli o "generi" che includono alcune capacità e non altre; o, più precisamente, generano ordinamenti fra capacità. Questo ha a che vedere, nella teoria normativa, con l'impegno a una di-

[14] Cfr. Rawls, *op. cit.*, pp. 75-77.

scussione pubblica su ordinamenti alternativi, vincolata al rispetto della varietà e della differenza ma non vincolata, nello stesso modo e con la stessa cogenza, al rispetto delle classificazioni e delle preferenze o delle interpretazioni *date* della preziosa circostanza motivazionale della varietà e dell'identità *differente* di esseri umani o persone (cittadini e cittadine).

Si può formulare qui il difficile problema dei rapporti fra eguaglianze e differenze. La salienza maggiore per una teoria della cittadinanza è data, come ho accennato nel capitolo precedente, dalla differenza sessuale. Essa si dispone a un estremo del *continuum* delle differenze che tracciano confini *fra* individui o persone, dando luogo ai dilemmi di una "eguale cittadinanza" intesa come un processo di abilitazione e non come un processo di livellamento. L'etica della differenza sessuale ha una storia: una catena di azioni, mete, conflitti, che presuppone la insorgenza di una identità collettiva, l'invenzione di dizionari di moralità, una serie di ridescrizioni di donne (e uomini, dal punto di vista di donne che prendono la parola e impiegano la risorsa della "voce"), di trattamenti e di richieste avanzate nei confronti delle istituzioni. (Come ho suggerito nel capitolo precedente, credo che la differenza razziale in società da maggiore o minore tempo multietniche sia la differenza più prossima, quanto a salienza, nel *continuum* delle classificazioni sociali di confini e identità collettive. Il punto è che la differenza sessuale attraversa necessariamente tutte le altre; ma non vale l'inverso.) Ora, questa storia fa parte della storia dell'emancipazione.

La mia tesi, nell'ambito di una teoria normativa della politica e – più in particolare – a proposito delle politiche delle eguali opportunità di cittadinanza democratica, è che quanto è giusto si chieda alle istituzioni e alle politiche e che esse siano il più possibile rispondenti alla differenza sessuale come caso più saliente della circostanza iv) sulla essenziale *varietà* motivazionale. Tuttavia, le politiche e le istituzioni non devono essere "sovraccaricate" quanto ai valori e alle richieste di etica della differenza sessuale. Una teoria della cittadinanza è basata sull'idea che i fini e i principi che modellano istituzioni e dettano politiche non sono, e non debbono essere, fini e principi onnicomprensivi. Istituzioni e politiche sono essenzialmente *mezzi*. Esse hanno *limiti*. E è bene che sia così. Questo rende conto delle ragioni della politica della preferenza e dei suoi dilemmi; della questione dei tassi di conversione delle risorse in capacità di controllo sulle proprie, differenti, vite da vivere. Ora, la tesi che avanzo sulla difficile questione della differenza fra uomini e donne è, nella buona sostanza, articolata in due parti: i) le politiche e le istituzioni devono essere, per ragioni *impersonali* e neutrali, rispondenti alle differenze *personali* e questo è soddisfatto dal principio secondo cui trattare egualmente non equivale a trattare come eguali; ii) le donne come identità collettiva o, se si preferisce, come "soggetto", che ha lottato con altri soggetti per ottenere il riconoscimento della "autonomia" e della pari dignità (della differenza), entrano nella discussione pubblica della cittadinanza, inevitabilmente e mutuamente cooperativa e conflittuale, con i loro vocabolari di moralità e le ridescrizioni del mondo politico e sociale, con un repertorio di competenze dialogiche, e questo è destinato a generare, a sua volta, una riclassificazione delle questioni di vita per donne e uomini (cittadini), una revisione delle preferenze *date* che non è disgiunta dalla revisione delle interpretazioni *date* delle differenze. Tuttavia, nella sequenza degli stadi dell'argomento sulla cittadinanza, ii) presuppone i). (Questo è quanto può insegnarci la lunga vicenda dell'emancipazione delle donne, da Olympe de Gouges a Mary Wollstonecraft a Anna Kuliscioff, alle loro compagne di viaggio e di sesso, meno note e non meno degne di eguale rispetto morale.)

In ogni caso, possiamo sostenere che non prendere sul serio la differenza equivale all'idea di una preferenza per il mondo possibile di Babeuf; tuttavia, anche alla luce della tesi sulla differenza sessuale per quanto essa è *pertinente* per la teoria politica, ciò non equivale a prendere sul serio le interpretazioni *date* della differenza. Le riflessioni filosofiche sull'idea di emancipazione suggeriscono l'esercizio della critica e della discussione razionale delle preferenze e una rispondenza alla tensione fra classificazioni alternative delle capacità e dei talenti, degli ideali dei membri della polis. Tuttavia, come ci suggeriscono le implicazioni della circostanza iv), la discussione razionale è pertinente e non viola il requisito del rispetto dovuto a uomini e donne (dignità), se assume come un fatto di valore la complessità e la varietà motivazionale dei cittadini. Eguaglianza di considerazione per chiunque, come sosteneva Richard H. Tawney, non equivale a identità di trattamento. E trattare *egualmente* cittadini e cittadine non equivale a trattarle *come* eguali.[15] (Il che è naturalmente falso nel mondo Babeuf.)

Consideriamo ora una nuova tensione fra politiche allocative egualitarie derivante dal loro essere più o meno rispondenti alla circostanza della "diversità umana". La minore rispondenza è esemplificata dall'eguaglianza relativa a *quote*: essa cattura qualcosa del nostro impegno normativo all'eguaglianza. È il caso dei diritti politici: una testa, un voto. Tuttavia, l'eguaglianza di quote non è rispondente alla varietà, quando la politica è applicata al dominio di allocazione e di richiesta di risorse e titoli non politici. In questo caso, essa è affetta dal feticismo delle merci, per usare la celebre metafora di Marx. Le differenze personali e individuali evaporano e si cancellano nell'omogeneità impersonale dei beni. Quote eguali non implicano alcunché a proposito dell'eguale benessere dei cittadini, per quanto attiene ai loro diritti sociali. L'allocazione eguale di quote è insensibile o cieca rispetto alla varietà dei bisogni, delle capacità, delle biografie e dell'integrità delle persone. Siamo così indotti a adottare una politica dell'eguaglianza relativa a *persone*, introducendo un ulteriore significato o impiego del termine nella grammatica dell'eguaglianza.

Lo scopo della politica dell'eguaglianza allocativa relativa a persone e non a quote è essenzialmente quello di ottenere eguali tassi di conversione di risorse in capacità. Il modo per perseguire tale scopo è quello di trattare le persone *come* eguali: il che, sotto la condizione della varietà, implica la differenza con il trattarle *egualmente*. Nella nostra versione filosofica favorita della cittadinanza, sorgono a questo punto alcuni dilemmi piuttosto complessi. Essi hanno un inevitabile carattere di astrazione e richiedono un altrettanto esigente livello di generalizzazione. Tuttavia, come sostengo in questo saggio, essi non sono per questo altrettanto inevitabilmente irrilevanti.

I dilemmi e le difficoltà derivano dal fatto, ben noto agli economisti e agli scienziati sociali e politici, che una politica di eguaglianza basata sull'idea dei tassi di conversione di beni in capacità richiede un qualche tipo di confronto interpersonale di utilità o di valore in qualche altro senso.[16] (Una

[15] Cfr. Dworkin, *op. cit.*, pp. 324-325; *What is Equality?*, I, II, cit.

[16] Sulla questione dei confronti interpersonali di utilità, cfr. Harsanyi, *Comportamento razionale e equilibrio di contrattazione*, Milano, il Saggiatore 1985, pp. 80-93; *L'utilitarismo*, cit.

filosofia politica non è una sezione della metafisica; non mi occupo quindi del difficile problema delle altre menti. La critica della ragione pura non è la critica della ragione pratica. Si tratta di due attività intellettuali differenti, anche se – naturalmente – non del tutto indipendenti.)

Ora, i confronti interpersonali di utilità si riferiscono a stati "soggettivi" di soddisfazione e evocano la prima versione di autonomia, quella propria dell'utilitarismo filosofico. Se, da un punto di vista teorico, il suo fascino dipende dall'idea che ciascuno è il miglior giudice dei propri interessi, dal punto di vista delle politiche e dei provvedimenti la sua debolezza sembra consistere nella possibilità di manipolazione strategica degli individui (preferenze personali e autointeresse accompagnano inevitabilmente gli esseri umani, per come essi sono) e nel fallimento di una procedura conversazionale o pubblica, in qualche modo intersoggettiva che consenta di definire *bisogni* di cittadinanza, pertinenti per il nostro argomento, distinguendoli da *desideri*, per quanto intensi, di individui.[17]

Se procediamo verso criteri di accettabilità intersoggettivi e, in questo senso, pubblici, ci avviciniamo alla seconda versione di autonomia individuale: i confronti interpersonali potrebbero in questo caso vertere su fini, scopi o propositi per i quali cittadini autonomi e *responsabili* (non meri ricettacoli o veicoli di preferenze) avanzerebbero la richiesta di *eguale* ammissibilità, sotto particolari e opportune condizioni o vincoli conversazionali, nel dialogo politico.[18] Tuttavia, in questo secondo caso, l'eguaglianza toccherebbe la possibilità di avere fini o scopi, preferenze che superino un test di accettazione interpersonale. Ma non avrebbe alcun effetto quanto alle dotazioni di risorse per avere eguale probabilità di conseguire fini o scopi. Sembra allora che dobbiamo fare una mossa ulteriore, per rendere conto delle implicazioni della circostanza iv) in un modo che sia rispondente alla differenza ma che mantenga o esemplifichi, nella sua migliore approssimazione realizzabile, l'ideale dell'eguaglianza e la sua forza.

[17] Cfr. Rawls, *Unità sociale e beni principali*, in Sen, Williams, a cura di, *Utilitarismo e oltre*, cit., pp. 201-232.

[18] Cfr., per l'idea centrale di dialogo neutrale o conversazione vincolata, Ackerman, *La giustizia sociale nello stato liberale*, cit. L'idea non è lontana, come lo stesso Ackerman riconosce, dalla tesi sulla comunicazione libera da dominio di Habermas; né, aggiungerei io, da alcuni aspetti salienti del programma filosofico di Karl O. Apel.

Ora, sembra di poter dire che la forza della eguaglianza concernente le persone emerga nel modo più perspicuo in risposta alle differenze, intersoggettivamente o pubblicamente interpretabili o classificabili, fra *bisogni* di cittadini. Questa è l'eco della versione ereditata dall'emancipazione socialista. L'idea è quella di un criterio di *urgenza*:[19] esso ha lo scopo elementare di dettare politiche che rispondano a ciò di cui la gente ha bisogno e non a ciò che la gente vuole. Naturalmente, ciò di cui i cittadini hanno bisogno è un *sottoinsieme* di ciò che vogliono. Ma non è vero l'inverso, nella prospettiva di una filosofia della cittadinanza orientata dall'idea di emancipazione. I giudizi sulle *ragioni* del bisogno non sono naturalmente incontrovertibili (nessuno è perfetto!); essi sono semplicemente molto *meno* controvertibili dei giudizi su ciò che alla gente accade di desiderare. E, soprattutto, è plausibile adottare in proposito l'idea di un test di accettabilità intersoggettiva, sotto opportune condizioni di informazione. Il che non vale, dal punto di vista della *teoria*, nel caso dei confronti interpersonali di utilità.

Il criterio di urgenza classifica, in altri termini, le preferenze e genera un ordinamento che dà titolo valido alle ragioni del bisogno *più urgente*, del gruppo *più svantaggiato*, sottoordinando in una connessione lessicale i bisogni meno urgenti. Il principio di differenza, il *maximin* o, in questo caso, il *leximin* rispondono all'idea intuitiva, entro la nostra versione morale del mondo, di una politica redistributiva dai bisogni meno urgenti o fondamentali degli avvantaggiati ai bisogni più urgenti o fondamentali degli svantaggiati. L'inverso convertirebbe gli avvantaggiati in tiranni dominanti e gli svantaggiati in sudditi – quando non schiavi – dominati dalla sorte naturale e sociale, istituzionalmente sanzionata.

L'ideale dell'eguaglianza democratica riformula in tal modo il sentimento politico e civile della *fraternità*, inteso come solidarietà di cittadinanza.[20] La forma di vita democratica incorpora la virtù dell'eguale rispetto (dignità) e della simpatia (non siamo indifferenti alla sofferenza e alla mi-

[19] Cfr. il contributo di Scanlon, *Preference and Urgency*, "The Journal of Philosophy", 1975, 72.

[20] Cfr. Rawls, *Una teoria della giustizia*, cit., pp. 101-102. Sulle interpretazioni della fraternità nella teoria sociale, vedi A. Martinelli, *I principi della Rivoluzione francese e la società moderna*, in AA.VV., *Progetto Ottantanove*, cit., pp. 57-164.

seria, alla crudeltà e al dolore). La cauta e prudente virtù sociale della giustizia, come sostiene Hume, presuppone congiuntamente una teoria dei sentimenti morali e della loro evoluzione o progresso e la crescita della competenza razionale nella discussione sui confini di ciò che è collettivamente giusto o sbagliato.

Nei nostri vocabolari di moralità politica, le ragioni del rispetto e della dignità si saldano con le ragioni della solidarietà e gettano una luce più perspicua sul nostro impiego dell'idea di emancipazione. Suggerisco che, anche a proposito di questo termine, noi abbiamo bisogno di una grammatica dell'emancipazione. Se è così, la grammatica delle eguaglianze ne è un ingrediente normativo centrale.

Ora, se la politica e la pratica dell'eguaglianza relativa alle persone, dettata da un criterio di urgenza, sembrano catturare al meglio la richiesta esigente della virtù dell'eguaglianza come fine a sé, l'osservazione empirica del nostro mondo strano e complicato ci suggerisce che il compito di tradurre l'eguaglianza in eguaglianze è un compito che sembra anch'esso intrinsecamente inadempiuto. Come la nostra versione morale del mondo è intrinsecamente pluralistica, allo stesso modo l'eguaglianza non è l'unico fine a sé; né i metodi e le politiche, i provvedimenti del riformatore egualitario hanno luogo nel vuoto pneumatico. Le politiche dell'eguaglianza hanno luogo in contesti più ampi, entro vincoli: la teoria della cittadinanza, a sua volta, è rispondente a una varietà di valori o fini a sé.

"Oltre lo stato sociale" è un'espressione che qui ci suggerisce un ulteriore esercizio analitico che, tenendo fermo l'impegno normativo, concentra la nostra attenzione sui mezzi e sui metodi, sulle politiche. L'ultima circostanza, quella che dipende dai "modi di pensiero" e quindi dai modi del giudizio e del discernimento morale, dall'impiego della ragionevolezza politica, mi consentirà di gettar luce sulla essenziale "incompletezza" della nostra grammatica dell'eguaglianza. In questo modo, potremo rispondere alla questione fondamentale che ci siamo posti in questo capitolo.

7. *Criteri di eguaglianza relativa e la tesi degli ordinamenti incompleti*

Le implicazioni della quinta circostanza si possono presentare più o meno nel modo seguente: i) eguaglianza *asso-*

luta contro eguaglianza *relativa*; ii) l'estensione e il grado della eguaglianza relativa; iii) i criteri dell'eguaglianza relativa e le condizioni al contorno; iv) l'incompletezza degli ordinamenti.

Il primo punto è il meno interessante, se non abitiamo nel mondo Babeuf e se siamo interessati a criteri di allocazione o distribuzione di risorse e di titoli nelle nostre società, abitate da esseri sufficientemente simili a noi. Per eguaglianza assoluta intendiamo semplicemente che ciascuna coppia di individui (o blocchi), che si richiede o si suppone debba essere eguale, sia completamente eguale. Data una certa estensione e un certo grado di eguaglianza, il criterio (di valutazione o giudizio o preferenza impersonale) dell'eguaglianza assoluta prescrive che essa sia tale per quella estensione e quel grado (quali che siano).

Quando adottiamo un criterio per l'eguaglianza relativa, noi intendiamo render conto delle condizioni per cui una qualsiasi allocazione o distribuzione è più eguale di un'altra, per estensione e per grado. Non c'è bisogno di un argomento filosofico particolarmente sofisticato per mostrare perché l'eguaglianza relativa, data la circostanza v), sia più importante per la teoria della cittadinanza: essa è semplicemente più utile e ha un ruolo importante nelle nostre forme di vita e nei nostri vocabolari, punto e basta. (Come è stato osservato, non c'è bisogno di teoremi di geometria morale per concludere che Gulag e Lager sono una devastante e catastrofica esperienza di ciò che è *male*.)

La famiglia di situazioni tipiche per i provvedimenti o le politiche che esemplificano il significato dell'eguaglianza relativa è quella per cui si avanza una richiesta di una distribuzione alternativa alla distribuzione ineguale corrente, sostenuta dal criterio secondo cui la prima è o sarebbe più eguale, più vicina all'eguaglianza o meno ineguale. (Gli abitanti di Babeuf non potrebbero comprendere questo tipo di discussione pubblica. Un abitante di Babeuf che conoscesse la nostra lingua la considererebbe in ogni caso un tradimento o un uso ipocrita e distorto dell'idea di eguaglianza.)

Una distribuzione di risorse e titoli (opportunità per cittadini) più eguale o meno ineguale può essere giudicata tale, alla luce di un qualche criterio, sia in base all'estensione sia in base al grado. Per la nostra teoria, il problema più rilevante è quello che concerne il grado. Abbiamo bisogno di criteri di eguaglianza relativa che siano capaci di guidarci nelle politiche e nella valutazione delle stesse, per rispondere alla domanda: quale fra due distribuzioni alternative realizza un maggior grado di eguaglianza di titoli e risorse fra individui o blocchi o individui rappresentativi di gruppi?

Consideriamo una breve lista di criteri. Il primo è quello, già familiare, del *maximin*: ogni distribuzione che migliora la posizione dei più svantaggiati è più eguale. Questo vuol dire massimizzare le aspettative di benessere dei detentori dei bisogni più urgenti, dei gruppi svantaggiati nella società.[21] Il secondo, il criterio del *rapporto*, asserisce che ogni distribuzione che aumenta il rapporto fra i titoli dei più svantaggiati e i titoli dei più avvantaggiati è più eguale. In questo caso, il criterio sembra dettare una manovra che va da 0 a 1, verso l'eguaglianza assoluta. Esso può tuttavia consentire impressionanti ineguaglianze. Ciò che conta è il rapporto, non la grandezza assoluta dei titoli. Il criterio della *differenza netta* asserisce che ogni distribuzione che riduce la differenza assoluta fra i detentori di maggiori titoli e quelli di minori titoli è più eguale. Qui, diversamente che nel caso precedente, l'operazione è la sottrazione e non la divisione. Le differenze assolute fra titoli e risorse – e non

[21] Per un modello orientato dall'idea di valore dell'equità, cfr. De Finetti, *L'utopia come presupposto necessario per ogni impostazione significativa della scienza economica*, in *Requisiti*, cit., pp. 24-64. L'utopia di De Finetti, nel senso che il termine ha per l'autore, si basa su una lista di *desiderata* che vanno dalla riduzione delle ineguaglianze ingiustificabili per ragioni di incentivo, alla riduzione dell'aleatorietà delle condizioni di vita, a una competitività regolata ("non lotta vera e propria"), alla massimizzazione della libertà individuale in scelte personali, alla riduzione delle complicazioni "vessatorie" delle burocrazie (per la teoria di sfondo, cfr. ora De Finetti, *La logica dell'incerto*, Milano, il Saggiatore 1989 e la *Presentazione* di M. Mondadori). L'utopia di De Finetti ha interessanti affinità con l'Agathotopia di James Meade: cfr. *Agathotopia*, Milano, Feltrinelli 1989 e la *Presentazione* di E. Morley-Fletcher: la rete di protezione nei confronti del rischio, ottenuta con un reddito di cittadinanza sganciato rispetto al salario da lavoro dipendente, l'idea di combinare efficienza economica (mercato e competizione) e equità sociale. Le tesi di Meade possono avere importanti implicazioni sul piano macroeconomico e istituzionale (si considerino l'idea della nazionalizzazione alla rovescia, le politiche fiscali e le redistribuzioni di diritti per gli abitanti di Agathotopia). Come osserva Morley-Fletcher, la proposta di Meade è, almeno in parte, una risposta all'idea della *Share-Economy*, avanzata da M.L. Weitzman in *L'economia della partecipazione*, Bari, Laterza 1985. Cfr., per il rapporto con le istituzioni della democrazia, Dahl, *op. cit.*, pp. 123-143.

esclusivamente i rapporti fra esse – sono quelle veramente importanti. Infine, il quarto criterio del *minimax* ci dice che ogni distribuzione che riduce i titoli dei più avvantaggiati è più eguale. Esso è quello più vicino a una prospettiva radicale di livellamento. L'idea intuitiva è: abbassare chi è in alto e non innalzare chi è in basso (*maximin*).

Ora, il punto interessante è costituito dalla condizione per cui, nel caso di *condizioni al contorno* di allocazioni a somma costante e meramente redistributive, i nostri quattro criteri risultano equivalenti. Se una distribuzione è raccomandata da almeno un criterio, è raccomandata anche dagli altri tre; se non è raccomandata da almeno un criterio, allora non sarà raccomandata da alcun altro criterio.

Le cose si complicano se i criteri devono essere applicati o devono dettare politiche e provvedimenti entro condizioni al contorno che prevedono crescita o almeno non prevedono perdita mutua o prevedono assenza di mutuo vantaggio o diminuzione assoluta. Il variare delle condizioni al contorno non esclude naturalmente la possibilità per il riformatore egualitario di ordinare o gerarchizzare i criteri, su una scala che va da quello più forte a quello più debole, quanto agli esiti attesi di eguaglianza relativa. (A questo livello di astrazione, non prendo in esame il difficile e importante problema della *attuazione* delle politiche in un mondo incerto che include la massima di razionalità strategica di attori motivazionalmente complicati: il riformatore non può impegnarsi in provvedimenti per uomini e donne "nuove". Questa è una elementare massima di prudenza razionale.)[22] Il punto non è quindi che non sia possibile un ordinamento dei criteri in termini di cogenza: il punto è che l'ordinamento dipende dalla natura della scelta allocativa e quest'ultima dipende a sua volta dalle condizioni al contorno.[23]

Questa osservazione è importante per gettar luce sul nostro ultimo dilemma: quello definito dalla incompletezza degli ordinamenti. Ho mostrato altrove quale sia il nesso fra

[22] Cfr. C. Donolo, F. Fichera, *Le vie dell'innovazione*, Milano, Feltrinelli 1988.

[23] Questa mi sembra essere una delle tesi centrali formulate da Sen nel suo *Collective Choice and Social Welfare*, Amsterdam, North-Holland 1970: si tratta di uno degli esiti più significativi dell'imponente programma di ricerca avviato da K. Arrow, *Scelte sociali e valori individuali*, Milano, Etas 1977. Ho avanzato una tesi sulla rilevanza del teorema di impossibilità di Arrow per la teoria normativa della democrazia in *Etica e politica*, cit., capp. VII-VIII.

l'idea di versione morale pluralistica e l'idea degli ordinamenti essenzialmente incompleti. Quanto mi interessa sottolineare qui, a proposito della grammatica dell'eguaglianza, è il semplice fatto che la richiesta implicita dei sostenitori dei criteri di eguaglianza relativa è quella per cui l'idea "più eguale di" sia catturabile nei termini di un ordinamento completo. Tale richiesta è implausibile.

Come ha autorevolmente sostenuto Amartya Sen, la semplice idea di ineguaglianza sembra avere una struttura da quasi-ordinamento. L'ineguaglianza (o l'eguaglianza relativa) non ha alcuna proprietà innata di "completezza". Certamente, la forza dell'espressione "eguaglianza relativa", e il nostro interesse per essa entro una teoria della cittadinanza, derivano dal significato che associamo al termine nella grammatica dell'eguaglianza. Tuttavia, ciascuno dei criteri finisce per generare una catena completa e questo può dar luogo a esiti contro-intuitivi o assurdi dal punto di vista di una teoria dell'eguaglianza democratica. Ciò dipende semplicemente dal fatto che ciascun criterio di eguaglianza relativa tende a dare una rappresentazione di ordinamento completo a un concetto che è essenzialmente di ordinamento parziale.[24]

Lo stesso argomento sull'incompletezza tocca il cruciale problema del *livello* cui il riformatore egualitario vorrebbe o dovrebbe, alla luce di un qualche criterio, promuovere l'eguaglianza o, più precisamente, ridurre le ineguaglianze in titoli e risorse che convertono cittadini in sudditi, violando l'inferenza dagli eguali diritti di cittadinanza sociale. Solo nella società Babeuf, si risponderebbe: l'eguaglianza va promossa a *qualsiasi* livello (naturalmente, in quel caso, vi sarebbe semplicemente un *solo* livello).

L'idea dell'eguaglianza democratica è basata su una più ampia concezione di giustizia distributiva che identifica il livello *utile* per i beneficiari della distribuzione equa. Essa non è altro che una versione del principio del *risarcimento* per le vittime non responsabili della sorte naturale e sociale. Tuttavia, ancora una volta, una famiglia di provvedimenti a favore dell'equità (in questo caso, aventi come scopo quello di selezionare il livello di eguaglianza desiderabile) deve essere ponderata a) entro il più ampio contesto di

[24] Cfr. Sen, *On Economic Inequality*, New York, Norton 1973, p. 48.

sfondo di una teoria normativa, in cui il valore dell'eguaglianza è in tensione con altri valori e b) in modo coerente con le condizioni al contorno.

Non è necessario che i diversi impieghi del termine "eguaglianza" divergano e confliggano fra loro. Ma ciò è possibile. Non è d'altra parte necessario che essi convergano e si sostengano mutuamente. Ciò, ancora una volta, è semplicemente possibile. Convergenza e divergenza non dipendono in ogni caso *solo* dai nostri impegni normativi a proposito della virtù dell'eguaglianza. Esse dipendono dalla congiunzione fra la lealtà ai vocabolari di moralità e politica ereditati e riformulati nel tempo e le circostanze specifiche o le contingenze rilevanti. Il "composto chimico" è letteralmente instabile. Riconoscersi e condividere le ragioni dell'eguaglianza come fine a sé non esclude, anzi richiede la continua e essenzialmente inadempiuta ricognizione razionale dei mezzi, dei metodi, dei provvedimenti, delle circostanze e delle contingenze.

Se questo è qualcosa come un impegno per una teoria della cittadinanza, per uomini e donne che hanno diritto a eguale considerazione e rispetto (dignità) e all'autonomia e all'autosviluppo (emancipazione), la filosofia politica sembra oggi avere la responsabilità di prospettare un argomento cosmopolitico e universalistico per i coinquilini del pianeta.

Globalizzare la teoria della giustizia locale è l'impresa tanto difficile e ardua quanto semplicemente coerente con la lealtà, nel tempo, al nucleo normativo del recente, molto recente, progetto moderno.[25] Gli argomenti presentati in

[25] Cfr. Pontara, *Giustizia locale e giustizia globale*, in "Biblioteca della Libertà", 1977, 65-66; *Filosofia pratica*, cit., cap. V; T.W. Pogge, *Realizing Rawls*, Ithaca e London, Cornell University Press 1989, parte III, pp. 211-280 (*Globalizing the Rawlsian Conception of Justice*). L'idea di Pogge è quella di una globalizzazione sull'arena delle relazioni internazionali dei principi di giustizia della teoria contrattualistica, in termini di massimizzazione delle libertà e del principio di differenza. Il primo principio ha a che vedere con questioni di diritti, il secondo con risorse la cui distribuzione è globalmente ingiustificabile alla luce di distribuzioni alternative, dettate dal criterio di urgenza "globalizzato". Si tratta della sfida più ardua per una filosofia cosmopolitica dell'emancipazione, come ha più volte sottolineato Bobbio, nell'epoca della solitudine normativa della democrazia: l'idea di un (nuovo?) contratto sociale per i cittadini del mondo. Questa idea è la più saliente (e esigente) per la nostra sequenza di argomenti sulla nozione di cittadinanza. Rinvio il lettore interessato alla utile bibliografia sulla giustizia globale e i suoi dilemmi, contenuta nel volume di Pogge, cit. e mi limito a ri-

questo capitolo a favore di una grammatica della eguaglianza possono almeno gettare una certa luce sulla natura dei dilemmi planetari, di un mondo di cittadini (che possono tornare sudditi, quando non schiavi), di sudditi che aspirano alla dignità di cittadini, di schiavi che tentano di emanciparsi, liberandosi dalle catene moralmente più ripugnanti e crudeli.

Il criterio globale dell'urgenza è molto esigente e implica, com'è intuitivo cogliere alla luce di questa elementare osservazione, una redistribuzione di costi e benefici dettata dai principi di una solidarietà semplicemente "umana", dall'evoluzione e dal progresso dei sentimenti morali e da politiche e provvedimenti ragionevoli e coerenti con i principi e le ragioni oggettive e impersonali, capaci di generare lealtà e motivazioni soggettive e personali per uomini e donne, concittadine del mondo.

cordare: R. Amdur, *Rawls' Theory of Justice: Domestic and International Perspectives*, "World Politics", 1977, 29; Nagel, *Poverty and Food: Why Charity isn't Enough*, in P. Brown, H. Shue, a cura di, *Food Policy*, New York, Free Press 1977; C. Beitz, *Political Theory and International Relations*, Princeton, Princeton University Press 1979; Walzer, *The Moral Standing of States*, "Philosophy and Public Affairs", 1980, 9; Sen, *Poverty and Famines*, New York, Oxford University Press 1981; *The Standard of Living*, Cambridge, Cambridge University Press 1987; S. Hoffmann, *Duties beyond Borders*, Syracuse, Syracuse University Press 1981; D.A.J. Richards, *International Distributive Justice*, in J.R. Pennock, J.W. Chapman, *Ethics, Economics, and the Law*, New York, New York University Press 1982; B. Barry, *Democracy, Power and Justice*, Oxford, Clarendon 1989, pp. 411-525; Rawls, *The Role of the Idea of Overlapping Consensus*, "N.Y. University Law Review", 1989. Nell'ambito della teoria economica, cfr., tra gli altri, P. Sylos Labini, *Il sottosviluppo e l'economia contemporanea*, Bari, Laterza 1983; Hirschman, *Ascesa e declino dell'economia dello sviluppo*, Torino, Rosenberg e Sellier 1983; *L'economia politica come scienza morale e sociale*, Napoli, Liguori 1987. Per gli sviluppi della dottrina cattolica e, in particolare, l'Enciclica *Sollicitudo Rei Socialis*, cfr. le mie osservazioni in "Prospettiva sindacale", 1988, 68.

Parte seconda

Questioni e agenda

La giustizia è la prima virtù delle istituzioni sociali, così come la verità lo è dei sistemi di pensiero. Una teoria, per quanto semplice e elegante, deve essere abbandonata o modificata se non è vera. Allo stesso modo, leggi e istituzioni, non importa quanto efficienti e ben congegnate, devono essere riformate o abolite se sono ingiuste.

JOHN RAWLS

Libertà e giustizia sono interdipendenti, dato che la dignità dell'uomo si basa sul suo diritto alla responsabilità individuale così come sul suo riconoscimento del diritto di ciascun altro a sviluppare la sua personalità e a cooperare come eguale per modellare la società.
Libertà, giustizia e solidarietà, che costituiscono l'obbligo reciproco derivante dal vincolo sociale, sono i valori fondamentali del socialismo.

dal Programma fondamentale del Partito socialdemocratico tedesco (Congresso straordinario di Bad Godesberg, 13-15 novembre 1959)

IV. Sui diritti

Un giurista autorevole e acuto come Stefano Rodotà ha accettato la scommessa di riscrivere, a duecento anni dall'agosto del 1789, la *Dichiarazione dei diritti* che, insieme alle dichiarazioni delle ex colonie britanniche dell'America del Nord, inaugura il "progetto moderno" entro cui si generano i dilemmi e le sfide di natura morale, politica e giuridica di una teoria della cittadinanza in una prospettiva emancipatoria per noi, pronipoti del secolo dei Lumi. Noi possiamo tratteggiare le linee di sviluppo e di approfondimento che hanno complicato, allungato e arricchito i "cataloghi dei diritti". Uno dei modi per rendere conto di questo processo di proliferazione e definizione di "nuovi" diritti è quello di concettualizzare quanto ho suggerito di chiamare il recente "Progetto Ottantanove" come un progetto essenzialmente *inadempiuto*.

Questo tuttavia non significa impegnarsi a una visione, per dir così, additiva, lineare, cronologica e a una *silhouette* armonica e coerente dei "diritti": tensioni, conflitti, essenziale pluralismo, frammentazione del valore sono alcuni dei termini della versione morale del mondo che abbiamo ereditato e con cui è tanto difficile quanto importante imparare a convivere. L'idea di un progetto inadempiuto è semplicemente l'idea che le questioni di vecchi e nuovi diritti non sorgono nel vuoto pneumatico, né sui tavolini e gli scrittoi, con o senza computer e stampante, dei filosofi politici. Questioni di diritto hanno senso per noi – e acquistano il loro senso pertinente –, entro tradizioni o forme di vita condivise: si formulano entro i nostri vocabolari di moralità e di politica.

Quando, entro questo contesto, parliamo di "nuovi" diritti, è inevitabile che pensiamo alla tutela e all'identificazione di interessi o bisogni o, come dirò, *preferenze*, prima ignorate o trascurate o sottovalutate o del tutto irrilevanti per l'argomento filosofico su che cosa fa di una preferenza una preferenza che genera un diritto. (Selezionare fra gli interessi o le preferenze sembra a me la sostanza della ricorrente tecnica o esercizio di riconoscimento di diritti.)

Nel suo esercizio di riscrittura, Rodotà metteva in guardia contro le difficoltà dell'impresa. Esse sono quelle familiari per la nostra teoria normativa della cittadinanza a più stadi. A due secoli di distanza, i) il soggetto, l'uomo, il cittadino si è come frammentato o frantumato: consumatore, anziano, malato, lavoratore, uomo o donna, bambino ecc.; ii) il carattere disomogeneo dei diritti: basti pensare alla classica distinzione, cara alla tradizione sociologica grazie a Theodor H. Marshall, fra diritti civili e politici da un lato e diritti economici e sociali dall'altro; iii) il carattere "universalistico" delle Dichiarazioni è in tensione con il pluralismo che è un fatto e un valore nelle società a tradizione democratica. Tuttavia, si può sostenere che l'impresa, per quanto difficile, non sia né futile né impossibile: l'idea-guida resta quella, in questa prospettiva aperta dal Progetto Ottantanove come progetto inadempiuto, di trovare la "base di una rinnovata dichiarazione dei *diritti fondamentali*, costitutivi della o di una cittadinanza" (sul versante interno o sul versante esterno, come coinquilini del pianeta).

Nella prospettiva di una filosofia politica e morale dell'emancipazione, la questione dei diritti fondamentali (vecchi o nuovi) è una di quelle terribilmente difficili. I filosofi dovrebbero fornire argomenti a favore dell'identificazione di questi "strani oggetti"; dovrebbero dare spiegazioni o dimostrazioni filosofiche di come è possibile, sulla base di quali ragioni *rilevanti*, identificare quali fra gli interessi o le preferenze siano selezionabili come candidati plausibili per il ruolo di diritti fondamentali.

Qualche anno fa Norberto Bobbio ha sostenuto in proposito che è impossibile trovare un argomento "irresistibile" che ci consenta di fondare diritti fondamentali. Giuliano Pontara ha obiettato che questo non è vero e ha proposto il seguente argomento: "Indipendentemente da quali siano i nostri desideri, le nostre preferenze, le nostre aspirazioni, i nostri scopi e i nostri valori particolari, vi sono alcune *prefe-*

renze fondamentali, nel senso che ciascuno deve ragionevolmente averle in quanto il loro soddisfacimento è condizione necessaria per poter perseguire il soddisfacimento di qualsiasi altra preferenza o la realizzazione di qualsiasi aspirazione, scopo o valore che ci accade di avere."[1]

Pontara fornisce in proposito un elenco di tre preferenze fondamentali. Mi interessa in particolare la terza: "La preferenza di *poter formare le proprie particolari preferenze in modo autonomo e di perseguire il loro soddisfacimento senza essere sottoposti a minacce di frustrazione delle proprie preferenze fondamentali.*" La terza preferenza è quella che genera un diritto all'"*autonomia*".

(Non credo che l'argomento di Pontara sia "irresistibile"; tuttavia, non sono convinto che noi abbiamo bisogno di argomenti dotati del grado di irresistibilità come pretende Bobbio:[2] le nostre giustificazioni hanno luogo entro forme di vita e tradizioni. Vi è un punto in cui le giustificazioni si fermano. Non è *il* punto in cui devono per sempre arrestarsi: non è il punto finale; ma il punto dove "la vanga si piega contro la roccia", per dirla con Wittgenstein o, più classicamente, con Hume. Punto e basta. Ho citato l'argomento di Pontara perché ho l'impressione che la nostra nozione di "autonomia" per uomini e donne sia un ingrediente fondamentale di una possibile, rinnovata, dichiarazione dei diritti.)

Consideriamo una famiglia di casi in cui non è difficile riconoscere come un genuino problema quello di un criterio per selezionare, fra preferenze o interessi, "nuovi" diritti: *ingegneria genetica* (che tocca questioni di entrata e uscita della vita), *intelligenza artificiale* (che tocca questioni di tutela di vite biografiche), *tecnologie di informazione* (che toccano le descrizioni di noi e del mondo e le ragioni che abbiamo

[1] Cfr. Pontara, *Vi sono diritti fondamentali?*, "Rivista di Filosofia", 1980, 18, p. 457. Vedi la replica di Bobbio nello stesso numero della rivista.

[2] Bobbio ha più volte insistito sul fatto che quanto è più saliente a proposito dei diritti è il fatto che essi siano *protetti* e efficacemente tutelati piuttosto che giustificati sulla base di un qualche argomento filosofico e ha sottolineato, al tempo stesso, il carattere cosmopolitico dei diritti umani: vedi, da ultimo, *Il terzo assente*, cit., pp. 71-125. Cfr. A. Cassese, *I diritti umani nel mondo contemporaneo*, Bari, Laterza 1988; in una prospettiva differente, vedi le suggestive considerazioni sull'universalismo, a partire da Kant, di J. Kristeva, *Stranieri a noi stessi*, Milano, Feltrinelli 1990, pp. 154-175.

per scegliere e agire), *tecnologie* relative *a produzione di energia* (che toccano questioni di ambiente e, quindi, generazioni future che abbiamo la responsabilità di trattare come cittadini e non come sudditi o schiavi).[3]

Si tratta di una famiglia di casi in cui l'aumento delle nostre responsabilità *causali* genera l'aumento delle nostre responsabilità *morali* e l'estensione e lo sviluppo della nostra *rispondenza* morale. Ciò non è necessariamente indice di "relativismo storico": può essere sintomo di un difficile e complicato processo di "evoluzione etica" e di "scoperta morale". (Questo ha a che vedere con l'emersione di nuovi diritti, come tutela di nuove preferenze moralmente rilevanti.) Ora, io credo che vi sia un nesso piuttosto cogente fra questa famiglia di casi e la nostra nozione di "autonomia" delle persone, di uomini e donne, pronipoti dell'89.

Prima di abbozzare uno schema di possibile argomento, vorrei sottolineare l'aria di famiglia fra l'argomento sui diritti fondamentali di Pontara e l'argomento sui diritti di cittadinanza sociale proposto, nel classico *Una teoria della giustizia*, da John Rawls. Il celebre "velo di ignoranza", imposto alle parti in posizione originaria, è uno strumento analitico i) impiegato per selezionare in modo non utilitaristico fra preferenze o pretese, ii) connesso a un'idea di autonomia o, kantianamente, *dignità* delle persone.

La restrizione sull'informazione fa sì che le parti identifichino come diritto fondamentale di cittadinanza il diritto a una quota equa di beni sociali principali. Questi ultimi vertono su preferenze essenzialmente incomplete: preferenze per beni che sono *mezzi per molti scopi*, che è razionale assumere chiunque preferisca, quale che sia il suo piano di vita completo. Il paniere dei beni sociali principali (o "beni preliminari", come aveva sostenuto il filosofo morale italiano Erminio Juvalta negli anni Venti) è l'insieme delle condizioni o basi per l'*autonomia* delle persone. A ciascuno viene riconosciuto l'eguale diritto a essere responsabile del proprio progetto di vita: di essere uno sceglitore di sé, come ha proposto Robert Nozick.

Questa succinta digressione suggerisce i) un nesso possibile fra la nozione di autonomia delle persone e un catalogo di diritti; ii) che, difficilmente, un argomento sui diritti può

[3] Cfr. P. Barile, *Diritti dell'uomo e libertà fondamentali*, Bologna, Il Mulino 1984; V. Frosini, *L'uomo artificiale*, Milano, Spirali 1986.

valere a sé preso, indipendentemente da una più ampia teoria normativa, del tipo di una teoria della giustizia sociale, a sua volta, come ho sostenuto, definita entro il quadro di una più ampia teoria politica di sfondo. (Come ha osservato Herbert Hart, fra utilità e diritti si concentra il fuoco della ricerca normativa degli ultimi vent'anni.)

Ora, il punto difficile è il seguente: la nozione di *autonomia* è tanto preziosa (almeno per la mia tesi) quanto vaga. Naturalmente, nella tradizione filosofica, un tentativo eroico nella direzione di una definizione univoca è stato compiuto da Kant e occorre riconoscere che, in qualche modo, la nozione ha in ogni caso un alone kantiano. Tuttavia, come ha mostrato Bernard Williams, la nozione di autonomia di Kant è troppo esigente e dipende da un'idea di moralità sottratta e immunizzata rispetto a qualsiasi resoconto empirico. Non vi è alcun enunciato empirico a proposito dell'*autonomia* di chiunque (di noi come esseri ragionevoli) che sia per Kant pertinente.[4]

Possiamo indebolire la richiesta kantiana e domandarci ancora se essa ci suggerisca qualcosa che abbia un qualche interesse. Credo che questo sia possibile: come sappiamo, l'idea di autonomia tocca i) le ragioni che abbiamo per agire; ii) la nostra identità di agenti nel tempo; iii) le nostre metapreferenze, piuttosto che le preferenze che ci accade di avere. In altri termini, riconosceremo "autonomia" qualora siano soddisfatte condizioni relative i) al nostro riconoscere le ragioni come essenzialmente "nostre"; ii) al nostro riconoscere noi stessi nel tempo come un'identità personale; iii) al nostro riconoscere la storia "giusta" delle nostre preferenze. Analiticamente, l'idea di autonomia dell'agente è modellata sull'idea di rammarico dell'agente. (La mia tesi sull'autonomia, nella sua seconda versione, è che essa sia empiricamente connessa a una sorta di confronto intrapersonale e interpersonale di ragioni o preferenze: e questa dipende a sua volta da condizioni di reidentificazione di me nel tempo, da condizioni di identità intertemporale.)

Qual è il nesso fra questa tesi e i "nuovi" diritti? Ingegneria genetica, intelligenza artificiale, informazione e tecnologie energetiche toccano in vari modi i) la nostra identità personale; ii) le ragioni che abbiamo per scegliere e agire;

[4] Cfr. Williams, *The Idea of Equality*, cit.; *Sorte morale*, cit., cap. IV.

iii) i nostri noi futuri; iv) la storia giusta e non distorta delle nostre preferenze e dei nostri valori.

Così, l'ideale di uomini e donne libere e eguali nell'impresa ricorrente di essere artefici responsabili del proprio destino, con tutta l'eco delle Dichiarazioni del XVIII secolo, a duecento anni dal Progetto Ottantanove, entro le tradizioni dell'emancipazione liberale e socialista, non è solo una traccia o un'eredità, ma qualcosa come un'idea regolativa per un inedito, difficile, ma non per questo impossibile, "catalogo" dei diritti fondamentali, vecchi e nuovi.[5]

"Dichiarazione dei diritti per tutti gli uomini, per tutti i tempi, per tutti i paesi" (come si disse all'Assemblea nazionale nella seduta del 18 agosto 1789). Questa è la nostra *responsabilità* nell'epoca della solitudine normativa della democrazia e dell'insorgenza di un'etica della convergenza, fondata sulla possibile, anche se ardua, solidarietà di specie.

[5] Cfr. J. Kis, *L'égale dignité*, Paris, Seuil 1989. Il catalogo è connesso, per un verso, alla dimensione (e descrizione) cosmopolitica dei cittadini del mondo; per un altro, in società sufficientemente simili alle nostre, alla questione "oltre lo stato sociale", dopo lo stadio dell'argomento sulla riclassificazione analitica degli interessi. Nei casi dell'ecologia, della bioetica, dell'informazione e dell'intelligenza artificiale, la prima dimensione si intreccia causalmente con le soluzioni alternative prospettabili per la seconda questione.

V. Sull'arte della separazione

Le osservazioni di Michael Walzer sulla natura del liberalismo come "arte della separazione" presuppongono l'argomento centrale presentato nel libro dell'83, *Sfere di giustizia*.[1] Può essere quindi opportuna una sommaria illustrazione del nucleo della concezione di giustizia distributiva di Walzer per discuterne alcune implicazioni, che sono appunto esplicite nell'idea centrale dell'arte della separazione. In particolare, mi interessa sottolineare che l'approccio di Walzer sembra implicare una ridefinizione delle nostre nozioni di libertà e eguaglianza e una revisione (o, meglio, un arricchimento dell'interpretazione) del fondamento individualistico dell'etica pubblica. Ritengo entrambi questi esiti interessanti e attraenti, anche se non privi di importanti difficoltà. Chiarisco subito in che senso questi due esiti sembrano a me interessanti entro il contesto della teoria della cittadinanza. Essi ci inducono a un resoconto positivo, a una versione descrittiva più coerente, profonda e plausibile delle società che ci sono familiari e a una comprensione più adeguata e credibile del ruolo che nozioni come quelle di libertà e eguaglianza svolgono nelle nostre vite, entro società affini a quelle in cui ci è accaduto di avere una vita da vivere, insieme a molti altri. Come direbbe Bernard Williams, l'approccio di Walzer genera nozioni morali e politiche sostanziali situate in "contesti" appropriati, entro le nostre forme di vita, certamente più di quanto non accada con le "geometrie morali".[2]

[1] Cfr. *Il liberalismo come arte della separazione*, "Biblioteca della Libertà", 1986, 2; *Sfere di giustizia*, cit.
[2] Cfr. Williams, *L'etica e i limiti della filosofia*, cit.

L'argomento centrale di *Sfere di giustizia* consiste in una versione pluralistica della nozione stessa di giustizia distributiva. Una concezione radicalmente pluralistica di giustizia si contrappone alla famiglia di concezioni, per così dire, monistiche che risulta peraltro dominante nella tradizione della filosofia pubblica della cittadinanza. Per un teorico "monista" le questioni di giustizia distributiva hanno più o meno questa fisionomia: si tratta di identificare un criterio o un principio per allocare o distribuire un bene (p.e., "manna", una sostanza che ha la straordinaria proprietà di trasformarsi a piacere in qualsivoglia oggetto del nostro desiderio) fra differenti individui, dotati di gusti, valori o preferenze differenti. Che si tratti di utilità, come nel caso del programma utilitaristico, o di beni sociali principali, come nel caso della teoria contrattualistica di Rawls, o appunto di quote di manna, come nel caso della teoria dialogica della giustizia sociale di Ackerman (per riferirci a alcuni esiti teorici influenti nella nostra discussione delle teorie della giustizia sociale), la natura della questione non sembra sostanzialmente cambiare.[3] Il problema è quello di come giustificare un criterio o un principio per l'assegnazione di quote di un bene omogeneo.

Ora, concezioni di giustizia distributiva di questo genere sembrano non prendere sul serio l'essenziale varietà o pluralità dei beni sociali. Tuttavia, è quest'ultima a essere particolarmente influente su un modo più appropriato o, come dire, più "giusto" di concettualizzare il problema stesso della giustizia distributiva.

Michael Walzer sostiene che ogni società appare caratterizzata da una pluralità di beni sociali perseguiti come fini da individui: di qui, l'idea dei *confini* o delle frontiere che attraversano la mappa del nostro mondo sociale e politico. Nella tradizione filosofica, si assiste a una sorta di rivincita delle qualità secondarie rispetto a una versione del mondo sociale e politico in un linguaggio che impegna solo qualità

[3] Cfr. Veca, *Una filosofia pubblica*, cit., cap. IV e VII. In *Etica e politica* ho proposto una tesi pluralistica sul paniere dei differenti criteri di giustizia sociale e, quindi, sulla varietà dei principi che possono, nelle circostanze specifiche e sotto opportune condizioni al contorno, dettare politiche e provvedimenti guidati dall'ideale della giustizia sociale. Questa idea era stata esposta in modo intuitivo in F. Alberoni, Veca, *L'altruismo e la morale*, Milano, Garzanti 1988, cap. 9. Essa è alla base della tesi sull'incompletezza degli ordinamenti discussa nel cap. III di questo saggio.

primarie. Non ha molto senso, se si accetta questa prospettiva, se non per il filosofo politico eccessivamente deferente per lealtà e opportunismo alla tradizione o alla carriera accademica, porsi domande del tipo: a chi, quanto (in chili di manna, dollari, lire o utilità)? La domanda appropriata, se si accetta il resoconto pluralistico della varietà dei beni sociali, diventa piuttosto la seguente: a chi, quanto, di che cosa (in quale *sfera*)? E la risposta non può ovviamente consistere in un singolo criterio o principio o in un singolo insieme di criteri o principi, quanto piuttosto in una pluralità di criteri distributivi dipendenti dalla pluralità dei beni sociali condivisi.

Ciascun bene sociale genera una sorta di sfera distributiva. Essa è riconosciuta come tale dalla comunità di coloro che condividono il significato "pubblico" del bene in questione. (Sembra che questa idea del significato condiviso, entro una comunità di riconoscitori appropriata, dipenda da un influente argomento di Wittgenstein sulla nozione di significato in termini di uso linguistico e sulla natura "pubblica" della nozione di regola per giochi linguistici.)[4]

Razza, sangue, carisma religioso, forza militare, sesso, potere politico, terra, ricchezza, merito scientifico ecc. costituiscono esempi interessanti, nello spazio e nel tempo, di beni sociali condivisi, generanti differenti sfere distributive. (Come si vede, Walzer è un filosofo politico che ama frequentare più i dipartimenti di storia e antropologia che quelli di economia.) Siamo quindi in presenza di una specifica complessità di distribuzioni, di beni distribuiti, di agenzie di distribuzione. Per questo, come Walzer asserisce a proposito della idea dell'arte della separazione, la giustizia distributiva è, in larga parte, un problema di "tracciare" le linee giuste. L'esercizio dell'arte della separazione è un'impresa ricorrente e cruciale, richiesta a più riprese dalla sequenza a stadi degli argomenti per una teoria normativa della cittadinanza.

Se siamo disposti a rinunciare alla visione delle questioni distributive nei termini di una metrica uniforme e di un singolo bene omogeneo da allocare, la scena sociale ci appare in modo diverso che come un luogo in cui alcuni devono dare qualcosa (la stessa cosa), secondo un qualche criterio, a altri. Essa si presenta piuttosto come un teatro, in cui indi-

[4] Cfr. Kripke, *Wittgenstein su regole e linguaggio privato*, cit.

vidui che perseguono un bene in una sfera secondo il criterio distributivo pertinente (dato il significato socialmente condiviso di quel bene entro quella sfera) sono minacciati dalla (o minacciano la) invasione di altri individui che hanno perseguito un altro bene in un'altra sfera secondo il criterio distributivo in quella pertinente. Le invasioni più familiari, almeno in società poliarchiche, sembrano essere quelle dei detentori del bene prediletto da Shylock e da Paperon de Paperoni. È il problema del "governo privato", centrale nella discussione sulla teoria della democrazia.[5]

Il problema della giustizia distributiva diviene allora quello dei giusti tassi di conversione fra i differenti beni (una volta definita l'arena degli *scambi bloccati* o, come avrebbe detto il vecchio Kant, della "dignità"). L'idea centrale dell'utopia di valore politico di Walzer è quella della autonomia (relativa) delle differenti sfere distributive o della disgiunzione dei domini. Sono certamente ammessi e giustificabili *monopoli locali* (sembra non vi sia nulla di moralmente sbagliato nella ineguaglianza nel successo sportivo fra me e Ivan Lendl, entro la sfera pertinente del merito sportivo; fra me e Agnelli, nella sfera della ricchezza; fra me e Woody Allen, in quella della creazione artistica; e, ahimè, fra me, John Rawls o Blaise Pascal, in quella del merito scientifico): ciò che la concezione pluralistica interdice è la *dominanza generale* di un bene, monopolizzato in una sfera distributiva, su tutte le altre. È facile vedere che questo modo di concettualizzare le questioni di giustizia implica una ridefinizione delle nozioni di libertà e di eguaglianza e, in particolare, del loro rapporto. Caratteristica delle concezioni monistiche è infatti una versione dell'eguaglianza come eguaglianza semplice (qui, monopolio e dominanza coincidono).

Una prospettiva pluralistica come quella di Walzer oppone alla versione *semplice* una versione dell'eguaglianza *complessa*. E ciò attiene direttamente alla libertà. Nel senso che una società di "eguali" è, nella prospettiva pluralistica, una società in cui sono protette e inviolate le frontiere delle sfere dei differenti beni sociali. (In questo senso Walzer si richiama al processo crescente di differenziazione che sembra proprio della mappa *liberale* del nostro mondo politico e so-

[5] Cfr. A. Baldassarre, a cura di, *I limiti della democrazia*, Bari, Laterza 1985: in particolare, i saggi di Dahl e Lindblom.

ciale: pluralismo.) Una società in cui la moneta non "compra" autorità politica; l'autorità politica non "compra" religione; la forza militare non "compra" potere; quest'ultimo non invade la sfera del mercato ecc.

La mia impressione è che un resoconto di questo genere del nesso fra libertà e eguaglianza complessa possa consentire una più ricca e plausibile comprensione del "pluralismo". In questa prospettiva, il pluralismo è essenzialmente connesso alla varietà di sfere di azione e significato condiviso da comunità di uomini e donne. La eguaglianza complessa è un'espressione che sottolinea la libertà delle differenti sfere in cui individui si impegnano a perseguire differenti beni. Questioni di eguaglianza hanno a che fare con la ricorrente esperienza della usurpazione, del dominio e della tirannia (la dominanza di un bene, monopolizzato in una sfera, sui beni monopolizzati in tutte le altre sfere).

Questa ridefinizione delle nozioni di libertà e eguaglianza sembra, nella prospettiva di una filosofia dell'emancipazione, la prima conseguenza importante dell'approccio di Walzer. Essa è alla base della sua interpretazione del liberalismo come arte della separazione di istituzioni e pratiche sociali fra loro differenti. Naturalmente, come tutte le tesi interessanti, questa ridefinizione va incontro a alcune difficoltà che non sono da sottovalutare per amore dell'argomento pluralistico.

La prima è quella propria di ogni approccio pluralistico: la relativa indecidibilità o indeterminatezza in caso di conflitto o, come dire, di necessità di ordinamento o gerarchia fra le differenti sfere. La seconda, in qualche modo connessa alla precedente, è l'eccessiva ospitalità della teoria nei confronti delle idiosincrasie collettive: sembra esservi una inevitabile tendenza al relativismo in etica. La terza, infine, riguarda la natura dei beni sociali intesi come fini a sé entro le differenti sfere. Se escludiamo il caso di Einstein o di Paperon de Paperoni, è difficile pensare con plausibilità a un mondo sociale in cui i differenti beni non possiedano, in qualche modo, una ineliminabile natura mista e bifronte di fini e, insieme, di mezzi per il perseguimento di altri beni. (È vero che il denaro non compra amore, ma la tentazione sembra forte e ricorrente.)

Questa osservazione rende forse eccessivamente "astratta" una prospettiva sul nostro mondo sociale che pretende all'inverso di guadagnare una maggiore aderenza o una più profonda comprensione della "complessità" delle società in cui viviamo e riconosciamo le nostre questioni di giustizia. È vero che Walzer riconosce un'"aria di famiglia" fra le differenti sfere e sottolinea che, se di autonomia delle sfere si tratta, essa va intesa nei termini di autonomia "relativa". Ma non c'è bisogno di accettare globalmente la versione del principio di connessione, di sovrapposizione completa dei domini o "organicistico" di Marx o della tradizione marxista per rendersi conto della difficoltà implicita nell'idea di una società fatta di comunità di fans su isole. Non solo vi sarebbero imbarazzanti richieste di "ubiquità" dato che, come Walzer riconosce giustamente, ciascuno di noi partecipa a una molteplicità di sfere; ma anche perché, se fosse così, riconosceremmo ancora qualcosa come *una* società?

La seconda conseguenza, altrettanto importante e problematica quanto la ridefinizione di libertà e eguaglianza, consiste nella revisione di un fondamento meramente individualistico per la nostra etica pubblica. Un resoconto pluralistico (nel senso specificato) della libertà e dell'eguaglianza complessa non presuppone individui separati e, per dir così, solipsisti, quanto piuttosto comunità di individui che condividono il significato di beni che perseguono. Esso presuppone qualcosa come pratiche e istituzioni intersoggettivamente riconoscibili come tali. Quando formuliamo questioni di giustizia distributiva, siamo impegnati a tracciare linee o confini (un compito, in realtà, ricorrente e plurivoco nella teoria politica: un compito, in ogni caso, centrale nella nostra teoria normativa della cittadinanza). Siamo indotti a dedicarci con particolare entusiasmo a esercizi di separazione tanto quanto il nostro collega utilitarista è alle prese con i suoi esercizi di massimizzazione.

Ora, il punto interessante per la nostra teoria è: *che cosa* separiamo? L'idea di Walzer è che noi non separiamo persone-a sé prese quanto piuttosto assetti, istituzioni e pratiche sociali. Noi non separiamo Giovanna-a sé da Salvatore-a sé, Michael-a sé da Nicoletta-a sé. Le linee definiscono i confini di "oggetti" come mercati, chiese, scuole, imprese, università, parlamenti, tribunali, giornali, televisioni ecc., in cui Giovanna e Salvatore, Michael, Nicoletta e altri sono impegnati in interazioni. Il fatto che gli individui siano separati è un mero fatto biologico: non è un fatto sociale. Ho proposto altrove un argomento a favore di un approccio di questo tipo al problema delle libertà in una prospettiva che le connetta significativamente al pluralismo (nel senso qui specificato).[6] La mia idea è che, per rendere conto del senso delle libertà pertinente per la teoria politica (e non per la biologia) non è sufficiente basarsi su individui, per dir così, a sé presi o nel vuoto pneumatico. Il resoconto meramente individualistico soffre, a mio modo di vedere, di una essenziale incompletezza. Un resoconto soddisfacente del catalogo delle libertà per individui presuppone forme di vita collettiva entro cui è importante e prezioso per individui poter perseguire beni socialmente condivisi. Perché, d'altra parte, dovrebbe essere così importante (per la politica e per la teoria politica) essere liberi di scegliere, in un mondo in cui ciò che siamo liberi di scegliere non ha alcun valore riconoscibile per altri?

Naturalmente, la mia forte inclinazione a favore di un approccio come quello proposto da Walzer, teso alla ridefinizione dei fondamenti dell'individualismo, non mi impedisce di cogliere le difficoltà cui un'impresa di questo genere va incontro. Si tratta di notevoli difficoltà sul piano propriamente *normativo*. È vero, come osserva Walzer, che l'eroe liberale è un'invenzione mitica; che gli individui sono le loro biografie (se Derek Parfit lo consente) e che, a loro volta, le biografie hanno contesti. Ho sostenuto in particolare che gli individui sono tali, dal punto di vista *pertinente* per la teoria politica, solo in quanto membri collettivamente identificabili in una qualche forma di vita: come individui sotto una qualche *descrizione* (cittadinanza, sesso, razza, specie ecc.). È anche vero che tutti noi viviamo in un mondo sociale che nessuno di noi ha fatto. Tuttavia, come catturare un punto di vista per valutare e criticare questo mondo che non abbiamo fatto senza in qualche modo concettualizzarsi come sceglitori o "artefici" dello stesso? Possiamo fare a meno di esperimenti ideali che specificano i requisiti di una appropriata situazione iniziale di scelta? E, d'altra parte, se rinunciamo a un qualche punto di vista "archimedeo", come poter argomentare a favore o meno del disegno di una mappa (in alternativa a un'altra, se è il caso) se non ricorrendo alle idiosincrasie che ci è accaduto di ereditare?

L'insoddisfazione nei confronti del mito di Coriolano ci porterà inevitabilmente al mito del clan o della tribù?[7]

[6] Cfr. *Una filosofia pubblica*, cit., cap. VII.

[7] Sono grato, per l'identificazione di queste difficoltà, ai suggerimenti di J. Dunn, Q. Skinner, S. Maffettone, G. Zincone e M. Stoppino. Per una critica della teoria di Walzer come teoria della *giustizia* distributiva, cfr. Dworkin, *What Justice isn't*, in *Matter of*

Sono convinto che queste domande siano alcune tra le più attraenti e importanti per una filosofia politica della cittadinanza. Il fatto che esse alludano o evochino un compito piuttosto difficile non le rende meno attraenti. Mi sembra vero piuttosto il contrario. Per nostra fortuna, c'è molto lavoro da fare. D'altra parte, per evitare – come suppongo mi suggerirebbe saggiamente Norberto Bobbio – eccessi di entusiasmo e ricorrenti "scoperte dell'ombrello", non sembra difficile riconoscere in queste tensioni, nella teoria politica, fra le nozioni di individuo e comunità, il nucleo, permanente nel tempo, delle due maggiori tradizioni di credenza, giudizio e valore politico entro la nostra forma di vita: quella, grosso modo, liberale e quella, grosso modo, socialista (credo che Walzer sia senz'altro d'accordo con me su questa asserzione). La nostra ricerca ha anch'essa una "biografia" e, come ogni biografia, un "contesto". Questo, della tensione fra liberalismo e socialismo, sembra a me il contesto appropriato.

Un contesto tanto più attraente quanto più riusciamo a deporre gli occhiali ereditati dal diciannovesimo secolo.

Principle, Cambridge, Mass., Harvard University Press 1985, in corso di pubblicazione italiana presso il Saggiatore. Il mito del clan è alla base delle tesi dei "comunitari" che, come ho sostenuto, risultano nella mia prospettiva incoerenti con la teoria della cittadinanza perché tendono a violare la priorità del giusto sul bene e a fornire una soluzione alternativa al fatto e al valore del pluralismo. La tesi dell'incompletezza degli ordinamenti e della varietà dei criteri, sostenuta in *Etica e politica* e sviluppata in questo saggio, in particolare nel capitolo III, è elaborata sullo sfondo di questi dilemmi per una teoria dell'emancipazione.

VI. Sui mercati

Quale valore ha il meccanismo di mercato ai fini della moralità pratica, entro il quadro più ampio di una teoria della cittadinanza? Qual è il suo *status* morale? Non vi è dubbio che, come individui, noi apprezziamo enormemente l'opportunità di usare i mercati. Una cittadinanza senza mercati è moralmente e politicamente disapprovabile, come ho sostenuto. I negozi sono vuoti. È naturale ritenere che un'istituzione così importante per il nostro benessere e le nostre risorse *debba* avere valore. Lo *status* morale dei mercati dovrebbe, alla luce di queste considerazioni, essere uno *status* piuttosto alto e saliente.

D'altra parte, non è difficile distinguere fra il valore che per un individuo ha una particolare istituzione, una volta che la società sia stata organizzata intorno a essa e in modo coerente e globalmente connesso con essa, e il valore che lo stesso individuo, dal punto di vista personale, potrebbe dare alle conseguenze per la società di un assetto sociale diverso, ponderate alla luce di un punto di vista impersonale. (Basta pensare all'idea astratta di confronti interpersonali sullo sfondo di più ampi confronti intersistemici o, in modo più intuitivo, alle amare vie al mercato, che si intrecciano per le democrazie in arrivo nelle esperienze del collasso dell'*ancien régime* comunista; o, più da vicino, alle tensioni inevitabili fra forme di vita democratica e mercati: un insieme di questioni ineludibili per una teoria della cittadinanza basata sulla sequenza delle conversioni ricorrenti di sudditi in cittadini.)

È vero che può accaderci – come cittadini di società democratiche con mercati – di dipendere dal mercato per quanto attiene alla soddisfazione delle nostre preferenze per le cose "buone" della vita (delle cose ritenute tali, naturalmente); tuttavia, questo non ci dice molto sul valore del mercato come *istituzione* entro la più ampia cornice di un assetto di istituzioni fondamentali. Ciò implica che, per rispondere alle nostre domande iniziali, dobbiamo prendere sul serio l'esame razionale di modi alternativi di fare *ciò* che normalmente fanno i mercati.

Inoltre, il problema "cittadinanza e mercati" è complicato per il fatto che, spesso, la discussione sul valore morale dei mercati si basa (o, meglio, si è basata) su una preferenza impersonale o su una scelta fra mercato e non mercato: dobbiamo invece essere molto accurati nel chiarire la natura della scelta in questione. Le critiche o i dubbi sul valore morale dei mercati non implicano come plausibile, entro una teoria normativa della cittadinanza, l'alternativa di fare *del tutto a meno* delle transazioni di mercato. Il punto non è: mercato *sì o no*. "Guardare al problema in termini di 'tutto o niente', significa non cogliere il senso della critica; piuttosto dobbiamo considerare il problema di 'quanto', 'con quali vincoli', 'con quali integrazioni'." Infine, una teoria della cittadinanza deve prendere sul serio il fatto che, se si attribuisce – come è giusto fare nelle condizioni e circostanze appropriate – valore al mercato come strumento o mezzo, il suo valore morale deve derivare da qualcosa che sta al di fuori del mercato stesso. Come abbiamo visto nella discussione sui criteri di valutazione dei mercati nel primo capitolo, dobbiamo collocare il ruolo dei mercati in un contesto normativo più ampio. Le domande iniziali si specificano quindi nel modo seguente: "a quali cose, intrinsecamente di 'valore', il meccanismo o l'istituzione di mercato serve da strumento?"

Fin qui, Amartya Sen in un importante contributo alla discussione sul problema della valutazione morale del mercato.[1] Una teoria normativa della cittadinanza è, come ho detto, essenzialmente incompleta se non prende sul serio la questione dei criteri di accettabilità morale dei mercati. I criteri devono essere coerenti con la più ampia teoria di sfondo di valore politico e morale, modellata dall'idea (e dall'interpretazione filosofica favorita della stessa) di emancipazione per uomini e donne con la loro varietà e complessità motivazionale, cittadini non sudditi, né schiavi.

[1] Cfr. Sen, *Mercato e morale*, "Biblioteca della Libertà", 1986, 94: vedi gli interventi, in proposito, di F. Caffè, S. Ricossa e G.E. Rusconi. Cfr. anche Sen, *Etica ed economia*, Bari, Laterza 1988.

Vi sono almeno due punti dell'argomento di Sen che mi sembra utile siano tenuti presenti in qualsiasi discussione pubblica intelligente sulle virtù e i vizi dei mercati. Il primo è di ordine metodologico e consiste in uno sviluppo dell'argomento formulato nel primo capitolo di questo saggio. Il secondo è di carattere più sostanziale e è coerente con la tesi sull'arte della separazione e sulla disgiunzione dei domini, discussa nel capitolo precedente.

Come ha osservato Allen Buchanan,[2] vi è un'ampia famiglia di argomenti a favore o contro il mercato. Si tratta di argomenti economici e etici (è di questi ultimi che mi sono occupato nella formulazione della teoria a stadi sulla nozione di cittadinanza). È opportuno non confondere fra loro argomenti economici e argomenti etici. Ciò, tuttavia, accade spesso. Ma non è così difficile fare un po' di ordine e pulizia concettuale nel nostro linguaggio, in questo caso. Come abbiamo visto, la cosa sembra più complicata quando si tratta, entro l'ambito degli argomenti etici, di chiarire nettamente la distinzione, su cui opportunamente insiste Sen, fra argomenti per la valutazione del mercato basati sulle *conseguenze* che esso implica per i nostri prospetti di vita (argomenti in senso lato consequenzialisti) o sui valori che si ritiene esso consenta di perseguire e argomenti per la valutazione del mercato basati su *antecedenti* (argomenti, grosso modo, deontologici e in qualche senso "assolutistici" o incondizionati).

Nel primo caso, possiamo discutere sensatamente su quale sia il migliore criterio, o il migliore insieme di criteri per la valutazione delle conseguenze di ciò che l'esservi mercato implica o comporta per le nostre vite. Nel secondo, la difesa del mercato è, per dir così, assolutistica (mentre nel primo, se di difesa si tratta, essa è comunque derivata e condizionata). Il mercato, in questa seconda prospettiva, non vale per ciò che *fa* o per ciò che *accade nel mondo per il fatto che c'è. Esso vale semplicemente perché c'è.* Nel senso che il mercato è ritenuto l'unico meccanismo, o l'unica tecnologia sociale compatibile con l'esservi, per esempio, diritti morali inviolabili alla Nozick, ascritti a individui. (L'argomento di Nozick non ha in ogni caso, come è facile vedere, la forza e l'ampiezza della più ampia teoria economica, poli-

[2] Cfr. *Ethics, Efficiency, and the Market*, Totowa, Rowman and Littlefield 1985.

tica e sociale di Friedrich von Hayek.) Spesso, i difensori *forti* del mercato impiegano entrambi gli approcci senza badare alla loro sostanziale differenza, soprattutto quando devono fronteggiare le obiezioni di chi, come Sen, sostiene che il mercato merita un elogio *debole*, nulla di più e nulla di meno (un elogio debole è, nella mia prospettiva, semplicemente un elogio *condizionato*).

Il punto è, almeno nella prospettiva di una filosofia politica della cittadinanza, molto importante. Io non trovo soddisfacente e plausibile una difesa morale del mercato nei termini di una priorità *assoluta* dei diritti di proprietà, così come essi sono intesi nelle teorie libertarie. Peraltro, l'assolutismo dei diritti non è una posizione molto agevole da sostenere e, com'è noto, ha ricevuto forti obiezioni. Se preso sul serio, l'assolutismo dei diritti ci richiede di adottare un criterio di valutazione sensibile solo alle azioni (e non alle conseguenze delle stesse nel mondo) e di impiegare, nel ragionamento pratico, solo ragioni relative all'agente (evitando il ricorso a ragioni neutrali). L'idea di una simile restrizione dell'informazione moralmente pertinente per la valutazione di istituzioni eminentemente sociali (nel senso di istituzioni fondamentali della società) sembra francamente troppo idiosincratica: tra gli altri, Herbert A.L. Hart e Thomas Nagel hanno mostrato che essa non è in grado di dire alcunché su casi di conflitto fra diritti e che i diritti delle teorie libertarie sono singolarmente privi di qualsiasi fondamento.

Se accettiamo, invece, un approccio valutativo in qualche modo sensibile alle conseguenze e a ciò che nel mondo accade per il fatto che vi è un meccanismo di mercato o una tecnologia sociale-mercato, allora non siamo tenuti necessariamente a impiegare solo informazione di tipo welfaristico riguardante le conseguenze. (Chi resta convinto della posizione assolutistica non ha certo questo tipo di problemi; ma allora deve rinunciare a elogi del mercato del tipo: esso genera più benessere, è più efficiente ecc.) L'idea di Sen, che condivido – anche se non mi sembra così agevole conferirle una sufficiente specificazione – è che dobbiamo adottare una informazione più complessa di quella meramente welfaristica per valutare conseguenze o stati del mondo sociale dovuti all'esservi una tecnologia sociale come il mercato. Ciò consente, peraltro, di "prendere sul serio" l'argomento dei diritti, anche se non in modo assolutistico o incondizionato.

Osservo che questo è il caso delle teorie della giustizia distributiva non esclusivamente orientate all'utilità e tuttavia non per questo necessariamente anticonsequenzialiste: che è poi il punto centrale per generare e discutere criteri di valutazione delle distribuzioni iniziali delle dotazioni, delle risorse, dei titoli o dei diritti cui inevitabilmente rinvia il teorema inverso dell'economia del benessere, una volta riconosciuta l'inadeguatezza essenziale come plausibile criterio morale (il che sembra a me ovvio) del teorema diretto dell'ottimo paretiano.[3]

Per concludere intorno al primo punto di ordine metodologico: l'adozione della tecnologia sociale-mercato nei termini assolutistici o incondizionati dei diritti delle teorie libertarie è tanto audace e cogente, se presa a sé, quanto arbitraria e controversa nei suoi fondamenti (un piccolo colosso con grandi piedi di argilla), nella prospettiva di una teoria della cittadinanza. D'altro canto, una valutazione della tecnologia sociale-mercato in termini consequenzialisti non implica necessariamente che ci si impegni a una informazione meramente welfaristica intorno agli stati del mondo sociale: il che apre il campo, dal punto di vista della filosofia della cittadinanza, all'elaborazione di concezioni della giustizia sociale che adottino un'informazione "plurale" che prevede che contino tanto il benessere quanto i diritti, le capacità di base o fondamentali, le libertà (e non solo la libertà negativa) dei cittadini e delle cittadine.

Ciò, infine, rende attraente – anche se piuttosto difficile – il programma delle teorie della giustizia sociale o, più semplicemente, la discussione razionale di questioni di giustizia, entro la più ampia teoria normativa di sfondo che coincide con il progetto inadempiuto della democrazia. Quest'ultima ha naturalmente senso solo se si rinuncia alla difesa assolutistica dei diritti e, congiuntamente, si riconosce il *deficit* morale proprio dei teoremi centrali dell'economia del benessere.

Ora, se si accetta che i) il mercato è *una* tecnologia sociale, molto importante e preferibile a altre, per certi scopi, ii) che esso può essere moralmente valutato nei termini delle sue conseguenze sugli stati del mondo sociale e iii) che i cri-

[3] Il teorema diretto asserisce che ogni equilibrio competitivo è un ottimo paretiano. Il teorema inverso asserisce che ogni ottimo paretiano è un equilibrio competitivo. Cfr., in proposito, Sen, *On Economic Inequality*, cit.

teri di valutazione non meramente welfaristici dipendono da (e danno luogo a) una discussione su principi di giustizia sociale per cittadini e cittadine, si profila il secondo punto di ordine sostanziale su cui mi interessa richiamare l'attenzione per gli scopi del mio argomento su cittadinanza e mercati.

Esso ha a che vedere con la *incompletezza* essenziale della specificazione del meccanismo di mercato, se si ha la pretesa che essa coincida con la specificazione di un "assetto sociale". Come ho sostenuto, *il mercato non galleggia nel vuoto pneumatico*. Questo lo sapeva perfettamente Adam Smith, come ci ha ricordato, fra gli altri, Fred Hirsch in un libro giustamente celebre sui limiti sociali allo sviluppo.[4]

Vi deve essere una qualche differenza fra assetti del tipo "mercato-Mussolini", "mercato-Andreotti", "mercato-Mitterrand", "mercato-Thatcher" (e "mercato-Deng"?), "mercato-ecc.". Qualche differenza che, nel nostro caso, faccia differenza ai fini della specificazione di un criterio di valutazione morale della tecnologia sociale-mercato (in un contesto *connesso* di *altre* tecnologie e istituzioni). Gli argomenti a favore o contro il mercato non solo non sono del tipo "tutto o niente" (per nostra fortuna), ma non sono neppure del tipo "mercato, *punto e basta*". Essi sembrano essere piuttosto del tipo: "mercato-e...".

Alla fin fine, sono convinto che il fatto stesso che quello della valutazione morale del mercato sia un problema che prendiamo molto sul serio e su cui possiamo avere argomenti significativamente divergenti, dipenda essenzialmente dal fatto che lo riconosciamo come *una* delle istituzioni fondamentali più importanti di un *assetto di istituzioni* (politiche, sociali ecc.) che *non* coincide con *esso*. Se abbiamo i problemi che abbiamo e ci poniamo le questioni che ci poniamo, ciò sembra a me derivare dal fatto che la tensione fra democrazia e mercato, fra l'inferenza dagli eguali diritti di cittadinanza e gli esiti di efficienza delle allocazioni di mercato è lo sfondo filosofico, politico e morale pertinente. Se no, se tutto è acqua, perché passarci l'asciugamano?

Consideriamo ora, in modo più empirico e sommario, alcuni aspetti salienti del rapporto fra teoria della cittadinanza e l'istituzione mercato: più precisamente, come è natura-

[4] Cfr. F. Hirsch, *I limiti "sociali" allo sviluppo*, Milano, Bompiani 1981; per la connessione fra gli argomenti di Hirsch e la teoria della giustizia sociale, cfr. *Questioni di giustizia*, cit., cap. I e III.

le se si accetta l'idea di una pluralità di istituzioni politiche, sociali e economiche, alcuni aspetti salienti del rapporto fra democrazie e imprese come organizzazioni che operano su mercati. Il rapporto fra democrazia e mercato, come si usa dire, è complicato. In una prospettiva emancipatrice, che detta i principi della riforma sociale, la qualità di una democrazia si può saggiare e migliorare i) *entro* determinate sfere dell'azione individuale e collettiva (politica, economica, sociale, culturale ecc.) e ii) esaminando e valutando i rapporti *fra* le differenti sfere dell'azione organizzata. I due punti non sono naturalmente indipendenti (né, ovviamente, sono gli unici rilevanti), ma può essere utile tenerli distinti nell'analisi e nella identificazione dei problemi pertinenti e nell'abbozzo di *agenda* e di soluzioni normative.

Il primo punto ha a che vedere con quella che Norberto Bobbio ha chiamato qualche anno fa una delle promesse inadempiute della democrazia: il suo spazio e il suo "dove", entro una società.[5] Qui si configurano alcune fra le difficili questioni della democrazia economica. Esse vedono in primo luogo il riconoscimento, l'arricchimento e la tutela dei diritti dei cittadini lavoratori entro l'impresa. Il riconoscimento stesso della legittimità sociale dell'impresa e dei suoi *fini* in termini di massimizzazione del profitto dipende dai *mezzi* e dai vincoli con cui l'impresa persegue i suoi scopi. Il vincolo cruciale *interno* è quello del rispetto dei diritti dei lavoratori. Il diritto di associazione e di coalizione per sostenere, promuovere e tutelare i propri interessi entro l'impresa è l'applicazione di una libertà irrinunciabile che fa semplicemente parte del catalogo delle libertà di cittadinanza.

[5] Cfr. Bobbio, *Il futuro della democrazia*, cit.: la questione del "dove" della democrazia investe soprattutto i due grandi tipi di organizzazione collettiva dell'impresa e della burocrazia (cfr. Arrow, *I limiti dell'organizzazione*, Milano, il Saggiatore 1986). L'accezione di "democrazia economica" è in questo contesto limitata alle questioni della tutela dei *diritti*, interni e esterni, dei cittadini rispetto all'operare dell'impresa, piuttosto che ai problemi delle forme di controllo o di proprietà, cui ho accennato nella nota 21 del cap. III. La giustificazione del profitto è tuttavia connessa in modo saliente al rispetto dei diritti dei cittadini: attiene ai mezzi e ai vincoli collaterali alle massimizzazioni, la soddisfazione dei quali giustifica moralmente (e socialmente) l'impresa. Sul problema dell'autonomia relativa *tra* le sfere e, in primo luogo, fra politica e economia, cfr. Forte, *Il controllo del potere economico*, Milano, SugarCo 1989.

Prendere sul serio i diritti dei cittadini lavoratori (non sudditi, né schiavi) è una condizione prioritaria e preliminare per affrontare, in modo innovativo, la grande sfida della democrazia economica. E se questo è vero e sotto gli occhi di tutti nell'ambito delle grandi imprese, un capitolo altrettanto importante e delicato è quello che tocca il variegato mondo delle piccole e medie imprese, in cui spesso la questione dei diritti dei lavoratori presi sul serio sembra essere ancora una conquista da raggiungere, piuttosto che un risultato da tutelare, difendere e estendere. Ciò è tanto più importante quanto più netta è la percezione della trasformazione tendenziale del "lavoro" in una "infinita varietà di attività".[6] Infine, una sfida nuova e importante, destinata a crescere in intensità, è costituita dall'aumento di lavoratori immigrati extracomunitari.

Credo che la questione dei diritti sia solo la prima di una serie di questioni su cui riflettere, discutere e lavorare nella direzione di un coerente disegno di democrazia economica. La democrazia economica può essere intesa come un'estensione e uno sviluppo dell'idea base di cittadinanza sociale.

Il secondo punto tocca direttamente la questione del pluralismo e dell'arte della separazione. Il pluralismo, insieme all'ideale degli eguali diritti di cittadinanza, è un ingrediente normativo e essenziale di una prospettiva democratica, comunque la si specifichi (esso fa parte della sequenza degli stadi per l'argomento sulla cittadinanza). Il pluralismo concerne in questo caso i rapporti fra il sistema delle imprese, in cui si esercita legittimamente potere economico, e gli altri sistemi o sfere dell'azione organizzata, in cui si esercitano altri poteri (da quello politico a quello culturale o, come si sarebbe detto classicamente, "ideologico"). Abbiamo assistito in questi anni a un'ampia e pervasiva estensione del potere di grandi imprese in ambiti e sfere diverse dell'azione sociale. Un'estensione che ha effetti essenzialmente "pubblici" nel senso che tocca, aumenta o restringe diritti e benessere, opportunità di vita e autonomia di scelta di cittadi-

[6] Cfr., per una ricognizione informata e penetrante di questa trasformazione, F. Colombo, *Carriera: vale una vita?*, Milano, Rizzoli 1989. Sui luoghi classici del lavoro dipendente nelle società industriali mature e le loro trasformazioni, dal punto di vista interno e soggettivo, cfr. G. Lerner, *Operai*, Milano, Feltrinelli 1987; M. Revelli, *Lavorare in Fiat*, Milano, Garzanti 1989.

ni e cittadine. Questa estensione comporta una influente redistribuzione del potere che circola nella società e, d'altro canto, nella teoria normativa della cittadinanza, richiede che in primo luogo siano soddisfatti i requisiti specificati dai vincoli *esterni*, che toccano i diritti dei consumatori e dei "terzi" (egualmente cittadini e non sudditi).

Ora, una democrazia si basa tanto sulla tutela e l'arricchimento degli eguali diritti di cittadinanza quanto sulla reciprocità e sul mutuo controllo di organizzazioni relativamente indipendenti. Uno degli effetti fondamentali della mappa pluralistica è – tra l'altro – la tutela efficace dei diritti non minacciati da un uso "improprio" di un potere esercitato fuori dalla sua legittima sfera sociale. I grandi potentati economici, i governi privati tendono inevitabilmente a alterare l'equilibrio difficile e prezioso di un pluralismo reale. Il punto importante è che essi tendono inevitabilmente a ridurre la competizione a favore della collusione su mercati sempre più oligopolistici sul versante interno delle economie nazionali.

L'arte della separazione è richiesta, entro il quadro di una teoria della cittadinanza, dall'impegno alla conversione di sudditi in cittadini. In questo caso, è giusto che il riformatore definisca come *agenda* della *leadership* democratica la generazione di regole per tutelare i mercati. Se accettiamo l'elogio condizionato e consequenzialista della tecnologia-mercato, non possiamo accettare che i) esso assuma i caratteri virtualmente monopolistici sul versante interno e ii) che i potenti nel mercato violino i confini giusti fra le differenti sfere o domini dell'azione sociale. Nel primo caso, una teoria della cittadinanza prescrive che il monopolio o la collusione oligopolistica sono incoerenti con le virtù della competizione e dell'efficienza per gli effetti che esse hanno in termini di risorse e benessere per cittadini e cittadine. Nel secondo caso, come suggerisce l'argomento dell'eguaglianza complessa nelle sfere di giustizia, l'uso *improprio* delle risorse e la loro conversione su tutte le sfere o i domini genera l'esperienza della tirannia e dell'oppressione, convertendo cittadini in sudditi.

La teoria della cittadinanza del terzo Ottantanove non è contro il mercato. Essa si basa su un insieme di argomenti in suo favore. Tuttavia, la teoria richiede i) l'indice degli scambi bloccati (*diritti* dei cittadini-lavoratori, consumatori, terzi); ii) la competizione e non la collusione; iii) l'indice delle conversioni bloccate di risorse legittimamente acquisite e generate dal "buon mercato" (la soglia è in questo caso definita dal tasso di conversione, superato il quale si violano e si attraversano tirannicamente i confini o le linee "giuste" tracciate nella mappa del pluralismo; si pensi alle questioni che toccano l'eguale diritto dei cittadini all'accesso a un'informazione pluralistica, in società in cui la produzione e il consumo di informazione hanno una particolare salienza).

In una prospettiva cosmopolitica si può avanzare la congettura che, in un mondo sempre più caratterizzato dall'interdipendenza e dall'integrazione, la competizione sia transnazionale (e questo può peraltro generare una buona ragione prudenziale – sul piano dei provvedimenti – per incentivare le imprese a perseguire lealmente la virtù dell'efficienza sui mercati non domestici, vincolandole al *rispetto* delle regole della leale competizione sui mercati domestici). A sua volta, ciò sembra richiedere, come ho suggerito nel terzo capitolo, la globalizzazione della giustizia distributiva. E questo, a sua volta, esige una politica transnazionale per un'economia transnazionale (il che non è affatto in contrasto con l'idea del "rientro" e della restrizione dell'agenda politica o pubblica nazionale). Sembra di poter dire che la sfida per una prospettiva emancipatoria non sarà più, né dovrà essere più: *mercato sì o no*; quanto piuttosto: *mercato dove, quanto, come?* Rispondere a questa sfida è molto più difficile e tanto ineludibile quanto complicato per la filosofia politica e morale.

La cittadinanza cosmopolitica è la ardua e impervia risposta all'ubiquità dei mercati, cui la teoria dedica un elogio condizionato. Nulla di più, per dirla con Sen, ma *neppure* nulla di meno.

VII. Etica e pubblica amministrazione

Nelle principali tradizioni della filosofia politica della cittadinanza, il rapporto fra etica e pubblica amministrazione si può presentare più o meno nel modo seguente. Se pensiamo alla pubblica amministrazione come a un insieme o un sistema di istituzioni, agenzie, ruoli, organizzazioni che hanno come scopo la soddisfazione di una famiglia particolare di bisogni, interessi, preferenze di cittadini, nasce qualcosa come un genuino problema di *valutazione*. Possiamo impegnarci a valutare gli effetti che un determinato assetto delle agenzie pubbliche ha sulle *vite* dei cittadini, sul loro *benessere*, sulle loro *opportunità* da un punto di vista propriamente *etico*.[1] Nel quadro della teoria normativa abbozzata in questo saggio, la questione delle virtù della pubblica amministrazione è particolarmente saliente se teniamo conto dell'idea della *contrazione* o riduzione dell'arena propriamente *politica* di allocazione di costi e benefici.

Ora, per impegnarci nella valutazione, sembra plausibile assumere un punto di vista imparziale e impersonale e, in qualche senso, generale, alla luce del quale esprimere una preferenza (morale) per un certo assetto, piuttosto che per un altro. Ma assumere un simile punto di vista vuol dire semplicemente guardare agli effetti del funzionamento delle agenzie pubbliche mettendosi nei panni del cittadino, inteso come "chiunque".

È come se dovessimo fare un semplice esperimento mentale: mettiamo da parte i nostri, personali, interessi o prefe-

[1] Cfr. L. Sacconi, *Etica applicata: il caso della pubblica amministrazione*, "Politeia", 1989, 15.

renze, che sono connessi al fatto che abbiamo una certa identità, un nome e cognome, un certo reddito, una certa quota di opportunità ecc.; per definire criteri di approvazione (o disapprovazione) morale, nella prospettiva di un'etica pubblica, impegniamoci a valutare le istituzioni fondamentali della pubblica amministrazione *come se* fossimo "chiunque". Un ospedale, un tribunale o un provveditorato, un comune, una scuola pubblica dell'obbligo (una scuola di cittadinanza) ecc. sono agenzie che devono poter essere valutate, assumendo il punto di vista degli interessi dell'*eguale* cittadinanza sociale. Tutte queste agenzie toccano, infatti, nel loro funzionamento, aspetti rilevanti della nostra sorte o dei nostri prospetti di vita in quanto "cittadini", i nostri diritti e il nostro benessere. L'etica pubblica si basa sull'idea dell'*eguale* cittadino *valutante*. Questo, almeno, entro la tradizione di società democratiche e pluralistiche. Come abbiamo visto, è noto agli storici, ai giuristi e agli scienziati sociali e politici (oltre che ai concittadini, naturalmente) come una delle caratteristiche più significative delle trasformazioni delle società democratiche sia identificabile nella estensione dell'arena di allocazione di vantaggi (e svantaggi) *via* autorità, rispetto ai ristretti confini dell'intervento meramente *protettivo* della *silhouette* dello stato liberale.

Le intense discussioni, teoriche e politiche, sulla mappa e sul ridisegno dello *stato sociale* (la nostra questione: "oltre lo stato sociale") hanno origine esattamente in questa estensione e nell'intreccio, nella delineazione mobile dei confini fra pubblico e privato, fra quanto è *giusto* sia affidato all'allocazione pubblica e quanto è *giusto* sia affidato alle transazioni di mercato. Naturalmente, la discussione teorica riguarda i criteri, fra loro alternativi, di giustizia distributiva per istituzioni pubbliche. Vi sono diversi modi di intendere quei requisiti di imparzialità, generalità o anonimia (il punto di vista di "chiunque") cui ho accennato.

Resta in ogni caso il fatto che, dal lato dell'eguale cittadino valutante, il rapporto fra etica e pubblica amministrazione assume una prima forma definita se si è disposti a prendere sul serio l'idea di giustificare (o meno) un determinato disegno delle agenzie pubbliche con buone *ragioni* o argomenti. Le "buone" ragioni sono quelle che soddisfano i requisiti di una qualche interpretazione dell'imparzialità o della impersonalità. Esse dipendono dall'adottare il punto di vista di "chiunque", nel ragionamento pubblico sul disegno delle istituzioni o sulle regole, sulle pratiche, sulla divisione dei ruoli, sui modi di organizzazione di agenzie aventi come scopo la soddisfazione di bisogni di cittadinanza e la tutela dei suoi eguali diritti.

L'espressione "bisogni di cittadinanza" non è sfortunatamente così univoca come può sembrare a prima vista; essa costituisce anzi, come abbiamo visto, uno dei problemi centrali per una teoria normativa della cittadinanza. Con quale criterio siamo in grado di identificare, fra le preferenze (e le pretese) di cittadini, quelle preferenze o quelle pretese che hanno *diritto* a soddisfazione a base pubblica? È facile vedere, d'altra parte, che una riforma della pubblica amministrazione dovrebbe essere guidata o modellata normativamente da un qualche criterio – intersoggettivamente riconoscibile e indipendente dai poteri relativi di minaccia o di pressione – di *urgenza* o priorità nella costruzione di un indice dei bisogni o delle preferenze *fondamentali* dei cittadini. Il filosofo morale Erminio Juvalta parlava in proposito, negli anni Venti, alle origini di quel complicato processo di trasformazione dello stato e della società di cui siamo eredi, di un indice di beni, intesi come condizioni *preliminari* per la cooperazione sociale di cittadini, considerati come membri di pari grado e dignità dell'impresa collettiva: società.

L'utilitarismo, una delle più autorevoli e consolidate filosofie pubbliche contemporanee, adotta un criterio sensibile in qualche senso alla intensità delle preferenze della gente. Il contrattualismo (una prospettiva alternativa nel paniere pluralistico dei nostri criteri etici per la valutazione della politica) propone una classificazione in qualche senso più oggettiva, riferendosi a preferenze per beni sociali principali, intesi come mezzi per molti scopi: quei beni che voi e io preferiamo, quali che siano i nostri differenti piani di vita, perché li riteniamo mezzi per perseguire la varietà dei nostri scopi (l'idea di opportunità fondamentali). La teoria libertaria dei diritti, nella sua formulazione più nota e radicale proposta da Robert Nozick, ha contestato che questioni di giustizia distributiva abbiano un senso moralmente legittimo se prendiamo sul serio i nostri diritti morali individuali. (L'idea è che le agenzie pubbliche dovrebbero essere ridotte al minimo; e il "massimo" dovrebbe andare alle transazioni volontarie di privati sul mercato.) Per contrasto, la teoria dei diritti avanzata da Ronald Dworkin e la teoria dialogica della giustizia sociale di Bruce Ackerman (molto vicina agli esiti dell'etica del discorso di Jürgen Habermas) sostengono che vanno sottratte al mercato le basi sociali, le opportunità eguali di cittadini, ciascuno dei quali deve poter valere almeno tanto quanto ciascun altro (e, da noi, presumibilmente dovremmo tenere più presente, sin dalle ore di educazione civica – o di morale [razionale?] – l'art. 3 della Costituzione). Amartya Sen ha proposto di prendere sul serio, per l'identificazione dei bisogni, l'informazione morale plurale su qualcosa come le *capacità* fondamentali delle persone, la loro maggiore o minore possibilità effettiva di controllare la loro vita e il perseguimento dei loro scopi principali: il tasso di conversione dei beni in capacità (emancipazione e *autonomia* delle persone).[2]

Il punto di vista dell'eguale cittadino valutante ha come scopo pertinente quello di giustificare (o meno) regole *costitutive* per agenzie pubbliche. Si può sostenere, come ho detto, che le ragioni addotte per le giustificazioni sono ragioni "neutrali", nel senso che esse valgono o dovrebbero valere per chiunque. Ma un aspetto molto importante che non può sfuggire a un approccio etico alla pubblica amministrazione, nella prospettiva della teoria normativa della cittadinanza, è quello proprio delle regole *regolative* o tecniche che modellano e caratterizzano le condotte, i modi in cui le agenzie pubbliche perseguono il loro scopo fondamentale: la soddisfazione di bisogni di cittadinanza. Si tratta di un campo delicato e cruciale che attiene alla deontologia dei diversi settori o dipartimenti della pubblica amministrazione. E qui le ragioni non sono del tipo neutrale, come quando si tratta di valutare l'equità o la giustizia del disegno costitutivo delle istituzioni, quanto piuttosto ragioni relative agli agenti, agli attori che ricoprono differenti cariche, compiti e uffici *entro* le istituzioni stesse. (Si precisa qui quello che si potrebbe identificare come il problema di un'*etica del lavoro* o *del servizio pubblico*.)

Vorrei suggerire che, per quanto possa sembrare a prima vista paradossale, qui la virtù per eccellenza delle agenzie pubbliche è l'*efficienza*, e non la giustizia. Quest'ultima è la virtù delle *costituzioni*. La prima è la virtù del funzionamento postcostituzionale delle agenzie pubbliche. In genere, si usa contrapporre efficienza a equità. Analogamente, si usa contrapporre una razionalità strumentale a una razio-

[2] Cfr. *Etica e politica*, cit., cap. V.

nalità "valutante". Ma questo ha senso e è pertinente se e quando il nostro problema è quello di definire le regole costitutive di un sistema o di una famiglia connessa di istituzioni, ruoli e pratiche pubbliche. Quando tuttavia ci poniamo il problema della valutazione dei mezzi, dei metodi, delle tecnologie, dei modi e delle condotte con cui organizzazioni e agenzie pubbliche perseguono i loro scopi, allora il loro essere efficienti o meno è strettamente connesso alla loro approvabilità morale o meno. Non solo istituzioni inique possono essere efficienti; si dà anche il caso malaugurato in cui istituzioni eque possono essere inefficienti. E ciò genera, a sua volta, effetti *iniqui* sulla sorte di vita di cittadini, convertendoli in sudditi. È quindi plausibile che il rapporto fra etica e pubblica amministrazione non si esaurisca nell'ambito delle ragioni neutrali e delle preferenze impersonali di chiunque, ma investa il campo delle motivazioni e delle ragioni relative agli agenti, impegnati nei ruoli del lavoro o del servizio pubblico.

Vi è naturalmente una circolarità (che si spera essere virtuosa) in questo modo di argomentare. Uomini e donne, *leali e motivate,* che hanno ragioni per agire correttamente, identificate nel ruolo e nell'insieme di regole che modellano i loro compiti e i loro uffici, produrranno un esito più efficiente nel perseguimento della soddisfazione di bisogni di uomini e donne (concittadini) che, a loro volta, riconosceranno l'efficacia nell'offerta di beni e servizi pubblici, sostenendo pubblicamente il senso condiviso della virtù dell'efficienza per istituzioni giuste.

Un buon autobus e un buon ufficio postale, una buona scuola, un buon ospedale sembrano a me importanti per la teoria e la pratica di una democrazia, almeno tanto quanto i miei argomenti di filosofia politica. Può darsi che si tratti di un'utopia di valore morale e politico. A me sembra, però, più semplicemente, la *prospettiva* pertinente da cui guardare alle nostre ordinarie questioni di vita di cittadini (non sudditi, non schiavi) e alla cruciale rilevanza etica dei dilemmi (in termini tanto di equità quanto di efficienza) delle agenzie pubbliche.

VIII. Due modelli di azione politica fra presente e futuro

Come ogni ambito dell'azione umana, anche quello della politica ha comunque a che vedere con il *futuro*.[1] Come ha scritto Uberto Scarpelli, "un impegno politico è la proiezione in un futuro da realizzare di una società corrispondente ai propri principi morali".[2] La dimensione temporale, il nesso fra passato, presente e futuro, costituiscono aspetti centrali per definire modelli di politica. Ciò vale sia per la politica intesa come insieme dei mezzi per la conservazione dell'ordine *dato* di una società, sia per la politica intesa come agente del cambiamento e generatrice di un *nuovo* ordine sociale. In entrambi i casi l'azione politica, il *discorso* politico o il *provvedimento* politico hanno di mira lo stato futuro del mondo, per conservarlo inalterato rispetto al presente in un caso, per mutarlo più o meno drasticamente nell'altro.

La cosa è particolarmente chiara se pensiamo all'ambito del *discorso politico*, inteso come attività avente come scopo la generazione o il mantenimento o il sostegno di una qualche identità collettiva (riprendo una formulazione suggerita da Alessandro Pizzorno). Spesso, il discorso politico coincide con il messaggio ideologico e quest'ultimo consiste nella definizione sfumata dei tratti di lungo periodo e dei fini di lungo andare, rispetto al presente: nella identificazione di un futuro, tenuto accuratamente distante e diverso dal pre-

[1] L'idea di due modelli di politica è in buona parte debitrice nei confronti della complessa ricerca, in teoria sociale, di Alessandro Pizzorno sulla logica dell'identità.

[2] Scarpelli, *L'etica senza verità*, cit., p. 168; cfr., più in generale, l'intero capitolo VII (*Dovere morale, obbligo giuridico, impegno politico*), pp. 165-175.

sente e preservato rispetto alla logica del provvedimento politico. Politica è in questo caso una attività mirante a sanzionare qualcosa come uno *scarto* permanente fra presente e futuro, fra definizione di interessi e identità di breve e interessi e identità di lungo periodo. Inoltre, la politica è definita in modo da essere indenne o intatta, rispetto alle contingenze del presente.

Si delinea in questo modo qualcosa come un modello propriamente "ideologico" dell'azione politica che ha con il tempo un rapporto singolare: politici risultano il mantenimento e la salvaguardia di uno iato permanente e in qualche modo incolmabile fra presente e futuro. Quest'ultimo è identificato con uno stato del mondo sociale che funge da meta o sistema di obiettivi di lungo periodo, sistematicamente sottratto alla presa del presente. L'obiettivo è tanto più politico quanto più è distante e irriducibile, rispetto al presente. Le politiche di salvezza o le politiche assolute rientrano in questa tipologia. Esse sottraggono quanto è politico al ritmo del quotidiano e del presente e lo fissano in un orizzonte dai contorni indeterminati e incerti e, in ogni caso, distinti e irriducibili alla dimensione del presente.

Ciò che conferisce carattere politico al discorso o al provvedimento è proprio il fatto di tenere a distanza il futuro, un futuro rispetto al presente, un insieme di obiettivi e di fini rispetto agli stadi via via raggiunti dall'azione collettiva. Questo implica anche un particolare modo di guardare al presente: esso è valutato, per così dire, dal punto di vista di un "non ancora", di uno stato futuro del sistema che, mai raggiunto, conferisce comunque valore di mezzo o di fase o di "tappa" allo stadio raggiunto, al presente, e su questa base e con questa unità di conto temporale definisce il calcolo costi/benefici della razionalità politica. Si può dire che, nella sua forma pura, questo modello della politica come futuro, fondata sullo scarto, si incarna nella logica della *politica ideologica*.

Essa si basa sull'elaborazione, spesso sofisticata e sottile, di un futuro, di uno stato futuro del mondo tenuto, come ho detto, rigidamente distinto rispetto al presente e utilizzato sia come base di valutazione della maggiore o minore prossimità del presente, sia come base di calcolo razionale mezzi/fini. Del resto, la nozione stessa di "identità collettiva" è ritrovabile qui, quasi allo stato puro: base per l'identità è una collettività, stabile nel tempo, di riconoscitori o un circolo di riconoscimento stabile. Quest'ultimo è definito precisamente dalla sua reidentificabilità nella durata, dalla sua stabilità nella durata. Identificare è sostanzialmente reidentificare. La comunità simbolica dei riconoscitori è quella del "noi" futuro, sottratto alla incertezza e alla sfida del presente e fissato, come congelato in una dimensione temporale alternativa.

Si osservi che questo tipo di politica del tempo implica un insieme determinato di ragioni per l'agire politico nelle sue diverse forme: ragioni per i leader politici, per i professionisti del discorso politico e del provvedimento politico, per i militanti dell'organizzazione politica, per gli aderenti e i votanti. Queste ragioni, che rendono conto della logica dell'azione, dalla direzione alla partecipazione politica, sono catturabili a partire dal modo in cui è concettualizzato il nesso fra presente e futuro o, più complessivamente, fra passato, presente e futuro. Nel loro complesso, inoltre, queste ragioni si saldano nella razionalità della politica ideologica o della politica di salvezza e ci danno le condizioni, il senso e il significato dell'agire in politica o dell'agire politicamente qualificato e orientato.

È implicita l'idea che si tratti di una razionalità, per dir così, sinottica, capace di abbracciare sistematicamente il rapporto fra il presente come stadio o fase o tappa e il futuro come meta o obiettivo, fra breve e lungo periodo. Non vi è dubbio che in questo modello il presente risulti nettamente sottostimato rispetto al futuro: inoltre, la politica è definita completamente, nella sua natura propria, dai confini della "città futura".

Un'immagine alternativa può essere suggerita dalla riflessione non sulla politica come discorso (e, in particolare, sul modello della politica ideologica) ma sulla politica come provvedimento. Passiamo così dalla politica ideologica alla *politica pragmatica*, per usare una contrapposizione schematica che è affine alla distinzione che ho avanzato altrove fra modelli della politica come identità e della politica come interesse (e che suggerisco solo per ragioni di comodo, per dir così, espositive).[3]

Nel caso della politica pragmatica, la razionalità "limitata" consente una valutazione più "da vicino", e più inter-

[3] Cfr. *Una filosofia pubblica*, cit., cap. II. Per quanto concerne l'opposizione fra razionalità sinottica e razionalità limitata, cfr. *La società giusta e altri saggi*, cit., cap. I.

na, della dinamica del presente per ottenere ragioni per l'azione politica. La politica non ha in questo caso bisogno di una padronanza di un futuro lontano e di lungo termine per definire se stessa, rispetto al presente; né lo deve valutare alla luce di un qualche insieme di fini di lungo andare. Mentre la politica ideologica è tenacemente impegnata a mantenere aperto lo scarto fra presente e futuro, la politica pragmatica trova le sue ragioni per agire nella logica del presente. Si può dire che il suo orizzonte di futuro o di possibilità è definito dall'insieme di vincoli e di opportunità in cui si configura il presente, più che dall'insieme di obiettivi e mete consegnate al futuro.

La politica pragmatica prende molto sul serio il presente; così come la politica ideologica prende molto sul serio il futuro. Le ragioni per agire e gli scopi dell'azione non sono generati da una interpretazione "autentica" delle mete ultime della società, quanto piuttosto rinvenuti nella dinamica stessa del presente. La categoria fondamentale della politica pragmatica è quella della possibilità, laddove la necessità è centrale per la politica ideologica. Nella sua forma pura, la politica pragmatica non ha in senso proprio fini di lungo periodo né dispone di una concezione sinottica della città futura: essa deriva i propri schemi e criteri per l'azione e le ragioni per agire dalla dinamica intrinseca del presente. Un presente che, a sua volta, non è valutato sulla base della maggiore o minore distanza rispetto a un futuro dato, quanto piuttosto sulla base delle opportunità e dei vincoli che esso esprime di per sé, rispetto al passato.

Il campo dei vincoli è soprattutto ascritto al passato; quello delle opportunità immette direttamente nel futuro possibile e non necessario, nel futuro vicino. (Nella politica pragmatica, il futuro è vicino; e non lontano.) Ma ciò vuol dire che l'esito dell'azione della politica pragmatica può a sua volta fungere da passato per l'azione ulteriore e per il nuovo provvedimento politico. Manca, come ho detto, la possibilità di definire la distanza fra presente e futuro perché, a differenza che nel caso della politica ideologica, il futuro non è dato, indipendentemente dal presente. E il presente, a sua volta, non si può concettualizzare come una tappa, a sé presa, rispetto a un futuro dato e indipendente da essa. L'orizzonte del futuro è più contratto nel presente e, soprattutto, "quale futuro" e la risposta a "quale futuro?" dipendono dalle risposte a "quale" presente. Il futuro lo si fa, guardando indietro al presente. Non ci si approssima più o meno a esso, guardando in avanti alla meta. Lo si realizza, qui e ora, impegnandosi nel presente, tenuto conto dei suoi vincoli e lavorando sul campo di opzioni costituito dalle opportunità.

Ciò ridefinisce la logica dell'azione, le ragioni per agire e la base per il calcolo razionale mezzi/fini. Non entrano in campo cose come "mete ultime" o "fini di lungo periodo" a definire il calcolo mezzi/ fini proprio di una razionalità strumentale: tutto ciò che c'è è costituito da mete possibili o opportune, dato il presente con il suo passato. Contrariamente al caso della politica ideologica pura, la politica pragmatica pura non sovrastima il futuro, ma pondera accuratamente le ragioni del presente e le soppesa nella definizione della sua logica di azione. Ciò è particolarmente chiaro se pensiamo all'ambito proprio del provvedimento politico, inteso come attività avente come scopo la soddisfazione o la penalizzazione di interessi e non la generazione, il mantenimento, la difesa o la tutela di identità.

Ora, umanamente parlando, tutto quello che c'è nel nostro mondo politico e sociale sono individui, uomini e donne, con una vita da vivere, al presente. Per questo, si può pensare che il modello della politica pragmatica, che non sovrastima il futuro, sia più adeguato a esprimere il rispetto per esseri umani che hanno vite loro da vivere e dilemmi, scopi e interessi a esse connessi nel presente.[4] Non vi è dubbio che il modello della politica ideologica che sovrastima il futuro possa generare un insieme di risultati particolarmente inquietanti per i *contemporanei*, privilegiando gli interessi dei *posteri* che, alla fin fine, non ci sono (ancora). Inoltre, vi è qualcosa di imbarazzante nell'idea della politica ideologica per cui ciò che genera valore da realizzare e ragioni per agi-

[4] Una politica della riforma sociale è tenuta al rispetto delle preferenze, senza arrestarsi al tabù delle preferenze *date*. (Questo ha a che vedere con la lealtà alla forma di vita democratica e alle sue istituzioni e regole per la competizione fra interpretazioni alternative degli interessi di lungo periodo ben intesi.) La politica della riforma sociale deve quindi presentare alternative e programmi *credibili* che diano buone ragioni per scegliere a cittadine e cittadini, per come essi sono, con tutta la loro varietà motivazionale: forme di vita più convincenti. Cfr. in proposito, Dunn, *The Politics of Socialism*, Cambridge, Cambridge University Press 1984 e le mie osservazioni in proposito in *Socialismo e giustizia sociale*, "Transizione", 4, 85.

re è un mondo guardato da nessun punto di vista attuale e nell'idea associata per cui questo punto di vista da *nessun* luogo è intollerabilmente esigente con i *nostri*, attuali, punti di vista. Un eccesso di futuro non sembra una dieta particolarmente brillante per una politica rispettosa e vicina ai nostri interessi e alle nostre preferenze, nonché ai nostri diritti.

Tuttavia, c'è qualcosa di irrinunciabile – si può dire – nell'idea della politica ideologica che può essere mantenuto anche se si rinuncia agli impegni completi richiesti da questo modello di azione e discorso politico: qualcosa che può essere fecondamente *in tensione* con il modello della politica pragmatica che prende maledettamente sul serio il presente. Si tratta dell'idea, difficile e sfuggente ma non per questo meno importante – e comunque centrale nella prospettiva dell'emancipazione –, per cui in politica come in etica il nostro mondo sociale deve poter essere guardato in un'ottica non ottusa o miope e ristretta ai nostri, presenti, interessi: deve poter essere valutato alla luce di una interpretazione non ristretta di che cosa sia un interesse genuinamente umano. La maggior parte delle questioni più idiosincraticamente pragmatiche ha implicazioni importanti sui noi futuri, sulle generazioni future e sui nostri interessi di lungo periodo: non c'è bisogno di trasformarle nel quadro congelato e piuttosto dispotico di uno stato futuro del mondo sociale, di per sé desiderabile e intrinsecamente buono, per *prenderle sul serio*. Prendere sul serio un'interpretazione non ristretta e non inesorabilmente di breve termine degli interessi collettivi *può* dipendere dalla lealtà a un nucleo di valori a sé: nella nostra prospettiva, l'interpretazione non ristretta *deve* dipendere dalla virtù dell'integrità, nella vicenda ricorrente e mai conclusa, nel cantiere permanente di quanto usiamo chiamare "storia".

Gli interessi ben intesi, alla luce di principi, possono continuare a ispirare, in modo più sobrio, un'azione e un insieme di credenze politiche che, senza consegnarla alla recitazione ideologica, insistano nel prendere sul serio l'idea che solo e proprio i nostri mattoni nel *presente* sono, alla fin fine, i frammenti della nostra, umana, città *futura*.

IX. Prendere sul serio la storia

Una teoria normativa della cittadinanza non accetta la tesi centrale dello storicismo. Tuttavia, essa è basata sull'impegno a prendere sul serio la storia. La tesi centrale dello storicismo consiste più o meno nell'idea che i) quanto chiamiamo storia abbia un senso indipendentemente dai nostri tentativi ricorrenti di rintracciarlo in una essenziale varietà di modi; ii) che esista almeno un punto di vista o una versione o un accesso superiore a altri alternativi sotto tutti gli aspetti salienti, che ci consenta la scoperta del senso della storia; iii) che, adottando la prospettiva filosoficamente superiore alle altre, noi non riconosciamo più le differenze fra attività quali spiegare o descrivere e attività quali valutare e giustificare come differenze che abbiano una qualche salienza.

Questo, e nient'altro, equivale, per la tesi centrale dello storicismo, a prendere sul serio la storia: la storia delle azioni, delle scelte e degli eventi così come la storia delle descrizioni del mondo, delle sue versioni esplicative e prescrittive, dei nostri vocabolari di metafisica e di moralità; in parole povere, dei fatti e delle idee, nella sequenza delle generazioni.[1]

[1] Cfr., per la storia delle idee, E. Garin, *Sessanta anni dopo*, "Iride", 1989, 2. Contro l'idea della storiografia come svolgimento o come sequenza di "superamenti", Garin tratteggia l'idea di "un colloquio umano da ricostruire, fatto di domande e risposte, di lotte e sconfitte, di ritorni, di tentativi variamente intrecciati, consegnati ad abbozzi abbandonati e ripresi, corretti e integrati, ma anche lasciati cadere del tutto, per altri cominciamenti e altre vie", p. 79. Naturalmente, la tesi forte dello storicismo ha a che vedere con la sua versione sostanzialmente hegeliana (o con una sua inevitabile

La tesi centrale implica che la tensione fra il desiderio che le nostre versioni del mondo rintraccino il mondo e il desiderio che esse rintraccino un mondo *degno* di essere rintracciato sia una di quelle destinate a evaporare, se prendiamo sul serio la (filosofia della) storia. La tesi filosoficamente favorita della teoria normativa della cittadinanza nella prospettiva emancipatoria è inversa. La tensione fra le versioni di come il mondo è o è divenuto ciò che è e come è e le versioni di come il mondo potrebbe essere, se fosse un mondo migliore, più degno di essere vissuto per uomini e donne (non più sudditi, né schiavi), è una tensione essenziale e destinata a accompagnare il nostro ricorrente tentativo di rendere più decente un mondo strano e complicato in cui ci è accaduto, nel tempo e nello spazio, di avere una vita da vivere. Questo non è solo un fatto della vita: nella mia prospettiva filosofica, questo è un fatto che ha *valore*.

L'idea stessa di emancipazione assume una luce diversa se essa fa parte di una filosofia che non accetta la tesi centrale dello storicismo, accettando di prendere sul serio la storia. L'idea di emancipazione fa parte di una più ampia teoria normativa di sfondo basata sul valore del pluralismo, sulla varietà delle ragioni, sulla complessità motivazionale, sulla frammentazione del valore. La nostra storia è una storia complicata e, dopo tutto, *contingente*. Una storia in cui nulla è definitivo; in cui rari (molto rari) sono o sembrano a me essere i punti di non ritorno; in cui la nostra *dignità* è strettamente connessa all'apertura delle virtuali descrizioni e ridescrizioni di noi e del mondo; all'evoluzione possibile e non necessaria dei sentimenti morali; alla catena infinita delle conversazioni in cui impieghiamo vocabolari di moralità e di prudenza, ereditati e ritoccati, riformulati nelle forme di vita e nelle circostanze e per gli scopi contingenti, presenti e futuri; al nostro stesso maneggiare mezzi e strumenti che diventano valori; al nostro continuo tentativo di modellare trattamenti e pratiche sociali e istituzioni alla luce di valori, interessi e ideali; e così via. Come ha asserito

silhouette). Lo storicismo della fine del secolo scorso e, in particolare, le tesi di Max Weber implicano un modo di prendere sul serio la storia che è coerente con la prospettiva filosofica favorita in questo saggio: cfr., in proposito, il contributo classico di Pietro Rossi, *Lo storicismo tedesco contemporaneo*, Torino, Einaudi 1956; *Storia e storicismo nella filosofia contemporanea*, Milano, Lerici 1960 e soprattutto, da ultimo, *Max Weber. Oltre lo storicismo*, Milano, il Saggiatore 1988.

Benjamin Constant: "Nulla è definitivo sulla terra. Ciò che prendiamo per definitivo non è che una transizione come un'altra, ed è bene che sia così..."

Ora, se rifiutiamo la tesi centrale dello storicismo, in quale senso preciso la nostra teoria normativa prende sul serio la storia? La mia idea è che prendere sul serio la storia implichi accettare la essenziale *varietà* dei modi di prenderla sul serio, per vari scopi e in differenti circostanze. La tesi è quella del *paniere pluralistico* dei nostri modi di impegnarci nel ricorrente tentativo di avere accesso a descrizioni, spiegazioni, ricostruzioni, narrazioni di stati del mondo e di nostre controparti negli stati del mondo passati: noi facciamo ciò in vari modi e con vari scopi.[2] Questo non implica che qualsiasi modo equivalga a qualsiasi altro: possiamo, sotto determinate circostanze, ordinare secondo criteri i differenti modi di prendere sul serio la storia. Tuttavia, anche in questo caso, l'ordinamento è essenzialmente incompleto e questa è, per quanto attiene alla storia, una tesi coerente con la nostra teoria normativa più ampia.

Il punto interessante è che il nostro paniere pluralistico ospita anche la tesi centrale dello storicismo. Tuttavia, essa è una tesi che ha carattere e validità *locale*, e non globale, come la tesi centrale pretende. Non c'è un punto di vista superiore agli altri, sotto *tutti* gli aspetti rilevanti o salienti. La rilevanza e la salienza non derivano a loro volta dalle pretese avanzate adottando quel punto di vista. Esse dipendono dalle *ragioni* e dalle *motivazioni* per cui lo adottiamo, punto e basta. Se qualcuno mi chiedesse una spiegazione filosofica delle ragioni e delle motivazioni, risponderei che non ho a disposizione alcuna tesi *filosofica* o argomento *filosofico* irresistibile in proposito. Qui, la catena delle giustificazioni si arresta. La filosofia non viene solo dopo la democrazia, come sostiene efficacemente Richard Rorty: viene dopo un numero piuttosto alto di altre cose, un numero alto a piacere.

"L'utilità principale della storia consiste soltanto nello scoprire i principi costanti e universali della natura umana, mostrando gli uomini in tutte le varie *circostanze* e *situazio-*

[2] Cfr. Pizzorno, *Identità e sapere inutile*, "Rassegna italiana di sociologia", 1989, 3, in particolare, pp. 312-314, in cui sono definiti tre tipi di giustificazione del sapere storico connessi all'idea della "soluzione di problemi", alla generazione di vocabolari di moralità e a quella di vocabolari di identità.

ni e fornendoci il materiale da cui ci sia possibile informarci delle sorgenti regolari dell'azione e del comportamento umano. Questi ricordi di guerre, intrighi, di fazioni e di rivoluzioni sono altrettante raccolte di *esperimenti*, con cui il filosofo della politica o della morale fissa i principi della sua scienza":[3] così, David Hume ci suggerisce un modo di prendere sul serio la storia. Essa ci mostra le circostanze e le condizioni in cui insorgono e assumono stabilità nella durata forme di vita, vocabolari di moralità e di politica, istituzioni, trattamenti, *convenzioni*.

Nella nostra prospettiva, è in questo senso che si può asserire che *un'etica richiede storia* (non è l'unico senso, come sosterrò coerentemente con la tesi del paniere pluralistico dei modi di prendere sul serio la storia). Il ricorso alla nozione di "natura umana" sembra a molti filosofi contemporanei piuttosto imbarazzante e l'idea illuministica di rintracciare cose come "principi costanti e universali", "sorgenti regolari dell'azione e del comportamento umani" è ampiamente sospetta. Il sospetto e l'imbarazzo possono essere variamente argomentati. Tuttavia, assumiamo di rimpiazzare l'espressione "natura umana" con l'espressione "la descrizione di esseri quali noi siamo (stati) che sarebbe razionalmente o ragionevolmente accettata e non rifiutata da esseri quali noi siamo (sotto le nostre attuali descrizioni)": per quali ragioni non dovremmo accettare, alla luce della riformulazione proposta, l'idea di Hume per cui l'etica richiede storia?

I contestualisti potrebbero i) obiettare che le nostre controparti passate abitano mondi differenti dal nostro, in cui parlano lingue differenti dalla nostra e ii) concludere che accettare ciò vuol dire rinunciare alla tesi sulla "costanza", comunque riformulata.

La mia replica è che, se si accetta la seconda parte dell'obiezione, si deve congiuntamente accettare che noi non possiamo accedere, in *alcun* modo, a mondi passati e a versioni esplicative o descrittive delle nostre controparti nei mondi passati. Tuttavia, è un fatto che noi *accediamo* a essi e abbiamo competenza per tradurre le lingue dei noi passati. Naturalmente, lo possiamo fare per vari scopi, in varie circostanze e in diversi modi: ma lo *facciamo*. Come ha sottolineato Putnam, "massimizzare l'umanità dell'interpretato"

[3] Hume, *Ricerche*, cit., p. 95.

è, alla fin fine, il precetto di Vico.[4] Il problema è in questo caso piuttosto quello della indeterminatezza della traduzione alla Quine: ma non poter ottenere traduzioni perfette non equivale a non poter conseguire traduzioni decenti. Questo è quanto possiamo fare: è meno che tutto, ma è meglio che niente. Noi apparteniamo alla comunità dei vivi e dei morti, in vari modi e in varie circostanze, perché siamo capaci di attribuire concetti e sentimenti a altri; e non vale l'inverso, come ho sostenuto a proposito della nozione di forme di vita e della *congiunzione* della tesi sulle descrizioni, sui vocabolari e sui trattamenti (schiavi, sudditi, cittadini) per gli scopi di una teoria normativa della politica.

"È certamente un calcolo strano e all'apparenza assurdo voler redigere una storia secondo un'idea di ciò che dovrebbe essere il corso del mondo umano qualora esso dovesse adeguarsi a certi fini razionali; sembra che con un tal proposito si possa fare solo un *romanzo*. Ma se è lecito ammettere che la natura, anche nel gioco della libertà umana, procede secondo un disegno e uno scopo finale, allora questa idea potrebbe riuscire *utile*; tale idea ci può servire da filo conduttore per *rappresentarci* almeno nell'insieme come un *sistema* quello che altrimenti ci apparirebbe come un informe *aggregato* di azioni umane":[5] così, Kant ci suggerisce un modo alternativo di prendere sul serio la storia. Se accettiamo il suggerimento di Kant, possiamo asserire che *una (filosofia della) storia presuppone un'etica*. Più precisamente, l'argomento di Kant è un argomento filosofico che mira a render conto delle ragioni del nostro interesse umano per la storia.

Kant descrive i presupposti che dobbiamo assumere per giustificare a quali condizioni la storia abbia un senso, riconoscibile per esseri quali noi siamo.[6] In questo caso, l'idea centrale è quella per cui la storia non ha alcun senso a sé presa: essa può ottenerne uno, se può, solo se adottiamo una particolare prospettiva, che non è il punto di vista dell'occhio di Dio. È questo senso, per noi, che ci consente di ritrovare ragioni in un "informe aggregato di azioni umane" che, *di per sé*, non ha alcuna ragione. Come il mondo della natu-

[4] Cfr. Putnam, *Ragione, verità e storia*, cit., p. 128.

[5] Kant, *Scritti politici e di filosofia della storia e del diritto*, Torino, Utet 1956, pp. 136-137.

[6] Sui limiti del senso, cfr. P.F. Strawson, *Saggio sulla Critica della ragione pura*, Bari, Laterza 1985.

ra, così il mondo "costruito" nella storia non si autoidentifica: noi, che non siamo propriamente i "costruttori" della storia, siamo tuttavia capaci di identificarvi ragioni. Questo è quanto rende a noi perspicuo il nostro ricorrente interesse a prendere sul serio la storia (l'entusiasmo morale di Kant, così intenso politicamente e elusivo al tempo stesso, per la Rivoluzione francese è un'eccellente esemplificazione dell'idea per cui una [filosofia della] storia richiede un'etica).

Una filosofia dell'emancipazione si basa su un insieme di impegni normativi e non sulle leggi di movimento della storia, catturate dal punto di vista dell'occhio di Dio. Naturalmente, la mia prospettiva non accetta la pretesa di Kant, punto e basta. La accetta, se essa è assunta in tensione con la tesi, suggerita da Hume, di un'etica che richiede storia. Entrambe le tesi sono salienti per la varietà dei nostri modi di prendere sul serio la storia. Esse ci danno ragioni per scegliere e agire come esseri che *hanno* una storia (e, anche se in modo diverso, una biologia). Tuttavia, il paniere sarebbe essenzialmente incompleto se non ospitasse anche una versione alternativa che pretende di avere la forza della tesi centrale dello storicismo e che, nella mia prospettiva, ha naturalmente una validità locale e non globale.

"Tra tutte le cose del mondo l'attività razionale è in certo senso quella che più dipende da altro: non solo le violenze dei Lager o dei Gulag, ma un semplice guasto al riscaldamento centrale bastano a sconvolgerla per un attimo. Ma la sua dipendenza da tutte le cose può essere vista, *grazie a un mutamento di prospettiva*, come una dipendenza di tutte le cose da essa: il mondo e la storia non hanno alcuna spiegazione, se non vengono spiegate dall'attività razionale. O il mondo e la storia sono semplicemente una brutta tragedia, una serie di episodi o hanno il loro senso nello spirito [...]. Nei nostri rari stati di euforia e esaltazione, siamo certamente hegeliani: faccio un duro lavoro teorico e riesco a comunicarne i risultati agli altri, e mi pare che tutto il senso del mondo stia in imprese come la mia, che la giustificazione di tutti i suoi orrendi fastidi (arrecati a me e alla mia famiglia) stia tutta qui, punto e basta. Ho anche la chiara impressione che il *mondo abbia un senso* e che nessun'altra filosofia esprima questo senso in modo soddisfacente. Nei miei più frequenti momenti di leggero umor nero e malinconia, non sono un hegeliano; regredisco a un empirismo che, temo, non è affatto dialettico. Vedo semplicemente il mondo come privo di senso e mi sottometto masochisticamente alla sua insensatezza. Non sono neppure convinto che ci sia un'*unica* prospettiva giusta o migliore (di tutte le altre) in cui guardare il mondo. Esso mi sembra un'irritante immagine di scale che muta capricciosamente e continuamente la sua prospettiva":[7] così, John N. Findlay suggerisce il senso della più audace e impressionante impresa filosofica tesa a rintracciare il *senso* del mondo, grazie a una prospettiva che coincide semplicemente con il punto di vista del mondo (l'occhio di Dio).

La pretesa di Hegel è eroica: essa sembra basarsi sull'idea che l'unico modo privilegiato per accedere al senso della storia sia quello di narrare la biografia del mondo come svolgimento, nella forma della autobiografia. In realtà, la pretesa sembra essere più esigente: sembra consistere nella congiunzione dell'attività della comprensione con l'attività della dimostrazione.[8] La congiunzione rende conto dell'idea e del ruolo della dialettica nel monumento filosofico di Hegel. Essa non è accettabile nella mia prospettiva, perché coincide con la più alta realizzazione esemplificata della tesi centrale dello storicismo. Tuttavia, non accettare la congiunzione non equivale a non prendere sul serio la salienza della domanda che richiede l'esercizio della comprensione: *che senso ha tutto ciò?* (La comprensione potrebbe essere interpretata come la selezione dei tratti salienti di *un* mondo, entro la matrice di mondi possibili vicini.)[9] Vi sono circostanze e condizioni, entro le nostre forme di vita, in cui il rintraccio di un senso, dopo tutto, è una domanda che ha senso e importanza per noi. Quanto ciò sia importante e abbia senso dipende da quanto è importante per noi. Ora, la mia tesi filosofica è che la filosofia non possa intrinsecamente dare *la* risposta. (Se lo potesse, svanirebbe semplicemente quanto fa per noi problema: le ragioni per prendere sul serio la storia e soprattutto la varietà dei modi in cui ci impegniamo, ci siamo impegnati e ci impegneremo ricorrentemente nell'impresa.)

Vorrei infine suggerire che mi sembra in ogni caso una

[7] J.N. Findlay, *Hegel oggi*, Milano, Ili 1972, p. 418.

[8] Sono grato a Sergio Bernini per avermi fatto notare la salienza di questa congiunzione in una conversazione sulle possibili interpretazioni della nozione di contraddizione dialettica. Una proposta a favore di un'interpretazione *locale* e non globale della nozione di dialettica è avanzata da R. Bodei in *Scomposizioni. Forme dell'individuo moderno*, Torino, Einaudi 1987.

[9] Cfr. Nozick, *Spiegazioni filosofiche*, cit., pp. 685-709.

pretesa piuttosto arrogante (forse, è propria dei momenti di euforia?) ritenere che il mondo in cui hanno luogo sequenze di eventi, azioni, scelte, fatti, conseguenze, progetti, trattamenti, testi, documenti, descrizioni e interpretazioni che usiamo chiamare "storia" in vari modi e con vari scopi, sia in un qualche senso il "nostro" mondo. Il mondo non è nostro.[10] *Nostre* sono al massimo le versioni con cui accediamo, nel tempo, alle sue molteplici descrizioni, al rintraccio della verità, e con cui ci impegniamo nel rintraccio dei valori, dei molteplici valori per cui noi vorremmo (e continueremo a volere) che la storia non sia solo una storia spiegata, narrata o descritta, ma una storia *degna* di essere spiegata, narrata o descritta.

(La filosofia richiede tanto la virtù dell'audacia, della serietà intellettuale e della responsabilità scientifica quanto quella dell'umiltà e del rispetto per chiunque si impegni a trovare ragioni, valori e motivazioni nella storia di un mondo strano e complicato, che non è intrinsecamente "nostro".)

La teoria normativa della cittadinanza, in conclusione, richiede l'adozione di un paniere intrinsecamente pluralistico di modi di prendere sul serio la storia. Questioni di verità si intrecciano inevitabilmente con questioni di etica; vocabolari di moralità si intrecciano inevitabilmente con vocabolari di identità. Questo non equivale a ridurre la salienza della differenza fra attività come comprendere, spiegare e descrivere e attività come valutare e giustificare. I resoconti della differenza possono a loro volta essere differenti. Questi sono fatti empirici, alla fin fine. Tuttavia, il nostro modo di valutare, i nostri criteri di giustificazione possono avvalersi, in *attrito* e in tensione con la storia presa sul serio, di una informazione plurale, caratterizzata da una maggiore rispondenza alla naturale complicazione della vicenda umana nel tempo, nella varietà delle sue circostanze e delle sue condizioni.[11]

Marcel Proust ha formulato la questione in modo penetrante: "Siamo incapaci, mentre amiamo, di comportarci da degni predecessori di quegli esseri successivi che saremo diventati, quando non ameremo più."[12] Si può essere degni

[10] Cfr. Nagel, *Uno sguardo da nessun luogo*, cit., pp. 111-114.

[11] Cfr., per la tesi sull'informazione plurale, la prima parte di Sen, *Well-being, Agency and Freedom*, cit.

[12] M. Proust, *À l'ombre des jeunes filles en fleurs*, in *A la recherche du temps perdu*, II, vol. I, Paris 1925-27, p. 146. La citazione è ripresa, nel contesto della discussione sulla nozione di identità personale, da Parfit in *Ragioni e persone*, cit., pp. 648-649.

predecessori dei noi futuri? Per quanto arduo, questo è un impegno che la filosofia dell'emancipazione richiede alla responsabilità individuale e collettiva di uomini e donne, quali noi siamo (divenute).

Parte terza

Congetture, lettere e esortazioni

La storia dà torto e dà ragione
La storia siamo noi
Siamo noi che scriviamo le lettere
Siamo noi che abbiamo tutto da vincere e
    tutto da perdere
E poi la gente (Perché è la gente che fa
    la storia) [...]
La storia siamo noi, siamo noi padri e figli.

Francesco De Gregori

Nulla è definitivo sulla terra. Ciò che prendiamo per definitivo non è che una transizione come un'altra, ed è bene che sia così...

Benjamin Constant

X. Alcune congetture sull'insorgenza della contestazione

Nella sua postfazione al *Profilo ideologico del Novecento italiano*, Norberto Bobbio allude a un proposito non realizzato come a una delle ragioni (o non-ragioni) per cui il *Profilo* "esce come libro a sé dopo tanti anni".[1] L'idea non realizzata sembra essere stata quella di completare la ricostruzione delle vicende dell'ideologia italiana, integrandola con un capitolo dedicato ai circa "vent'anni dopo", giungendo alla ondata contestativa del '68. "Questo nuovo capitolo avevo intenzione di intitolarlo, *La libertà inutile*." Se esso fosse stato scritto come era stato concepito nel '68, Bobbio confessa che oggi l'avrebbe ripudiato. Perché?

"Se non avessi timore di usare parole troppo solenni, direi che la democrazia, come forma di governo caratterizzata dall'esistenza e dal rispetto di regole che permettono la soluzione dei conflitti senza che sia necessario il ricorso all'uso della violenza, come prefigurazione, se pure sempre imperfetta, della società ideale in cui la libertà di ciascuno è compatibile con la libertà di tutti, è il nostro destino."[2] Quindi, viene da aggiungere, la libertà non è (stata) inutile. Non vi è dubbio, tuttavia, che l'idea originaria di sostenerne l'inutilità non sia riducibile a una idiosincrasia temporanea.

Tra la fine degli anni Sessanta e la fine degli anni Settanta, la democrazia rappresentativa e pluralistica italiana ha affrontato sfide di grande intensità e portata. Qual è il rapporto, se ve n'è uno, fra una lunga fase di discredito nei confronti dell'esistenza di regole e di erosione a volte molto

[1] Bobbio, *Profilo ideologico del Novecento italiano*, Torino, Einaudi 1986, p. 179.
[2] *Ibid.*, p. 182.

marcata del rispetto per esse, nonché di un prolungato ricorso all'uso della violenza, e la irreversibilità e il consolidamento del "processo di democratizzazione", per usare l'espressione che Bobbio impiega?

Nelle pagine che seguono, avanzo qualche congettura sulla logica dell'azione collettiva di contestazione e di protesta, considerata nella fase della sua insorgenza. Confesso di muovermi con un certo imbarazzo professionale, dato che non ho le competenze dello storico, del sociologo e del politologo. Tuttavia, mi sembra possa avere un certo interesse avanzare qualche idea per una discussione che ha comunque un rilievo di sostanza per la teoria politica. Una buona teoria politica, sia essa di natura positiva o di natura normativa, non può alla fin fine non prendere sul serio ciò che è, o è stato, politicamente rilevante.

I "fatti" politici, senza una buona teoria, sono notoriamente muti. Ma una "teoria" politica, senza un qualche riferimento a fatti di quel genere, rischia di essere inevitabilmente vuota.

La congettura che avanzo presuppone un nesso molto stretto fra alcune caratteristiche generali e di lungo periodo, proprie delle democrazie pluralistiche, e le condizioni per l'insorgenza dell'azione collettiva di contestazione e protesta. In particolare, il nesso dipende dalle trasformazioni della rappresentanza degli interessi, sulla base dei mutamenti nella configurazione o nella mappa delle identità collettive, disponibile e modellata in una società determinata, a un tempo dato. Da un punto di vista analitico, l'idea è che la nozione di "interesse" non sia una nozione, per dir così, primitiva ma dipenda dalla generazione e dalla definizione previa di una identità collettiva. Per questo, nei paragrafi seguenti, il punto centrale è costituito dalle differenti interpretazioni di un'espressione canonica, nella teoria delle democrazie pluralistiche, come quella della "rappresentanza degli interessi". La mia congettura deve molto a alcuni argomenti proposti da Alessandro Pizzorno e, in particolare, agli ultimi due paragrafi del suo saggio su *Il sistema pluralistico di rappresentanza*.[3]

È opportuno, infine, precisare che le osservazioni che se-

[3] Cfr. Pizzorno, *op. cit.*; per un utile resoconto degli orientamenti più recenti della ricerca sociale sui temi dei movimenti e degli attori collettivi, cfr. A. Melucci, a cura di, *Movimenti sociali e sistema politico*, "Quaderni della Fondazione Feltrinelli", 1986, 32.

guono si riferiscono quasi esclusivamente alla logica dell'azione collettiva di contestazione e protesta della fine anni Sessanta. Le considerazioni abbozzate a proposito del decennio successivo sono solo suggerimenti possibili per una discussione e una ricerca ulteriore. Inoltre, esse hanno un tocco forse troppo "personale" rivelando, in questo caso, le mie (temporanee?) idiosincrasie.

1. Vi sono casi in cui, sulla scena politica e sociale, individui detentori di interessi esclusi, non rappresentati e non soddisfatti intraprendono un'azione collettiva mirante allo scopo condiviso della inclusione, della rappresentanza e della soddisfazione di tali interessi. Essi, si può anche dire, prendono la parola e danno voce a interessi e bisogni o desideri sino a allora muti, opachi, inespressi.

Nelle società pluralistiche questi casi sono anche quelli in cui, per lo più, si generano identità nuove e movimenti collettivi. Hanno luogo conflitti di notevole intensità. Si elaborano e apprestano culture di protesta e contestazione. Si innescano confronti a volte violenti con le istituzioni e i loro responsabili. Si investe il sistema politico inteso come centro elaboratore di decisioni e allocatore di vantaggi e svantaggi. Inoltre, se i movimenti collettivi riescono a superare la soglia della repressione sino a elevarne il costo per le istituzioni vigenti e i governanti e guadagnano in tal modo la dimensione della durata e della stabilità nel tempo, generano a loro volta "istituzioni", cioè organizzazioni durevoli nella durata.

Al termine del ciclo di protesta e di contestazione, può accadere che i "nuovi" interessi siano inclusi; che si producano effetti di riforma e di rifondazione delle istituzioni e delle pratiche sociali; che risulti mutata la configurazione del sistema politico e la natura delle forme della rappresentanza; che la scena politica e sociale presenti i segni del cambiamento, a volte di intensità proporzionata al potenziale e alle risorse contestative di minaccia accumulate, investite e consumate nel corso dell'azione collettiva.

Naturalmente, gli effetti generati o gli obiettivi conseguiti non coincidono quasi mai con gli effetti attesi e gli obiettivi definiti come tali *ex ante* dai partecipanti all'azione collettiva intrapresa con lo scopo condiviso della inclusione, della rappresentanza e della soddisfazione di interessi. E ciò non solo per la ricorrente vicenda delle conseguenze non attese, così cruciale per comprendere in ogni caso la logica degli esiti dell'azione individuale e collettiva. Semplicemente, perché un ingrediente fondamentale per la generazione dell'azione collettiva stessa (che comporta per gli individui costi personali a volte molto alti) è costituito da un principio di identificazione collettiva o di appartenenza che possiamo schematicamente chiamare "ideologico".

Questo ingrediente è una risorsa preziosa per la formazione e il sostegno nel tempo dell'identità collettiva dei nuovi detentori di interessi (o dei vecchi detentori di nuovi interessi). Definendo in modo globale e non empirico o specifico un insieme di obiettivi di lungo termine, spesso tratti da una interpretazione globale e non empirica o specifica dello stato di cose presente, l'ideologia preserva dallo scacco o dal conseguimento stesso di obiettivi determinati l'attore collettivo nella sua identità e riconoscibilità, ne rafforza il senso di appartenenza solidale in quanto lo mette in guerra con gli altri, i "nemici"; sostiene il "noi" cui riferire le singole azioni individuali e i singoli calcoli individuali; permette al movimento di essere riconosciuto come tale; "politicizza" in tal modo la logica della sua azione.

2. Una *silhouette* del tipo accennato è naturalmente frutto di una sommaria semplificazione. Tuttavia, essa può certamente valere per interpretare, ricostruire o spiegare alcuni casi paradigmatici di conflitto, protesta e contestazione nella più che secolare storia di società pluralistiche, come le nostre. Basta pensare al conflitto per la cittadinanza di grandi masse escluse dalla rappresentanza politica e non politica degli interessi che ha accompagnato in alcune fasi di svolta la recente storia della democrazia pluralistica italiana.

La domanda interessante può essere allora la seguente: è un abbozzo di interpretazione di questo tipo capace di render conto dell'ondata di azione collettiva, espressiva e partecipatoria, di contestazione, dell'emergenza del ciclo di protesta antiautoritaria dei movimenti studenteschi della fine degli anni Sessanta? In altre parole, quale congettura per i "ragazzi del '68"?

3. La mia ipotesi è che lo schema abbozzato per spiegare o comprendere il ciclo del conflitto e le condizioni per l'azione collettiva di protesta si applichi anche al '68; ma, per dir

così, solo a metà o in parte. Per un verso, quindi, sembra plausibile ritenere che i movimenti collettivi che esplodono alla fine degli anni Sessanta non segnino affatto un *terminus a quo*, una qualche "rottura epocale" (come si usa o si usava dire con orribile espressione), l'avvio di qualcosa di nuovo o inedito, quanto piuttosto siano l'ultima sequenza di un ciclo di protesta, conflitto e integrazione che sin dall'origine, in modi diversi, caratterizza la fisiologia instabile delle società pluralistiche. Esso attiene perciò alla dinamica della rappresentanza degli interessi e alle sue trasformazioni.

D'altra parte, vi è una caratteristica molto peculiare che riguarda la "natura" degli obiettivi o dei fini o più precisamente degli interessi di cui sono stati detentori gli individui, giovani uomini e donne, che si sono impegnati e hanno mobilitato intense energie nell'azione collettiva di contestazione di regole, pratiche sociali e istituzioni. È tale natura propriamente non politica o apolitica o metapolitica a render conto della inevitabile, stanca, percezione di sproporzione vistosa fra l'intensità dei conflitti, il capitale di energie e risorse mobilitate, l'altezza delle aspettative e il potenziale di minaccia da un lato, e dall'altro lo scarso, quasi futile, insieme di effetti che l'onda del '68 ha sedimentato sul terreno delle istituzioni, del sistema politico, dei modi di rappresentanza degli interessi dei cittadini.

Fine pertinente dei movimenti di contestazione studenteschi era sì il riconoscimento di una identità collettiva "esclusa". Ma la richiesta di riconoscimento non era rivolta alla "politica", alle istituzioni o alle forme del sistema della rappresentanza degli interessi. Essa rimaneva sostanzialmente estranea all'arena del potere, interpretando piuttosto un'esigenza civile di ridefinizione della mappa delle identità collettive (e quindi di una sorta di *riclassificazione* analitica degli interessi). (Ciò richiama l'attenzione sulla catena degli effetti non politici quanto piuttosto civili o sociali derivanti dal '68; e, naturalmente, nei casi drammatici di sviluppo "militare" o terroristico della protesta, sulla natura "etica" o "religiosa" piuttosto che politica del suo radicalismo.)

In ogni caso, la natura bifronte dell'azione collettiva della fine degli anni Sessanta è l'oggetto principale delle mie osservazioni. Come ho precisato, esse non consistono certo in un tentativo di ricostruzione. Suggeriscono piuttosto alcuni indizi per l'interpretazione.

4. Alessandro Pizzorno ha osservato che, mentre l'ondata dei movimenti collettivi che si manifestò a cavallo del se-

colo finì in buona parte per cristallizzarsi o istituzionalizzarsi in nuove identità politiche o in rifondazioni di quelle già esistenti e a disposizione, l'ondata della fine degli anni Sessanta si mosse in gran parte al di fuori dei soggetti politici.

Il punto – si può dire per presentare la tesi centrale di queste osservazioni – è che nel '68 non si trattava di far "entrare nuove masse nel sistema politico" quanto piuttosto di contribuire alla ridefinizione "analitica" degli interessi di individui che erano già rappresentati nel sistema politico in altro modo. Questi individui aspirano a sottrarre il *potere di classificazione degli interessi* alle agenzie istituzionali delegate a ciò e avviano in tal modo un processo espansivo di moltiplicazione e scomposizione di ciò che possiamo chiamare "interesse". Ciò, nella lontananza e nell'estraneità rispetto alla politica. Essi vogliono ottenere "il riconoscimento – simbolico o materiale – di tali identità, non il potere per governare gli altri".[4]

È del resto noto come, nella gran parte delle società industriali pluralistiche, si venga formulando in modo intenso lungo tutti gli anni Sessanta il dilemma ricorrente dell'inclusione delle nuove generazioni nel sistema della rappresentanza degli interessi. (Sarebbe interessante estendere questa osservazione alle società socialiste dopo il '56.) Ciò che era via via avvenuto con il ricorso a ideologie nazionalistiche o con l'identificazione in culture ideologiche trovava difficoltà a riprodursi perché, sostanzialmente, le società industriali avevano consolidato istituzioni e organizzazioni potenti, burocrazie stabili di rappresentanza modellate dalle grandi categorizzazioni di interessi di vasti aggregati sociali (classi, gruppi, ceti, professioni ecc.). Ciò ha costituito la premessa per l'esclusione *tacita* delle giovani generazioni, per la lontananza e l'estraneità delle istituzioni e della politica e ha generato la domanda contestativa sfociata, in Italia come in altri paesi europei, nell'accelerazione del '68. (Il caso statunitense è certo influente e anticipatore, ma la natura del pluralismo sembra presentare caratteristiche piuttosto peculiari per l'assimilazione ai contesti europei.)

Che l'onda dei movimenti contestativi e alternativi allo stato di cose esistente monti sotterraneamente, sullo sfondo di un periodo di straordinaria crescita economica e affanno-

[4] Pizzorno, *op. cit.*, p. 411.

sa e tumultuosa modernizzazione (l'Italia è un caso impressionante in proposito), è un dato di fatto incontrovertibile e in qualche senso ovvio. Tuttavia, se si congiungono i vari elementi del quadro tratteggiato, cominciano a prendere rilievo alcune interessanti caratteristiche che possono servire da precondizioni dell'azione collettiva di protesta. Prendiamole ora in esame distintamente, come singoli frammenti del nostro *puzzle*.

5. Il principio di identificazione collettiva è, come ho detto, generato dal discorso e dall'immaginario ideologico. Quest'ultimo consiste in un'interpretazione globale dello stato di cose presente che fonda a sua volta lo stato di cose futuro nei suoi lineamenti globali e generici. Una filosofia della storia tanto attraente quanto indeterminata nei suoi contorni, e perciò ospitale. Il prodursi del discorso ideologico come risorsa per l'azione collettiva presuppone una determinata concettualizzazione del tempo e uno sfondo di lungo termine. Esso presuppone, più precisamente, che si possa collettivamente disporre la propria azione individuale su uno sfondo temporale molto lungo e, quindi, che si percepisca nettamente una larga estensione dell'ombra del futuro sul presente. Una filosofia della storia, quale che sia, ha bisogno di un lungo orizzonte temporale dai contorni sfumati e indeterminati. Ha bisogno di *futuro*.

In questo affine ai grandi movimenti collettivi dell'onda lunga dei conflitti nelle società pluralistiche, il movimento della contestazione si genera sulla base di una percezione condivisa di futuro. Essa è naturalmente sostenuta dallo sguardo retrospettivo su un passato di stabile incremento di ricchezza e opportunità di vita. Ciò deriva probabilmente dall'esperienza accelerata e contratta della crescita. L'ideologia è prodotta nelle circostanze sociali proprie di un ciclo di sviluppo.

Mentre le scienze sociali e le culture dello sviluppo e della modernizzazione alla metà degli anni Sessanta pongono concordemente l'accento sui processi di integrazione e di fine o collasso delle ideologie, gli effetti stessi dell'onda dello sviluppo (forse già alle spalle dei nuovi attori che si apprestano a entrare in scena) producono il più alto e intenso *revival* ideologico del secondo dopoguerra. Probabilmente il punto è che, parlando di integrazione e di fine delle ideologie, l'analisi si rivolgeva al sistema della rappresentanza dei grandi interessi aggregati *inclusi* o dati. L'attenzione era così distolta dagli interessi opachi perché tacitamente esclusi o semplicemente inespressi o non tematizzati.

6. Il rilancio dell'ideologia, intesa come risorsa per la mobilitazione e la generazione di un principio di identificazione collettiva, ha naturalmente luogo con caratteristiche proprie delle specifiche e locali tradizioni di discorso ideologi. Tuttavia, si può dire che l'arsenale più ricco di stili ideologici è quello della tradizione degli intellettuali ideologi dei movimenti operai e del radicalismo marxista. Anche un osservatore superficiale della cultura del '68, un geologo (o un archeologo?) impegnato sommariamente nella decifrazione dei suoi strati e delle sue sedimentazioni, riconosce il prevalere, nella fase di stato nascente, di una matrice "critica" che risulta centrale nella tradizione del radicalismo contemporaneo.

In genere, la fortuna maggiore va agli esiti ultimi della Scuola di Francoforte e, in ogni caso, a quella tradizione che è specifica del cosiddetto marxismo occidentale. (L'uomo unidimensionale nella versione di Herbert Marcuse resta effettivamente paradigmatico.) La cultura della contestazione è elaborata ideologicamente come una cultura della emancipazione o della liberazione di se stessi da "vincoli" di qualsivoglia tipo. La questione non è che *alcuni* vincoli siano identificabili come irrazionali o ingiustificabili o superflui. L'esperienza centrale investe globalmente di sospetto e discredito *qualsiasi* vincolo, quale che ne sia la natura, per il semplice fatto che esso *sia* tale.

L'immaginario simbolico della emancipazione può essere racchiuso molto semplicemente in una metafora diversamente ricorrente nella tradizione del radicalismo e del discorso ideologico o utopico che sorregge la prospettiva intellettuale rivoluzionaria "in Occidente", rispetto allo stato delle cose: vi è come una molla compressa che va liberata, a cui deve essere consentita la massima espansione. Ciò non si applica a "bisogni" collettivamente identificabili o a grandi interessi collettivamente riconoscibili o a scopi di potere politicamente perseguibili quanto a "desideri" di riconoscimento che vertono su identità collettive da riclassificare o da sottrarre ai monopolisti della definizione standard degli interessi.

Ciò, forse, può render conto dell'ampio e pervasivo ruolo

che, nell'elaborazione dell'ideologia del '68, svolge il principio della "soggettività". Questa soggettività si costituisce inevitabilmente contro le istituzioni, le pratiche sociali, gli insiemi di regole e norme, le procedure, la struttura data di distribuzione di autorità e deferenza: in una parola (peraltro, una fra le più ricorrenti nel lessico o nel gergo del '68) la soggettività si autodefinisce nella critica radicale del "sistema".

Naturalmente, vi è del metodo in tutto questo modo di parlare. Il suo succo è, per dir così, la quintessenza della logica e della funzione del discorso ideologico, preso allo stato puro. Definire collettivamente se stessi in quanto si è estranei al "sistema" vuol dire conferire la più alta globalità e generalità e indeterminatezza e, quindi, elasticità sia alla identificazione di sé sia alla corrispondente identificazione degli altri (nella logica del discorso ideologico, dei nemici). E questa mossa – o meglio questa tessera del mosaico – ne implica un'altra – o, semplicemente, ne richiama un'altra: la manovra della "politicizzazione" ubiqua.

7. Si potrebbe certo osservare che il particolare impiego della risorsa ideologica per la costruzione e la identificazione del nemico globale è proprio di tutti i movimenti antisistema, come – nel loro stato nascente – molti fra quelli che hanno generato le istituzioni e modellato le organizzazioni di rappresentanza degli interessi delle classi e delle frazioni di popolazione escluse dalla cittadinanza nelle società pluralistiche.

Questo è naturalmente vero. Ma il punto è che diversa è la logica dell'azione collettiva se l'obiettivo è quello "politico" di forzare l'accesso sbarrato dell'arena del potere e del controllo o dell'influenza su decisioni collettive e soddisfazioni o meno di interessi. In tal caso, infatti, l'ideologia antisistema è un'importante risorsa per generare e sostenere la solidarietà collettiva, la "fraternità" e, d'altra parte, per consentire l'azione politica negoziale, mirante a raggiungere scopi politici. Altra logica, e ben diversa, si innesca quando l'obiettivo stesso è il riconoscimento di una "fraternità" riclassificata (come sarebbe accaduto, per una sua fase, nell'importante caso dei movimenti femministi).

Possiamo dire che nel primo caso il riconoscimento è, a un certo punto, un mezzo. Nel secondo, esso è – non detto – il fine. E questo può render conto della apparente irrazionalità della azione contestativa che nel '68 intrapresero i movimenti studenteschi. Essa appariva infatti caratterizzata dal rifiuto di misurarsi su obiettivi determinati, dall'ossessivo gioco di "rilancio", dal costante e ricorrente investimento di risorse nell'attivare repliche repressive da parte delle istituzioni, dei responsabili, dei governanti (anche se la situazione è complicata nel caso italiano dalla inadeguatezza e dalla incertezza, quando non dalla latitanza o – peggio – dalla "invisibilità", dalla natura occulta, di un disegno di risposta delle *élites*, politiche e non). (Qualcosa del genere ha poi caratterizzato le logiche del conflitto nelle relazioni industriali, nel cosiddetto "autunno caldo"; ma a me interessa in queste osservazioni cercare di gettar luce sulle idee, sulla politica e sulla cultura del '68 nel suo proprio stato nascente.)

Questa apparente irrazionalità è certo tale, se valutata con la logica del calcolo costi/benefici che è appropriata per i corsi di azione di istituzioni, organizzazioni o comunque attori le cui identità siano state riconosciute e generate stabilmente. Non lo è, tuttavia, se valutata con la logica della identificazione collettiva. Rifiutare di negoziare e avanzare pretese o rivendicazioni eccessive e vistosamente insensate vuole semplicemente dire cercare di ottenere il fine di essere riconosciuti come attori collettivi. E, al tempo stesso, ridurre i costi individuali dell'azione collettiva, sostenendo e rafforzando il movimento di protesta e contestazione. La "politicizzazione" ubiqua e globale è coerente in questo quadro di scopi per l'azione collettiva. Essa rende irrilevante e futile qualsiasi logica negoziale. L'impegno a identificare obiettivi determinati, cose da fare, scelte razionali fra stati di cose alternativi è fatuo e suscita irrisione nei leader ideologici. Questo perché, accedendo a procedure di transazione, verrebbero meno o si indebolirebbero i vantaggi dell'azione partecipatoria e espressiva, di per sé gratificante; si alzerebbero i costi dell'azione collettiva per i singoli militanti; si rischierebbe di sprecare e consumare il bene più prezioso che è il riconoscimento dall'esterno e la solidarietà, l'appartenenza o la comunità coesa all'interno.

D'altra parte, la politicizzazione ubiqua si rafforza con l'esperienza della "diversità", dell'autoesclusione, con la vissuta e ribadita estraneità al "sistema". Così, le identificazioni terzomondiste (certamente generate dalla lunga tragedia della guerra in Vietnam), il maoismo, il mito o il culto del

"Che", Cuba ecc. corroborano il radicalismo di un rifiuto globale di appartenenza e preservano il "noi" dei nuovi soggetti collettivi.

In un quadro di questo genere sono probabilmente da riconsiderare le idee centrali elaborate e diffuse nella cultura del '68: secondo gli imperativi della logica dell'identificazione collettiva. Come è noto, una delle discussioni più frequenti e ricorrenti è costituita dalla critica della razionalità scientifica, del carattere intrinsecamente estraniante e oppressivo delle istituzioni delegate alla trasmissione del sapere, della natura repressiva della divisione sociale e tecnica del lavoro intellettuale, della illegittimità del potere degli esperti e della deferenza verso di essi, della "superfluità" della politica e dell'economia ecc. Molto è stato scritto e detto sul carattere "romantico" e sostanzialmente "regressivo" (nonché ripetitivo di remoti *clichés*) dell'irrazionalismo, del rifiuto della scienza e del prestigio della tradizione scientifica, e sul luddismo infantile a proposito dell'universo della tecnologia. Così come è certo appaia altrettanto irrazionale, ludica e incoerente, quando non naturalmente fanatica, intollerante e violenta, l'azione contestativa dei movimenti studenteschi. Tuttavia, se il punto non è quello di piangere o di ridere ma di comprendere, è difficile non riconoscere il rifiuto della razionalità scientifica e la revoca della deferenza verso una certa distribuzione dell'autorità come elementi strategici nella elaborazione della ideologia; così come il vistoso discredito nei confronti delle procedure e delle regole del gioco, fondamentali nelle società pluralistiche, dovrebbe invitare a una riflessione approfondita sulla natura e la funzione di tali regole, sulle *condizioni di sfondo* appropriate in cui è razionale esse vengano adottate dagli attori, sulle ragioni, le circostanze (e la possibilità) del loro (deprecabile) collasso. Com'è naturale, l'attenta osservazione dei casi prolungati di effervescenza e crisi nella conformità condivisa a regole, norme e procedure fornisce preziose indicazioni sulle condizioni alternative, sottostanti a una legittimità effettiva.

8. Intrinsecamente ostili, remoti e estranei alla logica e alle istituzioni, alle regole del discorso e della transazione e negoziazione politica, i movimenti studenteschi generarono paradossalmente la massima euforia per la "politica". Il principio di soggettività, connesso a una sorta di principio

di "elasticità" o "plasticità" assoluta (discredito per i vincoli, sospetto per l'etica della responsabilità, disprezzo e arroganza verso la razionalità mezzi/fini e il calcolo costi/benefici) dilatarono enormemente i confini del "possibile politico", anche se naturalmente nella forma e con i moduli del discorso ideologico.

Di qui, l'impiego e l'appropriazione massiccia e vorace del linguaggio del radicalismo marxista e l'elogio di quell'infinita e vaga varietà di cose diverse chiamate "socialismo": l'ossessiva insistenza a elaborare "analisi" o, appunto, "discorsi" in cui il fine del riconoscimento di una condizione condivisa (o identità collettiva) si riformulava e si legittimava alla luce di un compiuto e globale sistema interpretativo che ripristinava la fraseologia di pezzi della tradizione marxista, in modi peraltro estranei alla robusta e pragmatica tradizione dello storicismo italiano.

L'analisi in termini di logica di classe e di dominio, di proletarizzazione delle masse studentesche, di anatomia del funzionamento capitalistico (interno) e imperialistico (esterno) del sistema di controllo e repressione sociale, il continuo tentativo di connettere l'esperienza contestativa "dalle università alle fabbriche", la riadozione dei termini classici della *querelle* sul rapporto fra movimento e organizzazione, fra spontaneità e direzione delle lotte: tutto questo brulicare di discorsi, di autodefinizioni e di gerghi obbediva naturalmente alla logica dell'identificazione ideologica.

Ora, ciò che può apparire, per dir così, stridente in questa ricostruzione non è tanto che "nuovi" soggetti rivestissero panni e riesumassero etichette, cerimonie e linguaggi "classici" (perché anche questo è un ricorrente *déjà vu* nei casi di effervescenza e mobilitazione collettiva); lo è piuttosto la distanza fra la natura e i fini dell'azione collettiva da un lato, e dall'altro i suoi mezzi e i suoi moduli di espressione e di esperienza condivisa. Una domanda di *riclassificazione* delle identità e degli interessi (o dei bisogni, se si preferisce) era intensamente connessa alla definizione collettiva di interessi e bisogni opachi e frustrati e non era rivolta al fine della inclusione nel sistema politico o al fine di invadere l'arena del potere, quanto piuttosto a quello di sostenere e rafforzare una radicale alterità o "estraneità". Ma ciò, paradossalmente, aveva luogo esaltando al massimo l'euforia per la "politica". Una politica *impossibile*, per dir così, alla radice. E, in questo, si consumava inevitabilmente, come al termine di un lungo ciclo, anche se con esito radicalmente mutato, un'ulteriore (o ultima?) passione utopica condivisa.

Nella natura stessa degli scopi propri dell'azione di protesta si annidavano le ragioni dell'*illusione* politica e le precondizioni del ciclo nuovo dell'esperienza di *delusione* che sarebbe affiorato in modo netto e marcato nella seconda metà degli anni Settanta.[5] Così, come in un ricorso, l'emersione e l'effervescenza di nuove identità e nuovi soggetti, accompagnandosi al massimo "rumore" ideologico e all'euforia per la politica simbolica, generavano nel loro stesso consumarsi le condizioni per una nuova "fine" delle ideologie e per una nuova lontananza e indifferenza per la politica. È stato osservato: "Ogni volta che il sistema si ristabilizza ci appaiono più insopportabili lo spreco e la perdita di ricchezza umana, quasi gli anelli del *feed-back* di riequilibrio operassero con maggiore durezza e, dissipando sempre più preziose energie, si allontanassero a spirale dal terreno di una democrazia accessibile a tutti."[6]

È questa la sola, possibile o ragionevole, conclusione che le osservazioni sulle idee, la politica e la cultura del '68 ci consentono?

9. Si potrebbe osservare che, avviando e innescando nelle forme e secondo la logica sommariamente illustrata, un processo collettivo di revoca di legittimità o deferenza verso istituzioni, pratiche e norme sociali, i movimenti collettivi di contestazione della fine degli anni Sessanta hanno generato, nell'ambito della cosiddetta società civile italiana del decennio successivo, una sorta di reazione a catena. Hanno funzionato da volano, come una specie di dispositivo espansivo. La sequenza degli effetti è consistita in successivi cicli di investimento di protesta, mobilitazione, conflitto e, quindi "politicizzazione" in differenti sfere di azione e significato sociale, in differenti ambiti di vita e di relazioni intersoggettive.

L'intensità del conflitto si è via via concentrata su *questioni di vita* per uomini e donne, generando un processo di ridefinizione della sorte condivisa di cittadinanza. La riclassificazione analitica degli interessi, e la loro ampia moltipli-

[5] Cfr. Hirschman, *Felicità privata e felicità pubblica*, Bologna, Il Mulino 1983.
[6] Pizzorno, *op. cit.*, p. 413.

cazione, ha avuto propriamente come effetto la "presa di parola" o l'ingresso nella discussione pubblica di aspetti della condizione o della sorte di cittadini e cittadine, sottratti alle demarcazioni o alle classificazioni correnti a opera del sistema politico e delle istituzioni. (Basta in proposito riconsiderare la mobilità, l'intensità e le energie collettive mobilitate nel ridisegno delle frontiere fra pubblico e privato, fra personale e politico intorno a questioni di vita, di sesso, di relazioni interpersonali, di malattia, di salute, di devianza ecc. Una sequenza che non mi sembra estranea alla vicenda in questi anni delle trasformazioni della democrazia pluralistica e dello stato sociale in Italia.)

Naturalmente, questo insieme di effetti di moltiplicazione, scomposizione e ridefinizione, quando non costruzione o "invenzione" simbolica, di "interessi" e "bisogni" si è trascinato con sé l'originario carattere e l'iniziale natura "ideologica", nel senso che ho prima illustrato, della logica dei movimenti collettivi della fine degli anni Sessanta.

Per questo, un vasto insieme di questioni di vita per uomini e donne – in cui si ridisegnava sotterraneamente il profilo di una nuova *qualità* di cruciali relazioni interpersonali e in cui prendeva corpo una diffusa esigenza di una scena sociale che pur confusamente maturava – si è presentato sul teatro del conflitto e della discussione politica nelle vesti dell'ideologia e con il rituale della appartenenza ideologica. Così, si sono avute esperienze collettive di forme e esercizi del potere arroganti, remoti e palesemente inadeguati; si sono identificate vistose ineguaglianze non giustificate; vi è stata intensa consapevolezza dei tipi dell'autorità non meritata, dei disciplinamenti discriminanti, dello spreco collettivo di opportunità e possibilità di vita per individui, dell'ottusità, della mediocrità e dell'opportunismo di gran parte delle *élites* di questa nostra, difficile, democrazia. Ma tutte queste esperienze collettive hanno preso corpo e consistenza in successive, brulicanti, eccitanti e confuse sequenze di socializzazione ideologica.

Una sorta di prolungato *happening* di apprendimento collettivo di competenze espressive e simboliche per la individuazione e la "messa in discorso" di cruciali questioni di vita, sullo sfondo di un'erosione ormai marcata delle identità e delle legature tradizionali, di cui i movimenti di contestazione della fine del decennio precedente avevano così fulmineamente svelato la debolezza. Mentre l'ossessione ideologica alimentava il fanatismo delle sette armate, l'euforia per la politica si traduceva in un drastico slittamento a sinistra delle preferenze e dei valori condivisi di larghi strati della cittadinanza.

10. Il processo cui ho alluso nelle ultime battute, e che ha conosciuto il suo apice alla metà degli anni Settanta, è così ovvio e è stato al centro di un così alto numero di analisi, commenti, elogi e biasimi che non meriterebbe forse di essere citato. Tuttavia, quello che può rendere interessante la rivisitazione di un pezzo di storia recente così prossimo e al tempo stesso così remoto è connettere questo ciclo di contestazione con la natura originaria degli scopi e della logica dell'azione collettiva di protesta, da cui esso è dipendente.

Lo spostamento a sinistra avviene nel segno dell'effervescenza ideologica e dell'euforia per la politica. In questa dinamica dell'illusione, dell'altezza delle aspettative e della grande quota di energie mobilitate si annida, ancora una volta inevitabilmente, l'origine dell'esperienza collettiva di delusione. La massima intensità ideologica, associata all'illusione della politicizzazione ubiqua, si alimenta collettivamente coinvolgendo ampi strati della popolazione, esattamente nella fase in cui prende corpo l'esperienza dei vincoli e dei *limiti* della politica e dell'azione pubblica.

La cultura dell'emancipazione e del "progresso" illimitato, elastico e "libidico" lascia il posto a una cultura della crisi, della frammentazione e della disseminazione, dei vincoli. L'estensione dell'ombra del futuro sul presente si contrae paurosamente. Si genera maggiore incertezza. La nozione stessa di sviluppo è posta sotto inchiesta. La nozione di soggettività è sospettata. Il discredito non può che investire rapidamente il nucleo della tradizione radicale e, quindi, il marxismo stesso. (La delusione e la tragedia storica del "socialismo reale" sono naturalmente e ovviamente connesse a questo processo di allontanamento e alla sua critica; ma il punto è che altre esperienze drammatiche precedenti non avevano generato questo effetto di crisi. Il declino del fascino della tradizione marxista è, a mio avviso, connesso strettamente all'esperienza di delusione e alla percezione dei limiti della politica. Si osservi che, nella mia congettura, questo problema dei limiti della politica è presente, sin dall'origine, nella natura dei movimenti contestativi della fine degli anni Sessanta.)

Infine, come in un ciclo, siamo al collasso o alla rinnovata crisi delle ideologie. Così, ancora una volta, siamo indotti a riflettere sulla sensazione, deludente e insistente, dello spreco di ricchezza, speranza, motivi e ragioni per agire collettivamente. Anche se abbiamo cercato di inseguire i segni di una esile ma preziosa eredità. Ora, però, *de nobis fabula narratur*.

11. Una conclusione sconfortante non è difficile. Specie, quando è corroborata dal conformismo. Tuttavia, a una conclusione sconfortante si possono opporre alcuni, sobri, argomenti. Essi sono sostenuti dall'idea tenue di un possibile filo di eredità.

È possibile che il consumo di un'illusione lasci il campo alla pura esperienza di delusione e che questa, a sua volta, generi una predisposizione al congedo. È possibile che scoprire che la rivoluzione è impossibile implichi che non ci sia più nulla da fare, nulla che valga proprio la pena. È possibile che la percezione dei limiti della politica implichi che alla politica e all'azione pubblica sia futile o immorale prestare la minima attenzione. È possibile che la scoperta – ricorrente – che non tutto è politica produca l'impressione – anch'essa ricorrente – che nulla è politica. È, infine, possibile che, riconsiderando a distanza le sequenze di un frammento temporale fatto di intensa azione collettiva, di immaginari simbolici, di desideri e di gesti, il bilancio netto consista nell'invito alla rimozione (o alla condanna o all'irrisione, a seconda dei gusti e degli interessi).

Tuttavia, nessuna delle uscite che ho indicate come possibili è per ciò stesso necessaria. In un certo senso, anzi, se oggi nella discussione pubblica intelligente (scarsa ma non inesistente) nel nostro paese – a quasi vent'anni dall'onda dei movimenti di contestazione – si confrontano fra loro ipotesi intorno a quale assetto o disegno delle istituzioni sia degno di essere riconosciuto migliore per coloro cui è accaduto di avere una vita da vivere nella nostra società, ciò non è senza rapporto o un qualche nesso con la storia di cui ho tracciato una *silhouette* forse troppo nervosa e ho avanzato una congettura certo molto parziale.

Vi è almeno un aspetto che i movimenti del '68, nel loro stato nascente, hanno messo sull'agenda per un futuro, allora non previsto, che inevitabilmente è divenuto presente per noi: la ricerca e la discussione di una *qualità* delle relazioni fra individui, uomini e, soprattutto, donne, che è stata inevitabilmente rappresentata, recitata o declamata nelle vesti e con i rituali dell'impossibile discorso ideologico, ma che non è a esso inestricabilmente associata.

Perché dovrebbe essere necessario che le utopie siano solo modelli di società perfette, affini alle promesse delle religioni e così prossime all'intolleranza e alle guerre di religione? Vi è anche un modo ragionevole di tratteggiare e sottoporre alla critica e alla discussione idee (utopie) intorno a una società migliore. Non è affatto necessario che il trovare attraente lo spazio pubblico della razionalità pratica si accompagni alla illusione ideologica dell'onnipotenza e dell'ubiquità della politica o del "tutto è politica". È possibile discutere criteri di riforma delle nostre istituzioni, pratiche sociali e regole alla luce di un principio che consideri razionalmente la politica come uno *strumento* – strumento importante ma pur sempre strumento e non *fine a sé* – per una varietà di fini che gli individui hanno diritto di poter perseguire. Ma se questo è possibile, se una prospettiva di riforma per una società migliore è possibile e ha piena cittadinanza nella cultura politica intelligente, se possiamo sottoscrivere in modo non futile né ipocrita un elogio dell'etica, quanto dobbiamo all'intensità, alla speranza e all'illusione che in tante biografie individuali e percorsi collettivi si sono accumulate, consumate e spese?

1986

XI. Una utopia oltre la politica e qualcos'altro

Ci siamo. Immaginiamo di essere arrivati, dopo un esodo appassionante, pieno di suono e di furia, ricco di conflitti e reazioni, che ha conosciuto bellezza e tragedia, insieme a molti altri – compagni e compagne – ai confini di Freequalia, la terra promessa del nostro Sogno-utopia.[1] Un'utopia metapolitica o apolitica, in ogni caso non politica, che ha il suo nucleo originario in una speranza collettiva sulla *qualità* delle nostre relazioni interpersonali e delle nostre, condivise, questioni di vita, è stata presente nelle nostre menti individuali, più o meno chiara e distinta, durante tutto l'esodo.

Alcuni di noi l'hanno ricostruita puntigliosamente com-

[1] Il termine "Freequalia" mi è stato suggerito da Robert A. Dahl: cfr. il suo contributo in AA.VV., *I limiti della democrazia*, cit. Il suggerimento non dipende solo da evidenti ragioni di assonanza lessicale. Sono convinto che il sogno radicale della rivoluzione (il futuro che è stato pensato o ideato o sognato come possibile nell'utopia della fine anni Sessanta) abbia costituito, nella recente e difficile storia della democrazia pluralistica italiana, un elemento importante, nella complessità della sua vicenda, per la maturazione e il consolidamento di una coscienza civica propriamente democratica. In altri termini, io credo che esso costituisca una fase – drammatica e angosciosa quanto si vuole – della crescita di un nucleo di credenze condivise intorno al valore intrinseco delle *procedure* o delle *regole del gioco* della competizione democratica (definizione minima della democrazia in senso meramente procedurale) e, al tempo stesso, suggerisca un nucleo di sostanza per il progetto di una democrazia compiuta, nel nostro paese. Il sogno di una società perfetta, *al di là* della giustizia, implica che si possa oggi prendere sul serio in modo non futile l'idea (*perfettibile*) di una società più giusta o meno ingiusta. Il termine "esodo" mi è stato suggerito da *Esodo e rivoluzione* di Michael Walzer (Milano, Feltrinelli 1986). Le vie e le interpretazioni dell'esodo e della speranza collettiva per

mentando libri sacri dell'ideologia del radicalismo rivoluzionario, elaborati sullo sfondo di remote vicende dell'azione collettiva e dell'esperienza emancipatoria di masse di milioni di uomini e donne impegnate e mobilitate nel sostenere, promuovere e far avanzare i propri interessi, esclusi, negati, repressi e non rappresentati. Altri l'hanno riconosciuta nella più antica esperienza delle religioni di salvezza e nel ricorrente sogno chiliastico. Altri, ancora, l'hanno semplicemente vissuta, come il non detto delle forme di azione contestativa che, insieme a tanti come loro, hanno intrapreso con la loro partecipazione nell'effervescenza dei riti simbolici di socializzazione politica. Alcuni sono stati registi (o ritengono di esserlo stati) dell'esodo. Altri, gregari.

Alle origini, sono state adottate le forme espressive della comunicazione politica contestativa e antiautoritaria. In alcuni casi, destinati a una sequenza drammatica a spirale perversa, la logica del conflitto politico si è tradotta, nella massima intensità dell'opposizione fra amici e nemici, nella logica di guerra. In altri, l'esodo ha raccolto, nel suo difficile e esaltante processo collettivo di mobilitazione e investimento e consumo di risorse e di vite individuali, soggettività differenti fra loro, identificate in una appartenenza o in una fraternità dovute all'esservi diverse sorti di vita, bisogni, *desideri*, interessi opachi o frustrati o negati. Ma, alla fine, ci siamo. Si profila la città futura di Freequalia. Ne scopriamo i tratti e i luoghi, le proprietà.

Freequalia è una città *oltre* la politica. Noi ricordiamo che qualsiasi forma di azione collettiva o di istituzione stabile nel tempo o di centro di allocazione di valori sociali o di agenzia per scelte collettive e decisioni sociali che impiegasse la risorsa dell'*autorità* era radicalmente ingiusta perché, secondo l'argomento di Trasimaco, espressione più o meno patente dell'interesse dei dominanti, dei signori delle vite altrui. Freequalia è terra di anarchia cooperativa e altruistica (l'esodo ha trasformato le nostre motivazioni). L'autorità non è solo moralmente esecrabile: essa è *superflua*.

Freequalia è *oltre* l'economia e la scarsità. La triste scienza della miseria evoca in molti di noi il ricordo dell'altra grande forma della coazione e del dominio, della violenza

una società migliore, perché più giusta, sono naturalmente più d'una.

sulle vite di persone. Se l'autorità è superflua, altrettanto lo è l'economia con il suo corteo ipocrita di vincoli, compatibilità, razionalità, divisione sociale e tecnica del lavoro, sfruttamento e, di nuovo, dominio sui tempi di vita.

L'economia è ancora più superflua quanto più grandi sono le opportunità generate da uno sviluppo e da una crescita senza limiti che è alle spalle del nostro esodo verso Freequalia. Perché il sogno del futuro dovrebbe revocare l'immagine dell'abbondanza e di un universo privo di vincoli che era già lì, latente, nel sistema nemico da cui siamo usciti?

Freequalia è una città in cui è superflua la divisione di uomini e donne fra esperti e non esperti, fra padroni dell'informazione e dominati, esclusi da essa. Anche l'ineguaglianza nell'accesso a quella risorsa fondamentale che è il sapere (soprattutto nelle sue forme scientifiche e tecnologiche in cui più trasparente è la vocazione prometeica al dominio su uomini, donne e natura) fa parte del sistema da cui ha preso le mosse il nostro esodo. Molti di noi ricordano che, all'origine, fu questo uno dei punti cruciali che furono oggetto di tematizzazione collettiva. Intorno a esso vi fu insorgenza dell'azione collettiva di contestazione. La revoca della deferenza verso le istituzioni del sapere e degli esperti (l'università e la scuola, per esempio) derivava dalla percezione condivisa dell'iniquità e dell'arbitrarietà morale dell'esclusione di tanti dall'accesso al sapere. Quest'ultimo, non lo dimentichiamo, si presentava come un enorme arsenale o deposito di strumenti e tecniche razionali che ambivano a presentare e garantire la *neutralità* dei mezzi, il cui valore dipendeva solo dall'impiego o dall'uso. Ma noi abbiamo smascherato la pretesa e abbiamo appreso che quella neutralità non era altro che una fra le innumerevoli e monotone spie dell'ubiqua e monocroma logica del dominio, della coercizione e dell'esclusione.

Freequalia è una terra *oltre* la razionalità. Quest'ultima è calcolo e ponderazione. Essa corregge e bilancia le passioni, ordina la sequenza viva dei nostri desideri e delle nostre pulsioni, trasformandoli in preferenze o in ordinamenti fra scopi. Quando i nostri desideri diventano schiavi della ragione, una parte della nostra vita (forse, la più importante) è resa opaca e spenta, allontanata dalla nostra vita stessa, se la guardiamo dall'interno. Una ricchezza e una intensità che ci sembrano possibili si contraggono sotto l'effetto repressivo o la rimozione generata dall'esercizio della razionalità.

In questo modo, la razionalità riduce la complessità e la ricchezza di senso delle nostre vite. Conferisce loro una coloritura monotona. Riduce il numero delle loro dimensioni virtuali, sino a restringerlo nella gabbia di una sola dimensione. A Freequalia, ci sembra, i desideri e i vissuti non conoscono la dolorosa esperienza del dominio della razionalità. Così, la qualità delle nostre relazioni, fra noi come vite separate, è libera dall'ennesima forma di incarnazione del dominio (ora coincidente con la razionalità stessa) e esprime il ricorrente sogno della felicità come *pienezza* o *ricchezza* di desideri e capacità, che possiamo chiamare, in questo senso proprio, *libertà*.

Naturalmente, Freequalia è la polis della libertà, intesa come emancipazione e assenza di vincoli che blocchino e costringano la pienezza, riducendo la ricchezza possibile delle nostre relazioni interpersonali. Per questo, l'abbiamo (o l'hanno?) chiamata *Free*-qualia. Libertà dalla coazione, per ciascuno di noi, che si incorpora ubiquamente nelle forme della politica, nella logica dell'economia, nella disciplina della scienza, nel canone della razionalità – intese come padrone del senso delle nostre vite. A Freequalia non vi sono signori della vita e della morte e ciascuno, entro la sua vita, può con gli altri, dopo il lungo esodo, riappropriarsi del senso del tempo di vita liberato, nella pienezza ricca dell'Utopia radicale realizzata.

Allo stesso modo, a Freequalia (Fre-*equalia*) vige l'eguaglianza stretta per ciascuno di noi che è emancipato dai multiformi vincoli del dominio. Eguaglianza nel contare nei processi di comunicazione (istituzioni rappresentative o organizzazioni di rappresentanza dei nostri interessi sono naturalmente evaporate, insieme alla superfluità del Leviatano in una condizione di anarchia altruistica) e eguaglianza nelle quote distributive. A ciascuno secondo il bisogno: così suona un remoto precetto di giustizia distributiva.

Non ha senso a Freequalia qualcosa come il riconoscimento di meriti (questo era proprio del sistema entro cui e contro cui abbiamo, insieme, lottato e da cui siamo usciti, approdando a Freequalia). Il merito riflette semplicemente l'arbitrarietà morale della sorte naturale e sociale: nessuno ha mai deciso la sua sorte genetica, il sesso, la razza o la classe in cui gli è accaduto di nascere. E a Freequalia non solo ovviamente non vi sono classi sociali, ma neppure effetti di differenza dovuti alle dotazioni naturali.

C'è un altro importante aspetto che ci ha colpito, entrando nei confini della nuova terra del nostro mondo sociale futuro possibile: sembra si estinguano le fonti della sofferenza e del dolore che non derivano visibilmente, o forse a prima vista, da effetti sociali delle istituzioni (che, peraltro, si sono dissolte a favore di pratiche comunicative fra liberi e eguali). Anzi, ci sembra di capire che la maggior causa, se non l'*intera* causa, della sofferenza e dello spreco di felicità umana, che era propria del sistema da cui è mosso l'esodo, era propriamente sociale e artificiale o convenzionale. Troppe cose ci venivano allora presentate come "naturali". Freequalia, infine, è terra di *fraternità* (senza terrore): ci si dà tutti del "tu".

Il sogno di Freequalia (che a alcuni apparirà un incubo, a altri potrà apparire solo troppo euforico, per altri ancora presenterà *qualche* aspetto attraente) è qualcosa come il sogno di utopia radicale che ha caratterizzato, nelle sue forme nascenti, il nucleo di credenze ideologiche condivise dell'azione contestativa e antiautoritaria, alla fine degli anni Sessanta, in Italia come in altre società industriali mature, con regimi di democrazia pluralistica. Ho suggerito nel capitolo precedente le condizioni sociologiche e culturali e un possibile modello che renda conto della logica dell'azione collettiva. Il mio scopo principale era in quel caso di gettar luce sulle caratteristiche di "impossibilità politica" di una posta in gioco che politica non era. Quel futuro politicamente impossibile appare, tuttavia, oggi come un nucleo o un grappolo di principi o aspirazioni o criteri etici che possono informare la discussione politica intelligente su un futuro politicamente possibile, e migliore.

In un mondo in cui si riconoscono le ragioni della politica, il ruolo delle istituzioni, gli imperativi e i vincoli dell'economia, il bene pubblico della razionalità – individuale e collettiva –, la rilevanza delle ineguaglianze giustificabili e le tensioni fra democrazia e mercato, non c'è da congedarsi. Né, credo, sia moralmente apprezzabile l'esercizio sistematico e ottuso dell'oblio. C'è piuttosto molto da fare. E se qualcosa è possibile, ciò è anche possibile perché si decifra il segno di un'eredità, nel tempo.

Così, almeno, l'intensità di un'esperienza collettiva che

ha coinvolto numerose vite individuali (a volte con esiti tragici o perversi, a volte con esiti fatui e moralmente volgari) può non apparire solo come spreco intollerabile di energie e di speranze per un esodo (o una rivoluzione impossibile oltreché indesiderabile sia per i mezzi sia per i fini), ma consegnare qualche tessera per il mosaico di una utopia ragionevole per cittadini e cittadine, nella *nostra* città.

1986

XII. Lettera al Pci

Caro Pci, so che sei fatto di moltissimi uomini e donne, ciascuno con la sua biografia, la sua testa, le sue credenze, le sue aspirazioni, le sue speranze. Tuttavia, per brevità, scrivo questa lettera indirizzandola a *te*, come attore collettivo.

Vorrei comunicarti alcune convinzioni e credenze, e qualche interrogativo, su punti che mi sembrano di una certa importanza. Dirti due o tre cose a proposito dei "caratteri e dei valori del socialismo" nella tua concezione. Ho letto attentamente la tua ultima lettera (a destinatario collettivo) e, in particolare, l'introduzione alle tesi proposte per il tuo prossimo congresso. Le questioni su cui vorrei richiamare la tua attenzione sono importanti, almeno per me come filosofo politico (e, in secondo luogo, come concittadino che ha a cuore le idee di progresso e di riforma per una sinistra credibile negli ultimi anni del secolo che ci è contemporaneo; non mi è del tutto chiaro se quest'ordine di priorità sia proprio quello giusto, ma in ogni caso questo è un difficile problema filosofico su cui non è il caso di tediarti o meglio di implicarti. Dopo tutto, tu fai un mestiere o una professione diversa dalla mia).

Le questioni che mi stanno a cuore sono collegate alla definizione chiara e univoca, netta e forte, di una identità della sinistra in quanto essa si proponga compiti politici di riforma sociale che, come hai scritto, siano modellati dai criteri guida della giustizia sociale e dell'equità. Si tratta, d'altro canto, dei valori tradizionali della sinistra. Essi hanno una lunga storia, più lunga dei tuoi pur ragguardevoli sessantacinque anni (a proposito, i più vivi auguri per il tuo recente compleanno!), e risalgono al nucleo normativo, al grappolo di principi etici del "progetto moderno" (un progetto, come sostiene il professor Habermas, "incompiuto"). Io non credo, come alcuni sostengono, che essi abbiano esaurito la loro spinta propulsiva, se mi consenti di impiegare un'espressione efficace che tu hai adottato a proposito della valutazione delle esperienze storiche, nel XX secolo, delle modernizzazioni socialiste autoritarie.

Ora, proprio perché tu per primo sei d'accordo sul fatto che non è il caso di avere una visione "cristallizzata" del socialismo, a me sembra sia interessante chiedersi: che cosa vuol dire "socialismo"? Che la visione non sia cristallizzata, non penso voglia dire che non si sappia o possa dare una risposta (anche se congetturale e revocabile) a questa elementare domanda. Se no, perché non andiamo tutti a casa? (Non si tratta di impegnarsi in virtuosismi definitori o in quelle pratiche conversazionali che ritualmente sono chiamate "esercizi di nominalismo": in genere, quando si toccano questioni di principio, importanti, è plausibile che scattino meccanismi di difesa. A te, com'è naturale, è successo tante volte. Ma non è il caso di insistere. Non tutto ciò che è plausibile, è approvabile.)

Tu escludi che "socialismo" possa voler dire "statizzazione integrale dei mezzi di produzione e di scambio e... gestione amministrativa della pianificazione". Mi ricordo che un tempo non eri di questo avviso. Ma rivedere criticamente e razionalmente, alla luce della migliore informazione disponibile sui fatti e sugli eventi, sulle conseguenze, le proprie convinzioni è solo un segno di maturità, morale e intellettuale. Lo è per ciascuno di noi, nelle nostre vite individuali. Perché non dovrebbe esserlo per un attore e un'identità collettiva? (I miei colleghi, esperti di scienze politiche e sociali, mi suggerirebbero una formulazione più cauta, ma questa è una lettera personale e non un articolo scientifico.)

Ora, tu non solo sostieni che il socialismo non vuol dire "statizzazione ecc.", ma anche che le regole, le procedure e il regime della democrazia politica pluralistica costituiscono altrettanti punti fermi, dei fini a sé, o hanno – come hai da tempo asserito – un "valore universale". Ciò, tra le altre cose, vuol dire che le scelte collettive devono risultare sensibili alle preferenze individuali dei cittadini, che questi devono poter disporre tutti di un passaporto, trovare in edicola più quotidiani e settimanali, andare nelle chiese che sono loro gradite; vuol dire, soprattutto, che la qualità delle relazioni fra governanti e governati deve dipendere in un qualche senso fondamentale dalle preferenze di cittadini e cittadine, liberi di scegliere fra programmi alternativi e, come dire, interpretazioni rivali di quale sia l'interesse pubblico o generale, di lungo termine, della collettività (per questo, a me sembra vadano prese molto sul serio tutte le questioni che concernono i mezzi per rendere questa *qualità* migliore e più intensa: questioni di "scettro e principe", per dirla con Gianfranco Pasquino).

È quindi plausibile che la risposta alla mia domanda vada cercata nella natura e nei criteri normativi che informano la tua prospettiva di azione e orientamento politico; e questo, a sua volta, ha a che fare con la tua identità di sinistra, *oggi*, qui e ora. Per noi contemporanei e per i nostri figli, più i nostri nipoti. Oggi, qui e ora, tu operi entro una società a democrazia rappresentativa, pluralistica, con un sistema economico caratterizzato da economia privata, settore pubblico e un importante settore cooperativo. Non è difficile riconoscere che si tratta di una società in cui coesistono, con tensioni ovviamente fra loro (se no, che ci staremmo a fare noi, amici delle idee di progresso e di riforma?), democrazia e capitalismo. È inutile (e sarebbe patetico) che io (come spesso fanno molti miei colleghi) ti ricordi quante trasformazioni hanno investito nel tempo – anche grazie alla tua azione – questo strano oggetto che chiamiamo "società capitalistica". Quello che mi sembra essenziale è che è in *questa* società che tu ti poni scopi e obiettivi di valore politico e che è di *questa* società che tu accetti *alcuni* importanti principi, regole e vincoli. Quindi, vi sono aspetti, significativi e non marginali, del capitalismo che tu *accetti*. (Se no, non si capirebbe più niente.)

Per essere più chiari, penso che tu sia d'accordo con me se sostengo che tu, Pci, *non* ti proponi di cambiare *alcune* cose: chiamiamole per nome, il pluralismo politico e ideologico, il mercato, l'impresa e i diritti di proprietà, le regole fondamentali in democrazia per scelte collettive, il principio di maggioranza ecc. Io credo che, se tu accetti questo, è perché hai maturato la convinzione che si tratti di cose buone, politicamente utili e moralmente approvabili. Ma, d'altra parte, se tu accetti questo, e so quale grande, complesso travaglio ti abbia impegnato nell'abbandono di una tradizione per cui *questo* non era accettabile, è chiaro che riconosci di essere (giustamente e ragionevolmente) *cambiato*, in modo netto. E perché non dovresti, del resto? Il tuo quadro concettuale e la tua carta di principi, orientamenti e criteri di valore e giudizio politico sono radicalmente diversi da quelli con cui, tanti anni fa, sei nato. È plausibile che, come dire, ripensandoci su, vedi continuità dove è, all'inverso, rottura. Tradizione dove è, all'inverso, innovazione. Ma, per dire pane al pane e vino al vino, questa rottura e questa innovazione ci sono e sono esse a rendere coerente e significativa l'asserzione per cui tu, Pci, fai parte della famiglia della sinistra europea occidentale; *a fortiori*, quindi, ti riconosci parte – e parte cospicua – di *questa* società.

Tu hai scritto che il tuo essere parte integrante della sinistra europea è connesso alla tua piena autonomia internazionale (lo "strappo", per intenderci) e alla tua scelta irreversibile a favore di un socialismo fondato sul pieno "dispiegarsi della democrazia e della libertà". Ora, democrazia e libertà (le libertà dei contemporanei, non dei posteri né, ovviamente, degli antichi) richiedono che la tua prospettiva socialista sia *preferita* a altre, in competizione leale con esse, alla luce delle preferenze, delle scelte, degli interessi, dei bisogni, delle concezioni del bene (del proprio, naturalmente, oltre che di quello degli altri) dei concittadini. Se si accetta la democrazia, il socialismo (qualsiasi cosa voglia dire, a eccezione di quanto è escluso dall'accettazione stessa) o è *preferito o non è*. E non è il caso di pensare o augurarsi che lo preferiscano uomini e donne "nuovi": lo devono preferire uomini e donne maledettamente simili a noi. (Naturalmente, le preferenze individuali non sono dei dati atomici, indipendenti dai processi sociali che le modellano e generano; la politica può essere, nei suoi momenti e aspetti più alti, confronto, conflitto e "discussione razionale" sulle preferenze; ma, alla fin fine, sono esse che contano e hanno un sacrosanto *diritto* a contare.)

Ho l'impressione che qui si ponga una questione interessante; essa riguarda te e, più in generale, il disegno e la credibilità della sinistra nei prossimi anni. Tu dici che la riforma sociale deve essere guidata dai valori di "solidarietà e eguaglianza", da sempre propri dell'identità storica del progetto emancipatorio della sinistra. La mia domanda è: *quale eguaglianza?* Che cosa vuol propriamente dire: eguaglianza? Eguaglianza sotto quali aspetti, di che cosa ecc.?

Qualche tempo fa, ti avrei scritto una lettera dedicata a

un altro degli "immortali principi". Avrei presumibilmente chiesto: *quale libertà*? (Ma, se non sbaglio, è già stato fatto da esperti più autorevoli di me.) Oggi, proprio perché tu riconosci che la famiglia delle libertà di ciascuno, come concittadino e concittadina dotati di pari dignità di qualsiasi altro, è un requisito intoccabile (che quindi rientra nel novero delle cose che tu non vuoi cambiare perché non si *devono* cambiare, quanto piuttosto mantenere, proteggere o sostenere quando quella preziosa famiglia di libertà non sia tale o non sia rispettata o sia brutalmente e arrogantemente o subdolamente negata), il problema cruciale diventa quello di che cosa voglia propriamente dire: *eguaglianza*.

Il problema è importante o sembra a me tale, perché è inevitabilmente connesso alla versione credibile di "socialismo", coerente con le assunzioni di priorità delle libertà (si tratta di una questione di *principio*, non di *opportunità*; è infatti noto – e tu lo sai benissimo – che vi sono modi di sostenere come prioritario il fine dell'eguaglianza che sono degnissimi ma incompatibili con il riconoscimento della priorità delle libertà; né, sembra, marito o moglie ubriaca e botte piena si tengono assieme senza contraddizione). Ho una perplessità, dovuta a scrupolo e percezione ironica dei nostri, umani, limiti nel prendere sostanzialmente sul serio le questioni di valore che ci stanno a cuore: può darsi che la questione sia così importante solo agli occhi di un filosofo che ha professionalmente l'onere e l'ossessione di mettere in ordine il nostro linguaggio e dare una qualche coerenza ai nostri giudizi intuitivi. Tuttavia, ho l'impressione che, certo in modo non accademico, la cosa ti riguardi direttamente e, soprattutto, tocchi intensamente questioni di vita per concittadini e concittadine.

Se tu sostieni che una società di uomini e donne "eguali" è un obiettivo di valore politico che caratterizza un programma riformatore di sinistra o, meno enfaticamente, che un grande compito progressista è quello, in Italia, di correggere le ineguaglianze fra concittadini generate dalla lotteria delle doti naturali e sociali, dallo sviluppo, dai suoi costi e dai suoi benefici, dalle differenze nella distribuzione di opportunità di vita, reddito, *status*, occupazione (il grande, terribile spettro per le generazioni future, insieme alle questioni di ambiente e, ovviamente, ai tic dei dr. Stranamore), che cosa vuol dire letteralmente questo modo di parlare? Che cosa si ha in mente quando si sostiene questo fine, questo obiettivo peraltro coerente, ricorrente e centrale, di valore e credenza politica della sinistra? (Norberto Bobbio ha parlato in proposito, se non sbaglio, di "stella polare", riferendosi al ruolo che nella tradizione del socialismo svolge la concezione dell'eguaglianza.)

Prima di esporti alcune, sommarie, riflessioni in proposito che derivano dai miei studi di teorie della giustizia distributiva, sperando che possano esserti utili (fa' come ritieni meglio, in ogni caso. Uno dice cose che pensa con serietà e passione. Se va, va e se non va – anche se dispiace un po' – pazienza. Sarà per un'altra volta!), consentimi una fulminea digressione, una precisazione: è chiaro, almeno leggendo la tua ultima lettera, che la tua è la vocazione di un partito *migliorista*. Il che a me fa molto piacere. Ma vorrei chiarire, dato che le etichette valgono quel che valgono e c'è sempre uno o una che fa uno spot più efficace del tuo, che la ragione per cui sei migliorista dipende dal semplice fatto che tu ti impegni, per cambiare cose che non vanno (sotto il profilo della giustizia sociale e della equità), a non cambiarne *altre*. Vi sono cose che non devono essere cambiate, per cambiarne efficacemente altre. Questo vuol dire prendere maledettamente sul serio il compito di rendere migliore *questa* società (sotto il profilo dell'equità e della giustizia sociale). E ritenere che ciò sia politicamente *possibile* e *praticabile*. Il capitalismo si *può* migliorare attraverso la democrazia. Se no, perché parlare di riforme? Non c'è qualcosa come una società perfetta il cui modello è da applicare sulla nostra imperfetta (migliorabile) società. E, d'altra parte, le riforme non hanno come scopo il paradiso in terra. Cercano di rendere più decenti e moralmente accettabili e giustificabili le nostre, umane e imperfette, forme di vita, individuali e collettive. Il che a superuomini e superdonne può sembrare banale o poco eccitante, ma per uomini e donne simili a noi è certo un esito attraente: essi, comunque, *preferiscono* una società meno ingiusta a una più ingiusta (e non si fidano, nella loro stragrande maggioranza almeno, delle "società perfette": tra l'altro, in quel caso, non ci sarebbe niente da fare, per principio).

Caro Pci, mi sembra che un partito riformatore (o riformista: è questione di gusti e di emozioni o connotazioni) in una società pluralistica a tradizione democratica i) debba far proprio il fine dell'*eguaglianza semplice*, adottando e sostenendo il punto di vista dell'eguale *cittadinanza sociale* e

ii) debba perseguire il fine di un'*eguaglianza complessa*, rispettando, proteggendo e favorendo le *differenze*, ma correggendo e neutralizzando gli esiti o effetti di dominio (usurpazione, coercizione e tirannia) che dalle differenze derivano per le vite di uomini e donne e la loro sorte, in società pluralistiche.

Cerco, nei limiti del possibile, di rendere chiara questa asserzione che mi sembra catturare la tensione fra le richieste di *eguaglianza* e di *differenza* (legittima) che affiorano, oggi, qui e ora, nei giudizi intuitivi dei concittadini. Il primo punto ha a che vedere con un'idea di eguaglianza delle opportunità o dei beni di cittadinanza per chiunque, in quanto egli o ella sia un concittadino. La lotteria del mercato o la lotteria genetica generano esiti arbitrari dal punto di vista della loro legittimità morale o giustificabilità. E una delle radici "culturali" del socialismo mi sembra risiedere ancora oggi nell'idea base per cui un insieme di modi di vita collettivi e di pratiche sociali deve poter essere giustificato o accettabile ragionevolmente per chiunque. (Chi merita il sesso in cui è nato o la sorte sul mercato dei propri genitori?) È facile vedere, almeno da un punto di vista concettuale, come questa prospettiva di eguaglianza (o equità, se accettiamo ragionevoli vincoli per incentivi) delle risorse o dei beni sociali principali implica una *riclassificazione* dei *bisogni* di cittadinanza sulla base di un criterio di *urgenza*, indipendente dai poteri di minaccia dei gruppi, diversificati e frammentati (quali che siano), di uomini e donne. Un criterio di urgenza per identificare quali pretese di cittadini meritano soddisfazione a base pubblica presuppone la costruzione di un *consenso*, in tensione con la frammentazione degli interessi (e della coscienza civica) e il conflitto spartitorio (d'altra parte, un punto decisivo sembra quello di sottrarre risorse alla spartizione fra gruppi particolari per destinarle allo sviluppo per chiunque).

Un partito di sinistra, che tanta parte ha avuto nell'incorporazione di classi e masse di uomini e donne *escluse* dalla cittadinanza, deve adottare come strategica la nozione di eguale cittadinanza sociale; deve poter sostenere l'eguale diritto di chiunque, in quanto cittadino, a beni sociali principali. Quando tu parli di parte debole della società e di parte forte della stessa, suppongo tu intenda riferirti a gruppi svantaggiati e avvantaggiati nell'accesso ai beni sociali. Naturalmente, ciò presuppone che si sappia chiaramente che nessun pasto è gratis. (Questa asserzione non mi sembra essere né di destra né di sinistra.) Per questo, l'eguaglianza semplice riguarda, per dir così, lo *zoccolo minimo* dei beni di cittadinanza dal lato dei benefici cui si ha diritto perché concittadini e il ridisegno di uno schema equo di imposizione fiscale, dal lato dei costi.

"Socialismo" qui vuol dire porre l'accento sul fatto che siamo tutti "soci" (pari grado) di quell'impresa cooperativa (e conflittuale) che è la società in cui ci è accaduto di avere una vita, con molti altri, da vivere. Esso si basa sull'importante idea dell'eguale *valore* delle libertà per chiunque o sull'equità nelle *capacità di base* delle persone (questo è il nucleo razionale delle confuse asserzioni di qualche tempo fa – ti ricordi? – sulla distinzione fra libertà borghesi o formali e no: il problema è piuttosto quello della distinzione fra l'esservi eguali libertà e l'avere esse eguale valore per cittadini: la tensione è fra diritti e opportunità).

In due parole, vi è una serie di ingiustizie o iniquità che derivano dal fatto che il *mercato* genera esiti che sono incoerenti con l'inferenza che traiamo dai nostri eguali diritti di cittadinanza (*democrazia*). Che il mercato e l'impresa siano attraenti in termini di efficienza (e di libertà negativa) è un fatto; che i loro esiti siano moralmente giustificabili, non è altrettanto incontrovertibile (e, naturalmente, solo un fanatico del mercato può non vedere che vi sono cose, terribilmente importanti per le nostre vite, che il mercato *non* può fare). Una prospettiva socialista credibile e plausibile deve muovere da questa tensione, che è catturabile non tanto nei libri di filosofia politica (compresi i miei) quanto nei giudizi intuitivi, nelle credenze e nelle preferenze di milioni di uomini e donne (cose da prendere molto sul serio, anche per te, per la tua capacità di comunicare con chi non lavora solo e pur intensamente a Botteghe Oscure). È proprio cercando di cogliere attentamente e decifrare, interpretare queste preferenze o queste credenze che si può cogliere il secondo senso della ricorrente tensione verso una società di uomini e donne "eguali".

Ora, però, occorre riflettere non nei termini dell'eguale – e uniforme – zoccolo della cittadinanza sociale quanto nei termini della differenziata *complessità* (un termine che vedo piace molto e che impiego con cautela) delle sfere di azione e significato condiviso in società pluralistiche: in termini di *differenza* e non di *uniformità*. Società in cui una varietà essenziale di beni o scopi è perseguita da, differenti, uomini e donne: autorità politica (un bene, per esempio, che tu legittimamente persegui), carisma religioso, moneta, merito scientifico, forza militare, primato sportivo, informazione tecnologica ecc. Se il fine dell'eguaglianza non implica che i suoi sostenitori aderiscano un po' fanaticamente o ottusamente all'egualitarismo, essa va pensata in un mondo complesso di differenze. Le ingiustizie, in questo mondo complesso di distribuzioni di beni differenti, coincidono con gli usi *impropri* dei beni sociali.

Non è giusto che l'autorità politica invada la sfera del merito scientifico e della moneta; né che i potenti della moneta o del capitale invadano la sfera dell'autorità politica; che i detentori del carisma religioso usurpino la sfera dell'autorità; che gli esperti dominino nelle sfere della partecipazione politica (e, naturalmente, l'inverso: uno sport molto praticato da noi); che i potenti militari usurpino ecc. L'idea dell'eguaglianza complessa mette in luce lo stretto rapporto fra l'esperienza della ineguaglianza e l'esperienza del dominio, della subordinazione personale e della coercizione.

Qui, la prospettiva socialista si connette, ancora una volta, al nesso fra eguaglianza e libertà: la libertà di ciascuno di perseguire, legittimamente, autonomamente e *responsabilmente*, il proprio bene, in una visione centrata sull'idea di fioritura umana e autosviluppo. Una delle principali, ricorrenti, minacce e uno dei più patenti dispositivi generatori di ingiustizia nella nostra società sono identificabili proprio nel ricorso sistematico e oppressivo all'uso improprio dei beni sociali (non c'è bisogno di pensare alla "piovra"; basta pensare, simultaneamente, ai governi "privati" in democrazia e all'estensione del sistema dei partiti in sfere e arene non pertinenti; si chiamava anche questa: questione morale, o no?).

Quello che è importante – a me sembra – è che una credibile prospettiva socialista in una società democratica sappia dare un senso a questa duplice concezione dell'eguaglianza. In questo modo, essa si connette agli sviluppi di un remoto principio del progetto moderno che non chiamerei "libertario", come hai scritto tu all'inizio della tua lettera, quanto piuttosto propriamente *liberale*. Sarà forse vero quanto è stato sostenuto da qualcuno, che a fine secolo – entro le società democratiche pluralistiche – le opzioni rivali di valore e credenza politica si polarizzeranno fra gli estremi di un liberalismo di destra (il vento di destra, del resto, ha già soffiato abbastanza) e un liberalismo di sinistra? O no?

Caro Pci, mi rendo conto di averti scritto una lettera un po' troppo lunga. D'altra parte, sono convinto che si tratti di questioni importanti, proprio perché di *principio*. E poi, è così raro scrivere lettere, oggi. Mi scuso, tenendo conto di tutto quello che hai da fare e formulo i migliori auguri per il miglior congresso possibile (per te e per tutti i concittadini di varia opinione, lealtà e credenza che ritengono non sia fatuo, futile o desolatamente utopistico lavorare, discutere e, perché no? sperare in una società più giusta).

1986

XIII. Il nome del partito. E se non ora, quando?

con Michele Salvati

Tra i tanti problemi che il Partito comunista italiano deve affrontare, quello del cambiamento del nome può sembrare oggi, a prima vista, uno dei meno pressanti. Comunque, un semplice problema di *opportunità*: su un piatto della bilancia andrebbero messe le conseguenze che un cambiamento avrebbe in termini di immagine esterna e di tenuta interna; sull'altro, quelle del mantenimento, soprattutto in una situazione in cui dall'Est possono provenire sempre nuovi guai, tragici dilemmi e fonti di imbarazzo per chi si autodefinisce comunista. E poi vedere da che parte la bilancia pende.

Ragioni di opportunità pro e contro sono certamente un tipo di ragioni importanti e per questo esse vanno certo tenute presenti; vi torneremo. Tuttavia, esse sono solo un tipo di ragioni e forse neppure le più importanti. Noi siamo convinti che il problema del cambiamento del nome sia assai più grave e importante di un semplice problema di opportunità. Ci sembra, in particolare, che la mancata soluzione di questo problema ostacoli la soluzione di tutti gli altri problemi che il partito deve affrontare, e di due soprattutto: i) il passaggio da un partito di classe e di quadri a un partito di interessi e di opinione; ii) il passaggio da una prospettiva di opposizione permanente e, intanto, di governo subordinato a una prospettiva che contempli realisticamente una responsabilità governativa e rifiuti di conseguenza ruoli esclusivamente consociativi.

Negli ultimi tempi ci siamo posti sempre più spesso la domanda elementare: perché il Pci non cambia nome? Assumendo che l'attuale dirigenza del partito non abbia alcuna resistenza di principio al cambiamento – un'assunzione forse non vera, ma indispensabile per proseguire – allora le sue resistenze debbono attribuirsi a una valutazione di opportunità, o con riferimento al partito in quanto organizzazione, o con riferimento alle sue *chances* elettorali. Nelle valutazioni della dirigenza, il piatto della conservazione deve, quindi, alla fin fine risultare più pesante di quello del cambiamento.

Sugli effetti del mutamento del nome sui consensi elettorali del partito, in assenza di indagini *ad hoc*, non si può dire molto: ci sembra però difficile pensare a esiti fortemente negativi. Anche ammesso, ma non concesso, che il cambiamento di nome sia percepito da molti elettori a basso livello di istruzione e/o inclini a un voto di semplice protesta come un'attenuazione della radicalità con cui il partito si oppone allo stato di cose presente, quali sarebbero le sue conseguenze? Forse ci sarebbero alcuni smottamenti verso l'apatia e l'astensione. Forse anche alcune perdite verso liste locali, qualunquiste e addirittura di destra estrema. Forse, infine, degli spostamenti di voto verso liste d'estrema sinistra. Riteniamo che valga la pena di spendere qualche parola su questi ultimi, perché il "pas d'énnemis à gauche" è un classico della tradizione della politica comunista.

Crescerebbe molto Democrazia proletaria? Si formerebbe un nuovo partito comunista a opera dei fans di Cossutta? Oggi l'Unione Sovietica non ha alcun interesse a fomentare e a finanziare una formazione politica scissionista, e ciò cambia notevolmente le cose anche rispetto a pochi anni fa. Non solo, ma la presenza e anche un certo successo di formazioni di sinistra marxiste-leniniste – se le perdite del partito non fossero troppo gravi – non sarebbero affatto un male: esse darebbero, per contrasto, maggiore evidenza alla scelta compiuta, e renderebbero ancora più attraente il partito per interessi e gruppi di opinione che sinora non hanno considerato il Pci, proprio perché comunista, nell'ambito delle proprie scelte elettorali. E poi non è per nulla necessario che il cambiamento di nome venga percepito come un infiacchimento del vigore con cui il partito si oppone allo stato di cose esistente: una dirigenza accorta e capace dovrebbe riuscire a convincere militanti e elettori che la lotta per le riforme "dentro il sistema" può essere altrettanto e forse più dura e impegnativa di quella che ha come riferimento meramente ideologico una "fuoriuscita" tanto mitica quanto misteriosa. Giudicando dall'esperienza postbellica del Pci, a nostro avviso può e deve esserlo di più. Il problema andrebbe certo studiato con sistematicità e con strumenti idonei, cercando di arrivare a una stima della somma algebrica tra defezioni e nuovi elettori. Intuitivamente, però, ci sembra che il vero ostacolo di "opportunità" al cambiamento del nome non risieda necessariamente nelle conseguenze che esso avrebbe in via immediata e diretta sull'elettorato. L'argomento a favore della conservazione, basato sulle *chances* elettorali, non è alla fine uno di quelli irresistibili.

Ben più serie, sembra, sarebbero le conseguenze sull'organizzazione del partito, e quindi i riflessi indiretti e successivi che una demoralizzazione e una crisi dell'organizzazione avrebbero sugli esiti elettorali. La reale differenza del Pci rispetto agli altri partiti consiste in 150-200 mila persone, largamente concentrate nel Nord e nel Centro del paese, che sostengono l'attività del partito con una dedizione personale e un impegno largamente sconosciuto in altre formazioni politiche, se si eccettua forse Cl. Per il partito, questo ceto di militanti e quadri costituisce una grande risorsa, e si capisce bene la riluttanza dei dirigenti a scontentarli, a promuovere azioni che indurrebbero una parte rilevante di costoro all'apatia o all'opposizione. Un grande patrimonio, dunque; ma anche una pesante palla al piede per un partito che voglia compiere con la ormai improrogabile sollecitudine quei passaggi politici cui abbiamo prima accennato.

La ragione di ciò sta in due fenomeni. Il primo è che – nell'ambito di questo ceto di quadri e di militanti – il Pci è un partito realmente democratico. Anche se i dirigenti volessero, essi non possono discostarsi di molto dagli orientamenti prevalenti in questo ceto e, se lo fanno, le ripercussioni organizzative possono essere molto dannose: di qui, lentezza, persuasione, educazione politica, riluttanza a usare metodi di lotta per correnti. Il secondo è che – questa è semplicemente la nostra impressione – questo ceto politico non ha maturato sino in fondo tutte le conseguenze delle dichiarazioni di fede socialista democratica che la dirigenza ha fatto negli ultimi anni, e che erano ribadite a chiare lettere e in modo inequivocabile nella prima parte del documento congressuale. La grande unità dietro l'attuale dirigenza è stata ottenuta mediante una orgogliosa riasserzione di identità, mediante un affascinante e variegato ventaglio di temi di opposizione, e non su una ragionata e meditata acquisizione del cambiamento nei principi ispiratori della politica del partito. Se il passaggio "tattico" del congresso era inevitabile, sia esso benvenuto. Tuttavia, e a maggior ragione se la coerenza è un valore, i problemi rimangono.

Ci piacerebbe riuscire a fare una mappa plausibile delle matrici e delle credenze teorico-ideali – al di là delle ragioni personali – che sostengono oggi la militanza comunista.[1] Lasciamo da parte i quadri cosiddetti "miglioristi", il cui mancato impegno in una discussione teorica appropriata del riformismo non potrà mai essere criticato a sufficienza. I marxisti-leninisti in senso proprio devono essere ormai pochi; bene, ma anche male, perché il marxismo è stato certamente tante "cose", ma fra queste anche un grande pensiero, robustamente realistico, che spinge a una forte attenzione verso fenomeni economici, politici e istituzionali, che erige barriere insuperabili verso slittamenti utopistici in senso negativo. Esploso il mito dell'Unione Sovietica, del partito unico, della pianificazione centralizzata, in buona parte dei militanti dev'essere rimasta l'idea che l'organizzazione capitalistica della produzione sia di per sé un male e bisogna opporvisi e, insieme a questa, l'idea che "deve esistere" una qualche organizzazione socialista – non certo quella dell'Unione Sovietica, né quella della Cina dei carri armati, ma anche radicalmente diversa da quella capitalistica –, la quale corrisponde alle proprie aspirazioni etico-politiche. Che cosa poi sia questa organizzazione sociale desiderabile, se essa possa realisticamente stare in piedi, non crediamo sia oggetto di grande interesse: al grosso dei militanti basta la convinzione che essa sia un'opportunità aperta, che sia radicalmente diversa dal capitalismo e che a essa debba essere attribuito il nome di *comunismo*. L'interesse e l'attenzione dei militanti sono poi concentrati su forme vecchie e nuove

[1] Una mappa molto schematica, ma recentissima, è quella fornita dal Cespe intervistando i delegati al XVIII Congresso e confrontando i risultati con quelli ottenuti al Congresso di Firenze (Cfr. "Politica ed Economia", supplemento al n. 6, 1989). Un forte mutamento in direzione – in senso lato – socialista democratica è giustamente sottolineato dai curatori. Sono però diffusi giudizi, e soprattutto umori, difficilmente compatibili con quella visione di fondo: la caratterizzazione sommaria che forniamo di seguito nel testo crediamo (temiamo) si attagli oggi a un nucleo non piccolo di militanti e quadri del partito ... e forse anche a non pochi dirigenti. Le cose sono però in rapido movimento.

di opposizione al sistema esistente: dalle tradizionali forme della lotta sindacale alle domande di riforma dello stato di benessere; dalle lotte sui diritti personali a quelle per l'ambiente; sulla matrice teorica di queste diverse forme di opposizione non si va per il sottile, e probabilmente esistono notevoli diversità tra i militanti nelle combinazioni specifiche di libertarismo, sindacalismo, femminismo, ecologismo, socialismo democratico, liberaldemocrazia e altre.

Un quadro caricaturale, ci si può obiettare. Vorremmo essere i primi a crederlo; temiamo purtroppo che la caricatura colga tratti essenziali della realtà. Una realtà di cui la dirigenza comunista porta responsabilità gravi. Disastrosa è stata, in particolare, la nebulosa retorica della terza via che, di per sé indecifrabile, ha costituito la porta d'ingresso e il criterio di legittimazione per qualsiasi istanza di opposizione forte, per matrici teorico-culturali molto eterogenee. Essa ha impedito di fare onestamente e seriamente i conti con una grande tradizione teorica: in Italia, la cultura marxista non meritava di finire in questo modo. Ma così stanno le cose, temiamo, e è per questo che i dirigenti vedono con comprensibile preoccupazione una qualsiasi proposta di mutamento di nome. Il nome, e l'orgoglio per quel nome, sono l'unico distintivo, l'unica differenza che esprime l'identità collettiva e, con essa, l'intensità della propria opposizione, delle proprie aspirazioni; che distingua il riformismo cosiddetto forte dei comunisti da quello, per contrasto, debole degli altri.

A nostro avviso, si farebbe torto al patrimonio di serietà morale, di dedizione, di onestà rappresentato dalla militanza comunista se si procrastinasse troppo la discussione sul nome. Per come vediamo noi il problema, il nome non va cambiato per motivi di opportunità di breve periodo. In Italia tutti sanno che i comunisti sono in realtà l'ala sinistra del socialismo democratico. All'estero c'è ovviamente qualche problema, perché il nome comunismo viene (giustamente) preso sul serio; e poi, probabilmente, nel medio periodo le convulsioni del mondo comunista faranno impallidire il ricordo di Tien AnMen. Ma l'Italia è una piccola provincia in un piccolo angolo di mondo, e quel che conta sono le reazioni degli elettori italiani. Il nome va cambiato anche e – forse – soprattutto per accelerare un processo di chiarimento teorico-ideologico *all'interno* della militanza comunista.

Noi riteniamo che si tratti di un'occasione straordinaria.

Il mutamento di nome non può essere fatto passare in sordina e senza discussione: a differenza di tutti gli strappi e gli strappini del passato, a differenza delle svolte tattico-strategiche, a differenza delle dichiarazioni forti dei singoli dirigenti, il mutamento del nome non può passare inosservato, in modo strisciante e ambiguo. Sul nome i militanti reagiranno con violenza: quale occasione migliore per forzare un chiarimento, per costruire una militanza ragionevolmente omogenea da un punto di vista teorico-ideologico, che comprenda realmente, e assecondi, le scelte politiche del "nuovo" Pci?

Il marxismo è stato una grande teoria della società, e ancora oggi certi suoi pezzi, presenti nell'ampio patrimonio delle moderne scienze sociali, sono responsabili di quanto sappiamo di come il capitalismo funziona: i militanti devono saper tracciare un bilancio meditato e consapevole di una teoria e di una "visione" che ha sostenuto le loro scelte politiche del passato.

L'esperienza comunista, dal 1917 in poi, è un'esperienza storica grandiosa e tragica: *essa è fallita*. I militanti devono sapere perché è fallita e che cosa quel fallimento trascina con sé.

Essi devono sapere che cosa significa, oggi, esprimere un'opposizione allo stato di cose esistente: come si può essere intransigenti e radicali nel contesto di un'economia capitalistica avanzata e nella lealtà a una politica democratica. Insomma, i militanti vanno presi sul serio, vanno trattati da persone adulte. E se una parte di essi andrà perduta nel corso della discussione – e speriamo sia una parte molto piccola – la maggiore omogeneità dei restanti sarà una garanzia che l'azione del partito non verrà frenata da ambiguità, inerzie, equivoci e dissensi trasformati in mugugni.

Contro l'apertura di una discussione che prenda avvio dalla proposta di mutare il nome del partito c'è solo un argomento serio: in condizioni di reale incertezza circa i suoi possibili esiti elettorali e organizzativi, vale la pena di promuoverla? Le cose non stanno forse già andando nel senso giusto? Anche senza discussioni approfondite (e senza spaccature) non è forse probabile che, al prossimo congresso, le risposte dei delegati al tradizionale questionario del Cespe manifestino un ulteriore spostamento verso una condivisione più profonda dei valori della sinistra democratica?

Al di là dei suoi riferimenti di fatto, quest'argomento è la tipica manifestazione di una *forma mentis* "cattolica", così come il nostro lo è di una *forma mentis* "protestante": l'eccessiva chiarezza – direbbero i "cattolici" – può creare disastri, essendo frutto di astrattezza, di eccessivo rigore, di intellettualismo. Contro le *formae mentis* non si combatte facilmente, e quella "cattolica" è rispettabile. Da intellettuali, tuttavia, noi stiamo dalla parte della chiarezza.

Non abbiamo perciò alcun titolo per dire come fare che non siano le nostre personali convinzioni meditate: per esempio, sarebbe poi così assurdo pensare di partire da una proposta della dirigenza, accompagnata da abbondanti materiali di riferimento, e di aprire una discussione lunga, ampia, approfondita, toccando tutte le sezioni del partito e con esiti non predeterminati? Quello che sappiamo è che noi saremmo tra i primi a iscriverci al Pci con nome nuovo se per caso la discussione si chiudesse con un documento simile a quello che, come modesta proposta,[2] qui di seguito riproduciamo.

"Da oggi il Partito comunista italiano assume il nome di Partito democratico della sinistra. Sulle ragioni che ci hanno sinora indotto a conservare il vecchio nome del partito – nonostante la revisione ideologica e politica maturata nell'intero arco del dopoguerra e acceleratasi dalla segreteria di Berlinguer a oggi – hanno infine prevalso le ragioni della chiarezza: quelle di far corrispondere la forma al contenuto, il nome alla nuova realtà del partito. Non è stata una scelta facile.

Le ragioni che militavano a favore della conservazione del vecchio nome erano molte e forti: nobili spesso, in ogni caso rispettabili. Tra le prime, soprattutto l'onore dovuto a quei militanti che hanno sacrificato la vita, subito sventure,

[2] Presentiamo nel seguito gli argomenti essenziali che motivano la scelta del nuovo nome indicato nella modesta proposta. Naturalmente, il nostro è semplicemente un invito alla fantasia, all'immaginazione e alla sensibilità politica. Riconosciamo facilmente che vi possono essere candidati alternativi interessanti o più interessanti. Quello su cui in ogni caso vorremmo richiamare l'attenzione è che qualsiasi "nuovo nome" deve soddisfare almeno i seguenti requisiti: i) esprimere nel modo più semplice e efficace possibile la coerenza tra "forma" e "contenuto"; ii) essere impiegabile nei contesti pragmatici più diversi della comunicazione, dell'azione e della competizione politica (nazionale e internazionale); iii) consentire, senza effetti perversi, di identificarsi e di essere identificati; insomma, di "chiamarsi".

patito sofferenze – nei tempi tristi del fascismo, negli anni gloriosi della Resistenza, nelle lotte sociali del dopoguerra –, e questo nel nome del Partito comunista italiano. Tra le seconde, lo smarrimento o le perplessità che il mutamento del nome potrebbero suscitare in molti compagni emotivamente e comprensibilmente legati al vecchio: la sensazione di una resa agli attacchi esterni, la ferita di un orgoglio legittimo, un'incrinatura nel rispetto di se stessi, come si è e si è sempre stati. Nessuna delle ragioni della conservazione regge tuttavia a fronte delle ragioni della chiarezza.

Chi ha sofferto per l'impegno profuso nella lotta politica guidata dal partito, l'ha fatto soprattutto per gli ideali ultimi che il partito professava: di libertà, di eguaglianza, di giustizia, di solidarietà. E l'ha fatto nella speranza che un'organizzazione comunista dell'economia e della politica avrebbe dato a quei valori una realizzazione più piena. Oggi dobbiamo riconoscere che quel grande disegno organizzativo non ha corrisposto alle nostre speranze. Che si è creato un conflitto tra l'adesione a quel disegno – in estrema sintesi: l'eliminazione del mercato, la pianificazione statale centralizzata, il partito unico – e i valori che, nelle nostre speranze, esso avrebbe dovuto realizzare. Il termine 'comunismo' è il nome di quel particolare disegno: glielo ha dato la storia e non possiamo cambiarlo a nostro arbitrio. Non possiamo battezzare come comunista tutto ciò che ci piace, tutto ciò che corrisponde ai valori della sinistra democratica che il comunismo voleva realizzare ma non ha realizzato. Non si onorano dunque coloro che si sono impegnati e hanno sofferto con noi e per noi, mantenendoci fedeli a un nome che contrassegna un disegno organizzativo da noi oggi respinto. Li si onora rimanendo fedeli ai *valori* che quel disegno voleva realizzare, e sforzandoci di trovarne altri che tengano conto delle lezioni della storia.

Un rischio di demoralizzare i militanti fedeli ai vecchi simboli esiste e ci ha trattenuto a lungo dal proporre un mutamento. Può però essere molto attenuato se riusciamo a far comprendere che il mutamento di nome non corrisponde a una riduzione dell'intensità con cui combattiamo le ingiustizie del capitalismo contemporaneo, anche nelle sue manifestazioni più prospere e avanzate, e i limiti che esso frappone alla partecipazione democratica e talora anche alle libertà dei cittadini. Anzi, sgombrato il campo da una proposta organizzativa di cui abbiamo riconosciuto il contrasto insanabile con i valori della nostra tradizione, possiamo continuare la lotta con maggiore intensità di prima: che altro significa la nostra autocritica sul consociativismo e l'unanimismo, la nostra proposta di alternativa? Questa società per due terzi ricca e soddisfatta, arrogante e ingiusta, che afferma diritti e non ne consente l'esercizio, in cui la democrazia si ferma alle soglie di ogni potentato organizzativo, non ci piace, deve e può cambiare.

A nostre spese e con fatica abbiamo appreso che, per una fase storica di cui non ha alcun senso plausibile prevedere la fine, il mercato deve restare, sia come condizione di efficienza, sia e soprattutto come garanzia di pluralismo politico. Abbiamo anche appreso che le grandi organizzazioni sono inevitabili in società complesse e che, come il mercato, esse creano forti ostacoli alle nostre domande più radicali di eguaglianza e democrazia. Ma già altri paesi a economia di mercato mostrano che si può andare molto più avanti di noi nella soddisfazione dei grandi *valori* della sinistra nel rispetto delle ragioni di efficienza: che il mercato può essere regolato, senza comprometterne i caratteri di flessibilità e di innovazione; che le grandi organizzazioni pubbliche e private possono essere controllate da regole di responsabilità sociale e di democrazia senza perdere la loro efficacia nel coordinare la divisione del lavoro. E poi si può andare ancora più avanti della frontiera che oggi ci è nota, in una ricerca inevitabilmente senza fine di una società più giusta, più libera, più solidale, più democratica.

Al di là dei problemi di casa nostra, e attinenti all'organizzazione economica, politica e sociale di una singola comunità nazionale, il mondo è alle soglie di scadenze drammatiche, e i problemi politici dei nostri figli saranno sempre di più problemi (o ripercussioni di problemi) internazionali: questioni e dilemmi di giustizia globale. La divaricazione crescente tra paesi ricchi e poveri, l'ambiente e l'esplosione demografica, l'acutizzarsi di tensioni religiose e etniche, le convulsioni politiche dei regimi autocratici e dittatoriali. Vi è una disperata necessità di regole del gioco planetarie, sentite dall'intera comunità delle nazioni come eque e vincolanti. Affrontare la definizione di queste regole senza riferirsi ai valori della sinistra, senza radicarle in istanze di libertà, democrazia, giustizia e solidarietà; lasciarle al libero gioco, ai mutevoli rapporti di forza e alle contingenti capacità di minaccia delle potenze economiche e politiche, ci sembra un percorso ottuso, miope, senza speranza, moralmente sbagliato prima ancora che politicamente inaccettabile.

È per questi motivi che il Partito comunista italiano assume il nome di Partito democratico della sinistra e i comunisti si definiscono d'ora innanzi come 'democratici di sinistra'. Il termine 'Sinistra' è ampio ma non generico. Esso evoca in primo luogo il processo storico che dalla Rivoluzione francese in poi ha sospinto le società occidentali verso una sempre più ampia soddisfazione dei valori di libertà, giustizia, eguaglianza, solidarietà e, in questo significato, esso si contrappone al termine 'Destra', che attribuiamo alle forze che hanno tentato e tentano di arrestare o invertire quel processo. Esso indica in secondo luogo anche un'attitudine a non soddisfarsi dei risultati acquisiti, a criticare l'esistente e a proporre riforme: a attuarle quando si è al governo, a sollecitarle quando si è all'opposizione, ciò che di fatto è avvenuto assai spesso.

L'ampiezza di significato è voluta. Provenendo da una identificazione troppo stretta con un disegno ben definito di riorganizzazione economica, politica e sociale i cui esiti fallimentari sono sotto gli occhi di tutti; essendoci in passato identificati con una teoria della società ben definita – una teoria profonda e geniale, ma erronea in punti essenziali –, l'allargamento alla matrice ideale comune a tutti i disegni e a tutte le teorie della sinistra è oggi indispensabile. Dai disegni e dalle teorie liberaldemocratiche a quelle anarchiche, libertarie e radicali, dai progetti socialisti a quelli comunisti, per *tutti* il richiamo ai valori storici della sinistra è fondante, e sarebbe limitativo riferirci soltanto alla tradizione socialista dalla quale proveniamo in modo più diretto. In futuro altre teorie, altri disegni organizzativi, adeguati all'attuazione dei valori della sinistra in circostanze diverse, si sovrapporranno e talora entreranno in conflitto con le teorie e i disegni del passato. La storia non ha mai fine, ma i valori della sinistra sono destinati a durare tra alti e bassi per una lunga fase a venire. È per questi che noi combattiamo.

Combattiamo in particolare per la democrazia: la devozione primaria alla democrazia è quanto ci ha trasmesso la storia tragica di questo secolo, sia dei paesi capitalistici, sia di quelli comunisti. La democrazia occupa un posto particolare tra i valori della nostra tradizione. Come eguaglianza, libertà, solidarietà, essa esprime un'aspirazione etico-politica, un ideale che cerchiamo di realizzare sempre di più e sempre meglio in avvenire. Un ideale che parte dal riconoscimento della eguale importanza e dignità di ogni singolo uomo o donna, per quanto diverse possano essere le condizioni sociali, etniche, religiose, culturali che li contraddistinguono, e diverse le idee e i progetti di vita che essi esprimono. Come conseguenza, la democrazia richiede che delle diverse idee e aspirazioni di ogni singolo uomo o donna si tenga conto nel processo di formazione delle decisioni collettive. Questa concezione – della democrazia come valore in sé – non l'abbiamo sempre condivisa: l'abbiamo appresa in un processo difficile e complicato di prove, sfide difficili e gravi errori. Ciò che abbiamo spesso dimenticato nei fatti, e criticato in teoria, è la democrazia come quel particolare insieme di regole e procedure attinenti alla manifestazione e alla composizione della volontà politica che la storia delle società occidentali ha lentamente distillato nel corso degli ultimi secoli: insomma, la democrazia 'formale' o 'borghese'.

È vero. L'operare di quelle regole e di quelle procedure non è stato e non è in contrasto con, e forse anche favorisce, il predominio degli interessi che combattiamo, e dunque la perpetuazione e la trasmissione di valori, culture, atteggiamenti contrari al nostro patrimonio ideale. Per questo motivo, quando nella storia si sono offerte occasioni per accelerare l'attuazione dei valori della sinistra, per costruire più in fretta uomini e donne 'nuovi', spesso i partiti e i movimenti comunisti le hanno colte pagando il gravissimo prezzo di una sospensione delle regole della democrazia formale nei momenti bui della storia, consegnati alle pagine di un libro che non possiamo più riconoscere in alcun modo come 'nostro'. Abbiamo però visto a che cosa conduce la sospensione del voto individuale, libero e segreto; a che cosa conduce la mancata sottoposizione del governo a quel voto, a intervalli brevi e regolari. Noi continuiamo a aspirare a uomini e donne 'nuove', a una più ampia diffusione nella società dei valori della nostra tradizione; ma con una *differenza importante* rispetto alla nostra stessa tradizione: che dovranno essere gli uomini e le donne a accettare i nostri valori perché, alla fine, la politica – nella sua forma più alta – è *discussione pubblica* su valori, ideali e interessi, vincolata dal rispetto dell'autonomia e dell'autosviluppo di ciascuno dei concittadini e delle concittadine. Per questo il prezzo della sospensione delle regole formali della democrazia è un prezzo che non siamo disposti e non possiamo essere disposti a pagare: senza *quella* democrazia, il progetto stesso di una società migliore si rivela illusorio.

Proprio perché siamo di sinistra, è indispensabile avere pazienza e tenacia sino a quando la maggioranza dei cittadini non sarà convinta delle riforme che sollecitiamo e dei valori che professiamo, anche se l'attuale organizzazione della vita politica crea notevoli ostacoli a un processo di convinzione. Avere pazienza significa, naturalmente, rispettare nel modo più rigoroso e tutelare, come un bene politico prezioso e sostanziale, le regole formali della democrazia politica pluralistica. Significa quindi – va ribadito a chiare lettere – che se i nostri cittadini giudicheranno insoddisfacente un'esperienza di governo del nostro partito e ci bocceranno in una prova elettorale, dovremo tornare all'opposizione, a ritessere con pazienza una nuova tela, fatta di dialogo politico e di persuasione democratica.

Meglio e più di qualsiasi altra formazione politica del nostro paese, il Partito comunista italiano di oggi può essere identificato dal nome di Partito democratico della sinistra. I valori della Sinistra sono suoi da sempre. L'aggettivo 'democratico' se lo può attribuire per una storia sofferta di revisione politica e ideologica che nessuno può oggi ragionevolmente contestare."

luglio 1989

XIV. Appunti per una lettera ai ragazzi del '90

Max Weber ha scritto che tra le pareti di un'aula la sola virtù che ha valore è la semplice probità intellettuale. Essa ci impone "di mettere in chiaro che oggi tutti coloro che vivono nell'attesa di nuovi profeti e nuovi redentori si trovano nella stessa situazione descritta nel bellissimo canto della scolta idumea durante il periodo dell'esilio, che si legge nell'oracolo di Isaia: 'Una voce chiama da Seir in Edom: sentinella! quanto durerà ancora la notte? E la sentinella risponde: verrà il mattino, ma è ancora notte. Se volete domandare, tornate un'altra volta.' Il popolo, al quale veniva data questa risposta, ha domandato e atteso ben più di due millenni, e sappiamo il suo tragico destino. Ne vogliamo trarre l'ammonimento che anelare e attendere non basta, e ci comporteremo in altra maniera: ci metteremo al nostro lavoro e adempiremo al nostro compito quotidiano – nella nostra qualità di uomini e nella nostra attività professionale. Ciò è semplice e facile, quando ognuno abbia trovato e segua il demone che tiene i fili della *sua* vita".[1]

Questa è la celebre conclusione della conferenza su *La scienza come professione* che Weber tenne alla fine del 1918, sullo sfondo della sconfitta tedesca dopo la prima guerra mondiale, su invito della Libera Lega studentesca. La virtù della probità intellettuale, della responsabilità scientifica e della serietà morale sembrano tuttora preziose, in una scena così drasticamente mutata, alla fine del secolo segnato dalla seconda guerra dei trent'anni e alla luce dei mutamenti degli effetti che la sua conclusione ha generato per la sor-

[1] Weber, *Il lavoro intellettuale come professione*, cit., pp. 42-43.

te di milioni di uomini e donne. Tuttavia, resta il problema di come parlare con i nostri figli, di come mantenere, nella catena delle generazioni, l'integrità dei principi e dei valori di una prospettiva emancipatoria, di come far sì che le ragioni e gli argomenti di una filosofia della cittadinanza siano riconosciuti come buone ragioni e buoni argomenti. E, infine, il dilemma più arduo: come far sì che buone *ragioni* si convertano in *motivazioni* per scegliere e per agire.

Come far sì che i ragazzi e le ragazze del '90 riconoscano che vi sono cose importanti, cose per cui vale la pena, cose più importanti di altre e, insieme, riconoscano che questo non è indipendente da una storia e da una vicenda che essi hanno trovato, ereditato e non inventato o scoperto? Che essi possano impegnarsi in tentativi interessanti (per loro e per gli altri) per migliorare un mondo che hanno trovato, con tutto il suo corredo di vocabolari, descrizioni e trattamenti?

Naturalmente, questo non è vero solo per i nostri figli. Questo è vero per chiunque, nella catena delle generazioni, si trovi a avere una vita da vivere in un mondo, nelle circostanze e nelle condizioni che non ha scelto, né per quanto esse generano in valore e opportunità, né per quanto esse generano in disvalore, costrizione o crudeltà. È sempre stato così e sarebbe semplicemente sorprendente se non fosse fonte di grattacapo anche per noi e per i nostri figli. Tuttavia, la difficoltà nella catena della conversazione nel tempo può essere maggiore o minore, a seconda delle circostanze. Vi sono epoche che sembrano caratterizzate da una maggiore stabilità nelle condizioni al contorno e epoche in cui, almeno per quanto pare a noi che proviamo a viverle, sembrano esibire i tratti di una più ampia incertezza e oscillazione. In queste ultime, il nostro dilemma è più arduo, se si prende sul serio l'asserzione di Weber sulla virtù della probità intellettuale e ci si astiene coerentemente dagli esercizi per profeti e redentori.

Nell'aula di insegnamento si potrebbe cominciare dai nostri vocabolari di moralità e di politica: cittadini, sudditi, schiavi. Dopo tutto, consultare i vocabolari non dovrebbe essere un'attività così inusuale in un'aula. (La biblioteca dovrebbe esserne fornita e l'accesso ai libri facile. Se non è così, avete ottimi motivi per protestare.) L'esercizio si può fare adottando il punto di vista oggettivo e quello soggettivo. Dal punto di vista esterno, possiamo discutere su che cosa vuol dire essere cittadini (o futuri cittadini o figli di cittadini) o sudditi o schiavi. Potremo ricorrere ai repertori di esempi di David Hume o alla lettura dei giornali o, forse, alla discussione delle vicende del villaggio globale che la televisione trasmette in tempo reale la sera prima.

Io credo che dovremmo fare entrambe le cose: non è affatto così noioso come si può pensare a prima vista. Se non funziona, possiamo rifare l'esercizio passando al punto di vista interno e personale. Le domande diventano del tipo: che cosa si prova a essere cittadini, sudditi o schiavi? Questo è un buon avvio per una conversazione. Anch'esso richiede il ricorso ai vocabolari; dopo tutto, è un invito a un'attività conversazionale, non all'emissione di grugniti. Che cosa si prova a essere coetanei nelle terre dell'Intifada o, per restare più vicini, nei deserti prossimi delle metropoli? O, piuttosto, che cosa si prova a essere figli della classe-maggioranza o figli della sottoclasse? Ha un rapporto tutto ciò con le nostre descrizioni come cittadini futuri, che hanno diritto a eguale considerazione e rispetto, o no? E con i nostri reciproci, personali, trattamenti? E con i trattamenti impersonali di burocrazie, istituzioni, agenzie, sempre più remote – a prima vista – rispetto all'aula in cui stiamo discutendo? Quale rapporto ha tutto ciò con la *politica*? Se non ne ha alcuno, dovrebbe averne qualcuno? E di che genere?

Il nostro vocabolario ospita termini quali "libertà", "eguaglianza", "fraternità". Riprendiamo la conversazione adottando – a seconda delle circostanze e dei gusti – il punto di vista esterno e più lontano rispetto alle nostre vite e il punto di vista interno e più vicino possibile alle nostre vite. Entrambi i punti di vista sono indispensabili per la migliore riuscita dialogica. Consultiamo i cataloghi delle libertà e dei diritti: troveremo un mondo largamente e a volte crudelmente imperfetto in cui diritti e libertà sono negate, violate, calpestate.

Nei casi fortunati, in cui avete libertà che non avete conquistato ma ereditato, la conversazione tocca un problema difficile che coinvolge descrizioni e trattamenti: che senso hanno le libertà per voi che ne disponete? Quanta importanza hanno nelle vostre vite? Quali libertà sono, per voi, più importanti, di quali? Che cosa si prova a essere liberi? Questo è molto vicino all'esperienza dell'emancipazione: liberi da che cosa? Le catene sono variegate; possono essere dure e crudeli, gentili e sofisticate: restano catene. Il punto è allora: come riconoscerle? Tutti i vincoli, tutto ciò che "lega", è catena da spezzare e non accade anche che vi sono esperienze, azioni, istituzioni, credenze condivise, cose che si fanno assieme che non si vivono come catene ma che, piuttosto, danno un'importanza e un senso, un particolare valore alle vostre libertà? C'è un rapporto fra la libertà, questo termine dei vocabolari ereditati, la vostra descrizione di "esseri autonomi", i trattamenti reciproci fra ragazzi e ragazze libere di scegliere, il senso e l'importanza della libertà per voi e le istituzioni, le agenzie collettive? Quale rapporto ha tutto ciò con la *politica*? Se non ne ha alcuno, dovrebbe averne qualcuno? E di che genere?

L'idea di eguaglianza è semplice, soprattutto nell'ora di matematica. Nella nostra conversazione, le cose si complicano. Ognuno di voi ha una biografia, è figlio di genitori che hanno un certo reddito e un certo *status*; tu hai molti libri in casa; tu hai soprattutto riviste di sport; tu, cassette, punto e basta; tu, con i tuoi, stai cercando casa. Ognuno di voi è maledettamente affezionato al fatto di essere proprio lui o lei, con una vita separata da vivere, rispetto a chiunque altro. Inoltre, biografie, redditi, *status*, cultura sono spesso molto differenti. Voi sapete che siete diversi sotto molti aspetti. Non c'è solo il sesso (questo è un bel problema); c'è anche qualche compagno che ha il colore della pelle diverso dal vostro. Qualcuno, molto più sfortunato di voi, ha un handicap. Nessuno di voi ha scelto i propri geni, né ha meritato il reddito e la cultura che tuttavia fanno sì che egli o ella possa riconoscersi come proprio lei o lui. È giusto tutto ciò?

Soprattutto, è giusto che le differenze di cui non siete responsabili (non ne avete merito né, naturalmente, colpa) abbiano effetti sulla vostra sorte condivisa, in un'aula? La domanda viene spontanea se abbiamo consultato insieme i vocabolari di moralità e appreso la grammatica dell'eguaglianza. Nell'ora di educazione civica, se ci riflettete, avete studiato l'art. 3 della Costituzione. È un bene prezioso la varietà delle vostre biografie e dei vostri progetti: esso può trasformarsi tuttavia in qualcosa che non accettereste se questa varietà e questa diversità si traducessero in trattamenti che violano la pari dignità di ciascuno di voi.

Provate a pensarci: quale idea di eguaglianza per voi accettereste e trovereste giusta se non sapeste se siete figli della classe-maggioranza o figli della sottoclasse? Se foste al buio sul vostro corredo genetico, sul vostro sesso, sulla vostra razza? Questo è un argomento di John Kennedy oltre che, naturalmente, del prof. Rawls. D'altra parte, c'è qualcosa che proprio non funziona nell'idea che dobbiamo essere tutti eguali, sotto tutti gli aspetti: non riuscireste più a riconoscere voi stessi, sareste come dei cloni con biografie identiche. (Non saresti più innamorata di lui: non lo ritroveresti più come proprio "lui". E varrebbe l'inverso.) Eguali, sotto quali aspetti, rispetto a che cosa? Ecco la domanda appropriata: trovare le buone domande non vuol dire avere in mano la risposta. È già un buon passo avanti, però, nella nostra conversazione. Qual è il rapporto fra una possibile risposta soddisfacente e le istituzioni? Quale rapporto ha tutto ciò con la *politica*? Se non ne ha alcuno, dovrebbe averne qualcuno? E di che genere?

La "fraternità" o la solidarietà la troviamo nei cataloghi dei sentimenti morali. Dal punto di vista esterno e impersonale, disponiamo di un repertorio di descrizioni di "fratelli" e "sorelle" che condividono un senso di appartenenza, di comunità che dà valore e importanza, significato alle loro vite. Le descrizioni prevedono "confini" e classificazioni di generi, storia e geografia, mappe del mondo in cui avete una vita da vivere. Forse, queste descrizioni possono lasciarvi un po' freddi. Avete ragione: dopo tutto si tratta di un sentimento morale, di qualcosa che si *prova*, trattandosi in modo solidale. Le fraternità coatte fanno parte della variegata esperienza dell'oppressione e della crudeltà, violano la libertà, evocano l'incubo dei cloni con biografie identiche, il mondo dei replicanti (dovremmo prendere molto sul serio i film, nelle nostre conversazioni, almeno tanto quanto i romanzi: una poesia, come scrive Baudelaire, dopo tutto, "dice un mondo". Lo stesso vale per i film. E per le canzoni, le canzonette che non sono solo canzonette).[2]

Nei nostri vocabolari, la fraternità e la solidarietà sono in uno strano rapporto con la libertà e l'eguaglianza: tuttavia, un'idea di emancipazione, alla fin fine, non può fare a meno di questo guazzabuglio. Forse, è più pertinente in *que-*

[2] Cfr., sulla rilevanza filosofica di film, commedie, tragedie, musica, modi di fare mondi e generare vite possibili e stati possibili di mondi fra metafisica, etica e estetica, fra verità, giustizia e bellezza, S. Cavell, *Must We Mean What We Say?*, New York, Cambridge University Press 1976 e, soprattutto, *Pursuit of Happiness*, Cambridge, Mass., Harvard University Press 1981.

sto caso adottare nella nostra conversazione il punto di vista interno, personale, soggettivo. Questo può dare il tocco giusto ai nostri modi di parlare, ai vostri modi di trovare la descrizione giusta di voi stessi, le motivazioni giuste per i vostri trattamenti reciproci. Qui, il punto sembra essere il seguente: che cosa si prova, mettendosi nei panni degli altri? "Stai soffrendo?" è la domanda pertinente. Ha ragione il prof. Rorty.[3]

Provate a riflettere su questa semplice esperienza di migrazione nella vita del vostro compagno e della vostra compagna: un'esperienza molto familiare di immedesimazione. Se ripetete l'esercizio, può darsi che voi apprendiate la difficile e esigente virtù della reciprocità; che ciascuno di voi sia per ciascun altro un "secondo se stesso": per ciò che prova, per la sua sofferenza, per la sua gioia, per la sua felicità, per la sua euforia e la sua depressione. (Perché qualcuno preferisce una carriera di morte e di droga?)

Forse, potremmo ricominciare di qui la nostra conversazione. Perché è questa elementare esperienza di che cosa vuol dire, per ciascuno di voi, avere una vita da vivere, con tutte le sue aspettative, le sue aspirazioni, i suoi gusti e i suoi ideali e valori e, insieme, di scoprire che potete provare ciò assumendo il punto di vista di chi vi sta accanto, di chi vi è prossimo, che è alla base della remota, molto remota idea di emancipazione: quella consegnata alle ricorrenti interpretazioni nel tempo della venerabile regola d'oro: "Sii gentile con lo straniero perché sai che cosa ha voluto dire essere straniero in Egitto..."

Le ragioni della solidarietà non si insegnano, se prendiamo sul serio la virtù della probità intellettuale nell'aula, nello *stesso* modo in cui si insegnano i teoremi di geometria (anche di geometria morale). Come sapeva Hume, la ragione è preziosa ma ha limiti essenziali nella discussione su ciò che è bene e ciò che è male. Essa richiede e, al tempo stesso, favorisce l'evoluzione dei nostri sentimenti morali. Nelle circostanze e nelle condizioni appropriate, la nostra capacità, la vostra capacità di *estendere* il sentimento della solidarietà da chi è più vicino e prossimo a chi è più lontano e remoto può convertire le ragioni in motivazioni per scegliere e per agire. E ciò può dare un senso e un'importanza alla vostra libertà, e una più ricca e profonda interpretazione con-

[3] Cfr. Rorty, *La filosofia dopo la filosofia*, cit., pp. 217-228.

divisa della eguaglianza di rispetto per esseri umani che hanno a essa pari diritto, in primo luogo semplicemente perché, come voi, soffrono, godono e hanno un punto di vista sul mondo.

La politica, le istituzioni, l'azione collettiva possono essere o sembrare remote e indifferenti agli argomenti della nostra conversazione. Questo è possibile, ma non è necessario. La politica democratica può anche essere (e, sotto certi aspetti, deve essere) un *mezzo*, un insieme di assetti, regole e istituzioni intesi come metodi per consentire che la nostra conversazione umana nel tempo prosegua, nella sua essenziale incompletezza, ridefinendo e riformulando i nostri vocabolari, generando nuove descrizioni e fornendo motivazioni per nuovi trattamenti. L'aula in cui discutiamo, dopo tutto, non è il mondo: è un luogo entro una cornice di sfondo più ampia, fatta di regole, costituzioni, istituzioni, politiche.

Non vi suggerisco di chiedere alla politica *tutto*; se faceste ciò, qualcosa non tornerebbe nella logica delle nostre conversazioni sui dizionari dell'emancipazione. Chiedere meno che tutto, tuttavia, non vuol dire chiedere *nulla*. Nel suo senso più alto, politica è la discussione, la competizione leale e l'identificazione dei fini di lungo periodo, *entro* la nostra società e *tra* le nostre società. Essa tocca da vicino gli interessi dei ragazzi riflessivi: perché essa ha a che fare, nella sua forma più alta, con i diritti e le opportunità, i titoli e le risorse delle generazioni future. (Il diritto alla formazione e all'istruzione è certo qualcosa che vi tocca da vicino: a Palermo, nel dicembre '89, gli studenti hanno fatto ricorso alla "voce", a questo proposito.)

C'è in realtà un argomento, molto *vicino*, ricco di implicazioni e dilemmi che finiscono per toccare la sorte condivisa dei nostri coinquilini del pianeta, anche molto *lontani*. È un argomento che sono stato tentato di fissare al primo posto, negli appunti per la lettera ai ragazzi del '90: esso ha a che vedere con le questioni di ambiente. Tuttavia, ho resistito alla tentazione perché la mia convinzione meditata è che l'ecologia, cui siete naturalmente sensibili, assume il suo senso pertinente nella catena delle conversazioni solo se è coerente con la famiglia degli argomenti, delle ragioni, dei valori generata da un'idea (teoricamente interpretata) di emancipazione.

Non è certo difficile cogliere, come abitanti di un mondo

depredato e maledettamente inquinato, minacciato, ferito, che le "cose non vanno bene" e che noi dobbiamo fare qualcosa perché questo mondo, la natura, il nostro ambiente (l'aria che respiriamo, l'acqua che beviamo, le risorse non riproducibili che devastiamo, le mille, grandi e piccole, Amazzonie che ci circondano, e chi più ne ha più ne metta) siano rispettati e lasciati in eredità come un mondo degno di essere abitato per uomini e donne e per i loro compagni di viaggio nell'evoluzione sul pianeta.

Ora, per dire che le cose non vanno bene o non vanno come potrebbero andare, noi dobbiamo in qualche modo avere, più o meno raffinata e sviluppata, la capacità di immaginare e descrivere le stesse cose così *come* esse *potrebbero* andare. (Questo me l'ha suggerito il prof. Rossi-Landi.)[4] Provate a pensarci su: dobbiamo assumere che se le cose, invece che *male*, andassero *bene*, noi saremmo capaci di *riconoscere* tale fatto. Tutte le vostre constatazioni sull'emergenza ecologica contengono (o si esprimono in) rimproveri, rimpianti o proteste. Essi sono atteggiamenti che presuppongono la visione, almeno abbozzata e informe, di un mondo nel quale non ci sarebbe *ragione* di farle. Noi diciamo che di questo mondo non siamo soddisfatti perché riusciamo almeno a *raffigurarci* un mondo migliore, più decente e degno di essere vissuto.

Se noi prendiamo sul serio la virtù della probità intellettuale, è giusto che voi prendiate sul serio l'impresa di riflettere e partecipare alla costruzione di un mondo migliore. Prendere sul serio l'impresa vuol dire apprendere, per prove e errori generosi, con ragionevolezza e sincerità, che la questione ecologica implica molte altre questioni: questioni che toccano diritti e risorse, opportunità di vita per coinquilini del pianeta cui è accaduto di avere non solo una vita da vivere in "comune" ma una "vita comune" da vivere, in un mondo modellato da impressionanti ineguaglianze economiche, da una varietà di vocabolari di moralità e di cultura, da una varietà di trattamenti, di politiche e di istituzioni (cittadini, sudditi, schiavi).

La nostra conversazione può ora riprendere e, con serietà e passione, possiamo tornare a applicarci ai nostri esercizi, dettati dalla virtù dell'integrità nel tempo delle interpretazioni del grappolo di valori o di fini a sé per una prospettiva emancipatoria: vocabolari, descrizioni, trattamenti.

[4] Cfr. Rossi-Landi, *L'ideologia*, cit., pp. 67-69.

Solo le motivazioni motivano, d'accordo. Ma questo non è indipendente dalle buone ragioni che abbiamo, nella catena delle generazioni, per scegliere e per agire. C'è molto da fare in questo mondo largamente imperfetto. E ne vale la pena.

Le ragioni per fare ciò sono alla base degli argomenti filosofici e questi ultimi hanno senso entro una più ampia teoria normativa di sfondo, la teoria della cittadinanza. La conversazione cui sono dedicati gli appunti per questa lettera non è indipendente dall'eco recente e viva della remota idea di emancipazione. In essa, le ragioni della teoria possono convertirsi in motivazioni: ma, alla fine, le vostre *domande* e i vostri *atteggiamenti* possono entrare in tensione con (e correggere) la teoria che ho abbozzato in questo saggio. Così, potremmo imparare reciprocamente.

Il problema difficile, come mi ha suggerito la prof. Judith Shklar, è che non vi sono domande stupide: vi sono solo risposte stupide. E questo rende più ardua la responsabilità filosofica e il "compito quotidiano" nella nostra attività di ricerca, inevitabilmente e fortunatamente interminabile e incompleta, intorno a questioni di verità e di giustizia, di progresso, dignità, fioritura e emancipazione umana.

Nota sulle fonti

Una prima versione del cap. I è stata presentata come relazione al V Colloquio internazionale Feltrinelli di Cortona (Cortona, 27-28 ottobre 1989) "Libertà e cittadinanza sociale. I due '89: dalla Rivoluzione francese alla Seconda Internazionale"; una seconda versione è stata pubblicata con il titolo *Una filosofia politica della cittadinanza* in "Il Politico", 1989, 3. Una versione del cap. II è stata presentata come relazione alle XXXII Rencontres Internationales di Ginevra (Ginevra, 2-5 ottobre 1989) "Les usages de la liberté". Una versione del cap. IV è stata presentata come intervento al Seminario internazionale "Nuovi diritti nella società tecnologica", diretto da V. Frosini (Luiss, Roma, 5-6 maggio 1989). Una versione del cap. V è comparsa in "Biblioteca della Libertà", 1986, 9 con il titolo *Sfere di giustizia fra mito di Coriolano e mito della tribù*. Una versione della prima parte del cap. VI è comparsa in "Biblioteca della Libertà", 1986, 94 con il titolo *Due tipi di argomenti sul mercato e qualcos'altro*. Il cap. VIII riproduce, con qualche lievissima variazione, l'articolo con lo stesso titolo comparso in "Iride", 1989, 2. Il cap. X è comparso con lo stesso titolo in "Teoria politica", 1986, 3. Il cap. XI è comparso, con qualche lievissima variazione, in AA.VV., *L'Italia moderna*, Milano, Electa 1986, vol. V. Il cap. XII è comparso con lo stesso titolo in L. Balbo, V. Foa, a cura di, *Lettere da vicino*, Torino, Einaudi 1986. Il cap. XIII, scritto con Michele Salvati, è comparso con il titolo *Cambiare nome. E se non ora quando?* in "Rinascita", 29 luglio 1989. Ringrazio vivamente gli editori e i direttori delle riviste.

Indice

Pag. 11 Premessa

Parte prima
Teoria

19 I. Cittadinanza

22 *1. Contratto sociale, costituzione di libertà e obbligo politico. Una versione della cittadinanza*
26 *2. L'ideale dell'emancipazione liberale e l'autonomia individuale*
28 *3. I due volti della cittadinanza e la sfida di Marx*
30 *4. L'ideale dell'emancipazione socialista*
33 *5. La libera arte di associarsi di Tocqueville, il pluralismo e una seconda versione della cittadinanza*
42 *6. Lo stato sociale, la cittadinanza e il "composto chimico instabile"*
46 *7. Alcuni interrogativi e un'agenda possibile. Democrazia, cittadinanza e mercati*
53 *8. La democrazia nei tempi della (o della credenza nella) sua solitudine normativa. I cittadini del mondo*

58 II. Due concetti di autonomia

61 *1. Le libertà che cambiano e l'idea di autonomia individuale*
63 *2. Una versione dell'autonomia. I suoi presupposti e le sue implicazioni normative*

70 3. *Una versione alternativa dell'autonomia. I suoi presupposti e le sue implicazioni normative*
76 4. *La tensione fra le versioni dell'autonomia e le sfide per una filosofia dell'emancipazione*

83 III. Una grammatica dell'eguaglianza

85 1. *L'eguaglianza nella società Babeuf*
86 2. *Descrizioni di società per noi riconoscibili*
88 3. *Eguaglianze*
89 4. *I soggetti dell'eguaglianza*
90 5. *Gli oggetti dell'eguaglianza*
94 6. *L'eguaglianza delle opportunità e i dilemmi della differenza*
102 7. *Criteri di eguaglianza relativa e la tesi degli ordinamenti incompleti*

Parte seconda
Questioni e agenda

111 IV. Sui diritti

117 V. Sull'arte della separazione

125 VI. Sui mercati

135 VII. Etica e pubblica amministrazione

140 VIII. Due modelli di azione politica fra presente e futuro

146 IX. Prendere sul serio la storia

Parte terza
Congetture, lettere e esortazioni

157 X. Alcune congetture sull'insorgenza della contestazione

174 XI. Una utopia oltre la politica e qualcos'altro

180 XII. Lettera al Pci

190 XIII. Il nome del partito. E se non ora, quando?
con Michele Salvati

202 XIV. Appunti per una lettera ai ragazzi del '90

211 Nota sulle fonti

Stampa Grafica Sipiel - Milano, marzo 1990